ESCRAVO, AFRICANO, NEGRO E AFRODESCENDENTE

CONSELHO EDITORIAL

Ana Paula Torres Megiani
Eunice Ostrensky
Haroldo Ceravolo Sereza
Joana Monteleone
Maria Luiza Ferreira de Oliveira
Ruy Braga

ESCRAVO, AFRICANO, NEGRO E AFRODESCENDENTE

A representação do negro no contexto pós-abolição e o mercado de materiais didáticos (1997-2012)

Mírian Cristina de Moura Garrido

Copyright © 2017 Mírian Cristina de Moura Garrido

Grafia atualizada segundo o Acordo Ortográfico da Língua Portuguesa de 1990, que entrou em vigor no Brasil em 2009.

EDIÇÃO: Haroldo Ceravolo Sereza

EDITORA ASSISTENTE: Danielly de Jesus Teles

PROJETO GRÁFICO E DIAGRAMAÇÃO: Dafne do Nascimento Ramos

ASSISTENTE ACADÊMICA: Bruna Marques

REVISÃO: Alexandra Collontini

CAPA: Dafne do Nascimento Ramos

Este livro foi publicado com o apoio da Fapesp, número do processo: 2015/03852-3

CIP-BRASIL. CATALOGAÇÃO NA PUBLICAÇÃO
SINDICATO NACIONAL DOS EDITORES DE LIVROS, RJ

G225r

Garrido, Mírian Cristina de Moura
Escravo, africano, negro e afrodescendente: a representação do negro no
contexto pós-abolição e o mercado de materiais didáticos (1997-2012)
Mírian Cristina de Moura Garrido. - 1. ed.
São Paulo: Alameda, 2017.
21 cm.

Inclui bibliografia
ISBN 978-85-7939-405-8

1. Brasil. [Lei n. 10.639, de 9 de janeiro de 2003]. 2. Programas de ação
afirmativa. 3. Currículos - Mudança - Brasil. 4. Cultura afro-brasileira -
Estudo e ensino. 5. Cultura afro-brasileira - História. 6. Negros - Brasil
- História. 7. Relações raciais. I. Título.

| 16-34088 | CDD: 344.81077 |
| | CDU: 323.14 |

ALAMEDA CASA EDITORIAL
Rua 13 de Maio, 353 – Bela Vista
CEP 01327-000 – São Paulo, SP
Tel. (11) 3012-2403
www.alamedaeditorial.com.br

Dedico este livro aos meus adorados pais Inês e Alexandre Garrido, aos queridos irmãos Sara e Felipe Garrido, e a filha que o destino me deu de presente Júlia Esteves.

SUMÁRIO

PREFÁCIO	9
INTRODUÇÃO	11
CAPÍTULO I. O livro didático: contexto	17
A instituição da História como disciplina escolar no Brasil e os primeiros manuais didáticos do país	17
Políticas Públicas de Avaliação de Livros Didáticos e sua relação com as Editoras	22
O Programa Nacional do Livro Didático e as avaliações contemporâneas dos livros didáticos	29
Relação livros didáticos e editoras	43
A Historiografia brasileira nos anos 80 e sua relação com os livros didáticos	47
As diferentes formas de se analisar o livro didático	55
Livros didáticos: ferramenta eficiente de ensino ou algo a ser descartado?	59
CAPÍTULO II. Livros do Ensino Médio aprovados no PNLEM: Cotrim; Schmidt; Pedro	65
Características gerais	65
Considerações sobre o pós-abolição, o método e a História	77
O capítulo que aborda o pós-abolição nos livros didáticos	84
Gilberto Cotrim, pós-abolição	93
Mario Furley Schmidt, pós-abolição	102
Antonio Pedro, pós abolição	104
Seções de atividades dos capítulos que abordam o pós-abolição	113
O negro e o "restante" da História do Brasil, na visão de autores de livros didáticos	118

Opções teórico-metodológicas dos autores de livros didáticos 121

Capítulo III. História, Educação e Identidade: 135
por um ensino-aprendizagem possível

Os editais de convocação do PNLD, orientações relacionadas à 140
valorização do negro e rompimento com preconceitos

Os guias de livros didáticos, orientação ao professor e perspectivas 147
sobre o trabalho com a Lei 10.639

Livros Paradidáticos, mercado editorial e políticas públicas: 159
representações e possibilidades diante da Lei 10.639

Lei 10.639: na construção de identidades positivas e reconstrução de 171
relações étnico-raciais, o que "aprender a ensinar"?

Considerações Finais 181

Referências 187

PREFÁCIO

Livros didáticos são objetos complexos de compreensão e produção. Quando iniciei a pesquisa que por ora se apresenta tinha um objetivo claro: compreender quais eram as diferentes percepções de ser negro passíveis de apreensão por intermédio de livros didáticos de história. Contudo, a trajetória me mostrou que o intento não se daria da forma como eu imaginava e que me desvendaria um universo onde elementos de ordem política, econômica e cultural se manifestam. O desejo de compreender essas formas de representar um segmento da sociedade brasileira desvelou na prática a compreensão de que os materiais didáticos estão em constante disputa por diferentes grupos, dos quais me ative: as empresas que os fabricam; o Estado que os tem comprado em números astronômicos; a mídia que busca manchetes para legitimar ou por em dúvida determinados eventos; os movimentos sociais que buscam introduzir suas demandas nessa literatura; e os usuários dos materiais didáticos (professores, pais e alunos). De que maneira esses jogos de forças confluem no fabrico e no uso dos materiais didáticos é o texto aqui apresentado na forma de livro, produto final de minha pesquisa de mestrado.

Criticado por sua debilidade nos anos 1980; instrumento de ensino mais utilizado nas salas de aula em todo o território brasileiro ainda hoje; portador de significados e instrumento de ensino da história do país; alvo de políticas públicas em diferentes períodos da história brasileira, o livro didático é o cerne das discussões por ora apresentadas.

Para conseguir apreender esse complexo universo dos conteúdos didáticos dois caminhos foram traçados. O primeiro estava relacionado a compreensão de uma "nova" historiografia sobre o pós-abolição, que de forma bastante abreviada, busca compreender os anos finais da escravidão e seguintes ao processo de abolição, revelando trajetórias que rompem com a visão tradicional de escravizado sem protagonismo. O segundo percurso foi tornar inteligível o Programa Nacional do Livro Didático. Alvo de críticas e elogios por diferentes segmentos, o PNLD tornou o Brasil o maior consumidor de livros didáticos do mundo, mas a análise de seu *modus operandi* nem sempre é alvo de compreensão de todos os agentes relacionados a ele, professores e pesquisadores, por exemplo. Para dar conta desse objetivo a obra vai aos Editais de Convocação do PNLD e aos Guias de Livros didáticos do PNLD. Os dois documentos indicam o início e o fim do processo avaliativo dos livros didáticos, ou seja, os Editais trazem uma série de normativas para auxiliar avaliadores e empresas editoriais na avaliação e formatação dos livros, os Guias trazem apenas os livros aprovados acompanhados das resenhas sobre sua forma e conteúdo.

Complementando essa discussão, acompanha todo o livro uma preocupação sobre o que estamos ensinando aos estudantes brasileiros e como conteúdos não consagrados pela literatura didática tradicional podem ser acessados por eles. É nesse sentido que uma discussão sobre os chamados livros didáticos complementares, ou paradidáticos, são incorporados, bem como, uma discussão sobre o que ensinar a partir da Lei 10.639 regulamentada pelo Parecer CNE/CP 003/2004, que definiu as Diretrizes Curriculares Nacionais para a Educação das Relações Étnico raciais e para o Ensino de História e Cultura Afro-Brasileira e Africana, posteriormente instituída pelo Conselho Nacional de Educação em 17 de junho de 2004 por intermédio da Resolução N°1.

O livro pode ser lido em partes escolhendo o leitor desfrutar de seus interesses pessoais, ou como um todo, formando então uma compreensão de todo o processo da pesquisa. Mas, para além disso, o que a autora deseja é auxiliar a fomentar a discussão sobre algo fundamental nos dias de hoje: trazer a tona uma cultura negada e folclorizada auxiliando concomitantemente na valorização da cultura negra brasileira.

INTRODUÇÃO

O ano de 2003 materializou uma antiga reivindicação dos movimentos sociais negros instituindo a obrigatoriedade do ensino da História da África e da História e Cultura Afro-Brasileira. A Lei 10.639, a partir de 2008 atualizada com o decreto da Lei 11.645, simboliza a efetivação de políticas públicas de valorização de segmentos da população, até então, secundários no debate público. Leis mobilizam os agentes responsáveis para sua efetivação e, por conseguinte, definem novos meios de socialização e organização.

Complementarmente, inserido nas políticas públicas educacionais, o manual didático, apesar do discurso da necessidade de utilizar fontes diversas para o ensino – inclusive primárias –, é o recurso didático recorrentemente utilizado nas salas de aulas. Não se pretende justificar, mas é fato que as instituições de ensino no país carecem de meios que possam configurar uma educação ideal, leia-se professores qualificados, múltiplos recursos pedagógicos, estrutura física adequada, etc. Portanto, qualquer lei que pretenda incorporar novos conteúdos ou modificar conteúdos já consagrados deve pensar em formas de disponibilizar no livro didático essas informações, afinal são eles os materiais de mais fácil acesso dentro do contexto escolar, por isso, embora o uso do livro didático não seja unânime, ele permanece como material de referência para professores, pais e alunos.

A avaliação e ampla distribuição dos livros didáticos tem configurado inclusive umas das políticas públicas mais representativas do campo educacional brasileiro nas últimas décadas. Em coerência com as orientações de órgãos internacionais e com as tendências na educa-

12 MÍRIAN CRISTINA DE MOURA GARRIDO

ção de outros países em desenvolvimento, o Brasil implementou, sem medo de exageros, o maior programa de compra e distribuição de livros didáticos do mundo, como comprovou a tese de Célia Cassiano[1], ganhadora da Menção Honrosa de 2008 concedida pela Capes.

É de posse dessas informações que o presente livro objetiva desvelar aos olhos dos leitores as tramas que envolvem a produção de livros didáticos no Brasil, incorporando para tanto, considerações sobre as políticas públicas educacionais; o debate acadêmico; e os anseios dos militantes negros na constituição de conteúdos escolares que possam valorizar a identidade do negro brasileiro. Delimitando temporalmente, o esforço lançou seu foco nas políticas contemporâneas, em especial, no Programa Nacional do Livro Didático e no debate historiográfico sobre o pós-abolição no Brasil, considerado por mim como tema pilar na constituição da identidade positiva da população afrodescendente.

Diante dos objetivos propostos a análise de livros didáticos tornou-se central e as escolhas desses manuais obedeceram aos seguintes critérios: a aprovação dos autores na versão 2008 do Programa Nacional do Livro Didático destinado ao Ensino Médio; a presença deles no mercado de didáticos antes do início das avaliações governamentais para o segundo ciclo do ensino fundamental, portanto, 1997 (PNLD 1999); e a representatividade desses autores entre docentes. Traçado esse perfil, três nomes emergiram: Gilberto Cotrim, Antonio Pedro e Mario Schmidt.

Originariamente em formato de dissertação, o presente livro necessita de explicações quanto ao teor metodológico, mesmo que tais discussões sejam expostas de forma breve, com intuito apenas de ambientar o leitor nos métodos da pesquisa.

A obra didática constitui um objeto que desperta interesse em diversos campos de pesquisa, como determina Circe Bittencourt[2] - referência nos estudos de livro didático no país. Tal fator

---

1 CASSIANO, Célia Cristina de Figueiredo. *O mercado do livro didático no Brasil: da criação do Programa Nacional do Livro Didático (PNLD) à entrada do capital internacional espanhol (1985-2007).* Tese de Doutorado em Educação, PUC-SP, 2007.

2 BITTENCOURT, Circe Maria Fernandes. *Livro Didático e Conhecimento Histórico: uma história do saber escolar.* Tese (Doutorado) - FFLCH/ USP. São Paulo, 1993. BITTENCOURT, Circe Maria Fernandes (org). *O saber histórico na sala de aula.* 11.ed. São Paulo: Contexto, 2006.

ESCRAVO, AFRICANO, NEGRO E AFRODESCENDENTE 13

resulta da multiplicidade de tramas nas quais o livro didático está inserido. Desta forma, ele pode ser apreendido como mercadoria, isto é, fruto da fabricação e comercialização inerentes aos interesses do mercado; depositário de conteúdos educacionais, sendo suporte privilegiado para recuperar conhecimentos e técnicas considerados essenciais por uma sociedade, ao mesmo tempo em que sua utilização transforma-se em fonte para o ensino; veículo portador de um sistema de valores, de uma ideologia, de uma cultura; objeto sujeito a diversas leituras, interpretações e usos, além de objeto de políticas públicas educacionais. As análises empreendidas neste livro não escapam dessa multiplicidade de sentidos atribuídos à literatura didática, sobretudo no que relaciona a fonte/objeto com o mercado editorial; sua aplicação educacional; as políticas que circunscrevem esse material; e os discursos que eles apresentam.[3]

Duas vertentes teórico-metodológicas foram utilizadas ao longo da trajetória da pesquisa, trata-se da: *análise do discurso*, cuja teoria está referendada em Laurance Bardin e Eni Orlandi, e do conceito de *representação* de Roger Chartier. No prisma da *análise do discurso* o texto-didático ao longo do livro é tomado como objeto de interpretação que indicará as possibilidades de significações possivelmente apreendidas pelos leitores, no caso os alunos de ensino médio das redes públicas e particulares. Complementarmente, acredita-se que o livro didático é um objeto privilegiado para o estudo das *representações* veiculadas em determinados conteúdos, principalmente no âmbito da disciplina história. As representações são percepções do social, construídas, e de forma alguma constituem discursos neutros. Como afirma Chartier, elas: "produzem estratégias e práticas (sociais, escolares, políticas) que tendem a impor uma autoridade à custa de outros, por elas menosprezados, a legitimar

---

3   Alain Choppin, por sua vez, caracteriza esses diversos usos pelas funções possíveis do livro didático, elencando as funções: cultural-ideológica, função mais antiga inerente à constituição de comportamentos patrióticos; referencial, relacionada à reprodução de programas oficiais; instrumental, referente aos métodos de aprendizagem; e documental, pois afinal os livros didáticos são constituídos de conjuntos de textos. CHOPPIN, Alain. "Las politicas de libros escolares en el mundo: perspectiva comparativa e histórica". In: PEREZ SILLER, J. E. Radkau garcia V. *Identidad em el imagiario nacional*: reescritura y enseñanza de la Historial. Publea: Instituto de Ciencias Sociales y Humanidades/Colegio San Luis; Brauschwerg: Institut George Eckert, 1998, p. 169.

14   MÍRIAN CRISTINA DE MOURA GARRIDO

um projeto reformador ou a justificar, para os próprios indivíduos, as suas escolhas e condutas".[4] O conceito de representação incorpora os conflitos de classificação e delimitação, traduzindo "configurações sociais e conceituais próprias de um tempo ou de um espaço".[5] Portanto, os manuais escolares devem ser compreendidos como objetos que são constituídos e capazes de constituir significados, logo, pretende-se que o leitor compreenda que as preocupações do trabalho esteve pautado na História Cultural.

As relações étnico-raciais são construídas historicamente e no Brasil ela se deu pelo viez da negação do conflito e celebração de uma suposta *democracia racial,* interpretação na qual as relações sociais brasileiras foram pautadas pelo prisma da harmoniosidade. Embora academicamente superado o mito da democracia racial, em grande parte graças aos esforços de Florestan Fernandes, a superação não é presenciada no dia a dia dos brasileiros, nas ruas e escolas. Portanto, observa-se que ainda permeia na sociedade brasileira uma visão vinculada ao senso comum, fortemente marcada por uma versão distorcida da "democracia racial", na qual se tem conhecimento da existência do racismo, mas sempre na figura do outro, assim como nas instituições de ensino do país. De forma ilustrativa, a pesquisa realizada em 1988, na cidade de São Paulo, e apresentada por Lilia M. Schwarcz, aponta que 97% das pessoas entrevistadas afirmavam não ter preconceito e 98%, dos mesmos entrevistados, admitiam conhecer pessoas que tinham manifestado seu preconceito. A pesquisa ainda revela que essas pessoas, identificadas como preconceituosas, eram, de maneira geral, muito próximas às pessoas entrevistadas: pai; mãe; cônjuge; namorados e amigos. A autora sintetiza sua fala apontando: "Todo brasileiro parece se sentir, portanto, como uma ilha de democracia racial, cercado de racistas por todos os lados".[6]

Inegavelmente, a educação formal não é o único instrumento capaz de influenciar os jovens. Família, meios de comunicação, entre outros espaços de socialização são também responsáveis pela for-

---

4   CHARTIER, Roger. *A História Cultural: entre práticas e representações.* Rio de Janeiro: Difel, 1988, p. 17.

5   CHARTIER, Roger. *Op. cit.,* 1988, p. 27.

6   SCHWARCZ, Lilia M. Nem preto nem branco, muito pelo contrário: cor e raça na intimidade. *In:* NOVAIS, Fernando A.; SCHWARCZ, Lilia Moritz. (orgs) História da vida privada no Brasil: contrastes da intimidade contemporânea. São Paulo: Companhia das Letras, 1998, p. 180.

ESCRAVO, AFRICANO, NEGRO E AFRODESCENDENTE 15

mação desses indivíduos. Entretanto, cabe às instituições escolares, entendidas como espaço democrático, de debate e de formação, não estar alheia às novas demandas da sociedade. Assim, a escola tem como uma de suas funções primar pelo desenvolvimento crítico dos indivíduos, o que inclui uma discussão coerente sobre as questões étnico-raciais, as quais o Brasil tão marcadamente apresenta. Objetivando dar conta das propostas expostas até o momento, o livro divide-se em três partes, interligadas entre si. O primeiro capítulo, *O livro didático: contexto*, buscou contextualizar os aspectos econômicos, editoriais e historiográficos aos quais os livros didáticos foram submetidos a partir da década de 80, sem perder de perspectiva períodos anteriores. O objetivo de tal esforço é criar para o leitor uma visão abrangente das variáveis existentes no universo da literatura didática. Concomitantemente abordam-se as diferentes formas de análise dos livros didáticos, prova dessa gama de aspectos que influem o material didático. O segundo capítulo, denominado *Livros do Ensino Médio aprovados no PNLEM: Cotrim; Schmidt; Pedro*, apresenta uma caracterização das obras selecionadas e aprofunda a discussão central do trabalho, ou seja, aborda como os livros didáticos escolhidos apresentam o negro no período pós-abolição, buscando compreender, ao mesmo tempo, qual a concepção historiográfica dos autores e como isso, possivelmente, influencia na explicação do autor. Finalizando, o último capítulo, *História, Educação e Identidade: por um ensino-aprendizagem possível*, objetivou apontar as perspectivas e possibilidades para uma educação que não negligencie a discussão sobre o racismo e a discriminação. Para tanto, recorre-se aos textos dos guias e dos editais do PNLD, que simbolizam perspectivas de mudanças ou permanências; e incorporam-se outros elementos do setor editorial didático. Desta forma, o Programa Nacional Biblioteca da Escola e os livros paradidáticos são acrescentados às discussões.

Por fim, não é possível iniciar a leitura do texto que se segue sem que se faça justiça agradecendo as contribuições imensuráveis das Professoras Doutoras Lucia Helena Oliveira Silva (UNESP), Tânia Regina de Luca (UNESP) e Regina Célia Alegro (UEL). A elaboração de dissertações, livros, entre outros, geralmente se efetivam de uma forma solitária e à custa de grande esforço pessoal, mas o percurso se tornou muito mais fácil com o auxílio das professoras citadas, resultando no amadurecimento das discussões efetivadas. Ademais, a leitura deve ser contextualizada, uma vez que a escrita do texto foi encerrada em 2011, com a defesa de Mestrado. Por fim, agradeço também agradeço também a Fundação de Amparo à Pesquisa do Estado de São Paulo cujo suporte financeiro permitiu a dedicação exclusiva ao trabalho.

CAPÍTULO I

O livro didático: contexto

"Livros são papéis pintados com tinta" disse certa vez Fernando Pessoa. A frase serve de discussão inicial para o que se objetiva nesse capítulo, ou seja, traçar um panorama das questões que envolvem um estudo sobre o livro didático. Por essa via, o que será exposto ao longo da seção circunscreve os múltiplos contextos dos manuais didáticos relevantes para a proposta eleita pela pesquisa. Desta forma, compreende-se que os livros estão para além de *papéis pintados com tinta*; eles são produtos extremamente rentáveis, sujeitos às políticas e exigências contemporâneas de sua produção. Assim, recaem sobre os manuais didáticos os anseios de educadores e estudantes, bem como daqueles que lhe dão forma.

A instituição da História como disciplina escolar no Brasil e os primeiros manuais didáticos do país

De partida, deve-se afirmar que "os currículos e programas constituem o instrumento mais poderoso de intervenção do Estado no ensino [...] [além disso] os currículos são os responsáveis, em grande parte, pela formação e pelo conceito de História de todos cidadãos alfabetizados".[1] Mas, nesse contexto, não se deve ignorar o papel dos materiais didáticos, pois:

> a origem do livro didático está vinculada ao poder instituído [...] O livro didático foi concebido pelo poder

---

1   ABUD, Kátia. Currículos de História e políticas públicas: os programas de História do Brasil na escola secundária. In: BITENCOURT, Circe Maria Fernandes. (org). *O saber histórico em sala de aula*. 11. ed. São Paulo: Contexto, 2006, p. 28.

instituído como um poderoso instrumento para fixar e assegurar determinada postura educacional, veículo privilegiado para inculcar normas e ortodoxias. O livro didático proposto com base na instalação de instituições escolares públicas deveria se encarregar de uniformizar o saber escolar, de construir uma forma de pensar a ciência e de reforçar a disseminação de crenças religiosas oficiais.[2]

Isto posto, a trajetória da História como disciplina escolar se efetivou com a criação do Colégio D. Pedro II em 1837. Concomitantemente, o Instituto Histórico e Geográfico Brasileiro (IHGB) foi criado com o propósito de dar uma identidade à nação brasileira. História Acadêmica e a História disciplina compartilham o ideal de compreender/apreender a grande questão do período, a formação da Nação. Paradoxalmente, apesar dessa diretriz da disciplina, responsável pela constituição da identidade nacional, o conteúdo escolar desde sua origem privilegiou o estudo da História da Europa Ocidental, sendo a História do Brasil um apêndice dessa história do mundo branco e moderno.[3]

A criação da História como disciplina no Brasil espelha-se no caso francês, no qual o contexto de laicização da sociedade e de constituição das nações modernas fez emergir no século XIX uma História da disciplina escolar autônoma, cuja inspiração no modelo da França era declarada pelos representantes do governo. Mesmo que não o fosse, o uso regular dos manuais franceses em si já confirmaria o fato. Como se pode antever, a adoção desse modelo e manuais resultou num ensino de História da Europa Ocidental, relegando a História do país a um conjunto de biografias de homens ilustres, datas e batalhas.[4]

Os primeiros livros didáticos de História foram publicados no Brasil no século XIX. Como evidenciado, a elaboração dos

---

2   BITTENCOURT, Circe Maria Fernandes. *Livro didático e saber escolar (1810-1910)*. Belo Horizonte: Autêntica, 2008a, p. 23-63.

3   BITTENCOURT, Circe. História do Brasil: Identidade Nacional e Ensino de História do Brasil. In: KARNAL, Leandro. (org). *História na sala de aula*: conceito, práticas e propostas. 3.ed. São Paulo: Contexto, 2008b, p. 193-198.

4   NADAI, Elza. "O ensino de História no Brasil: trajetória e perspectiva." *Revista Brasileira de História*. São Paulo, v.13,.n°25/26, set.92/ ago.93, p. 148.

ESCRAVO, AFRICANO, NEGRO E AFRODESCENDENTE 19

programas e manuais escolares ficava a cargo do IHGB, parte dos pesquisadores do IHGB eram também docentes do Colégio D. Pedro II. Cabe destacar ainda que, durante longa data, esse colégio foi considerado modelo para as demais escolas brasileiras. O IHGB, até meados de 1930, foi responsável pela produção historiográfica brasileira, que tinha como projeto a escrita de uma História Nacional. Assim, observa-se que o mesmo instituto possuía a dupla função de produzir o que seria nossa "história oficial" e os manuais escolares que, consequentemente, ganhavam a função de reforçar e difundir tais conhecimentos.

Evidenciando essa responsabilidade com a escrita historiográfica do país, em 1843 o Instituto criou um concurso que deveria responder "Como se deve escrever a História do Brasil?". O vencedor do modelo ideal, Von Martius, destacou a necessidade de se atentar para a formação étnica do Brasil e a contribuição das três raças, das quais os portugueses têm a presença mais exaltada. Por essa razão, a História Nacional, por intermédio do que vislumbrava Von Martius, configurou-se na "hierarquização de alguns fatos que deveriam ser centros explicadores, em torno dos quais todo um conjunto de acontecimentos passava a ser referido".[5]

Originários no século XIX, os livros didáticos brasileiros, ou Compêndios, como então eram denominados, podem ser considerados adaptações, traduções ou originais dos livros didáticos estrangeiros.[6] Entretanto, para as disciplinas Geografia e História do Brasil, havia incentivo estatal para uma produção nacional, como já evidenciado. Vale mencionar que a diferença do que se propõe ensinar com o ensino primário e secundário é marcante no XIX. As primeiras letras, legalmente oferecidas a todos os cidadãos, embora esse direito não fosse efetivado, deveriam por seus manuais incentivar o gosto pela leitura e incutir no aluno/leitor preceitos moralizantes. Ao ensino secundário, restrito à elite brasileira e oferecida apenas por instituições particulares, cabiam os compêndios, que veiculavam o ensino das ciências. Ou seja, "O saber escolar não deveria ser o mesmo para todas as classes sociais. As autoridades educacionais cuidaram de organizar estudos específicos para cada situação de escolarização".[7]

---

5   ABUD, Kátia. *Op. cit.*, 2006, p. 31.
6   BITTENCOURT, Circe Maria Fernandes. *Op. cit.*, 2008a, p. 52.
7   BITTENCOURT, Circe Maria Fernandes. *Op. cit.*, 2008a, p. 40.

20 MÍRIAN CRISTINA DE MOURA GARRIDO

Com as mudanças políticas dos anos 1930 e a necessidade de organização de programas curriculares e de manuais escolares que privilegiassem as orientações nacionalistas do Estado, novas diretrizes foram adotadas para as políticas educacionais. Dentro dessa perspectiva nacionalista, houve nos conteúdos uma valorização da atuação dos brasileiros em seu passado histórico, privilegiando, obviamente, as camadas dominantes da sociedade.[8] Ao português coube a imagem daquele que trouxe a civilização; ao índio, a imagem daquele que resistiu à escravidão enfrentando inimigos e florestas; ao negro, além do pouco espaço destinado, coube a projeção de figura sempre relacionada a sua condição de mercadoria, que produz outras mercadorias. Além disso, buscava-se argumentar a favor da contínua diluição desse elemento na sociedade. Os enfoques dos manuais didáticos alternavam entre o político e o econômico.

Outro aspecto importante do período Vargas foi a ampliação da demanda de alunos, propiciada pelas reformas educacionais, o que resultou, entre outros fatores, na mudança da linguagem dos gêneros didáticos, agora dirigidos ao professor e ao aluno. A reforma educacional de 1961 é também vista como amenizadora dos conteúdos didáticos, isto é, passou-se a exigir menos a memorização de nomes e datas.[9]

Décio Gatti Jr.[10] resume a produção didática no período de 1930 a 1960, da seguinte forma: livros que permaneceram no mercado durante longo período sem modificações significativas; autores vinculados ao Colégio D. Pedro II; livros publicados por poucas editoras e que não os concebia como mercadoria principal[11]; não apre-

---

8   O período foi amplamente marcado por condutas que privilegiavam a ideia de unidade nacional; dentro dessa lógica, houve inclusive a ampla difusão da noção de "democracia racial", que tinha por objetivo diluir as diversidades étnicas brasileiras em prol da construção de uma sociedade homogênea. Nesse sentido ver: BERNARDINO, Joaze (2006) e GUIMARÃES, Antonio Sérgio Alfredo (2006).

9   RIBEIRO, Renilson Rosa. *Colônia(s) de identidades:* discursos sobre a raça nos manuais escolares de História do Brasil. Dissertação de Mestrado em História Cultural, Campinas, 2004.

10   GATTI JUNIOR, Décio. *A escrita escolar da história:* livro didático e ensino no Brasil *(1970-1990).* Bauru, SP: EDUSC; Uberlândia, MG: Edufu, 2004, p. 37.

11   Embora não exista consenso sobre esse fator, ver: BITTENCOURT, Circe Maria Fernandes. *Op. cit.* 2008a, p. 82.

ESCRAVO, AFRICANO, NEGRO E AFRODESCENDENTE

sentavam didatização e adaptação de linguagem de acordo com as faixas etárias.

Durante o período da Ditadura Militar (1964-1985) a disciplina História (e Geografia) sofreu um duro golpe. No 1°grau, hoje denominado ensino fundamental, o ensino dessas disciplinas foi substituído por Estudos Sociais. No 2°grau, atual ensino médio, a disciplina História manteve-se em algumas séries para atender aos exames pré-vestibulares, como afirma Bittencourt[12] e Fonseca,[13] em oposição ao explicitado por Abud,[14] que afirma a substituição por Estudos Sociais nesse nível de ensino. Circe Maria Bittencourt é enfática ao afirmar que a substituição da disciplina História por Estudos Sociais "[...] se fazia dentro de uma configuração mais global de currículo ligada aos denominados *Projetos de Ciência Integrada*, oriundos da teoria cognitiva piagetiana".[15] Para a autora, a má interpretação da teoria de Piaget levou alguns a acreditarem na impossibilidade de se estudar História antes dos dezesseis anos.

No período arrolado tornou-se significativa a ampliação do número de alunos, bem como o crescimento do mercado editorial, incentivado pelo auxílio financeiro do governo para compra de maquinários modernos. A influência dos meios de comunicação já é apontada nesse período como forte propulsor das modificações "visuais" dos livros didáticos. Outra característica do período militar brasileiro foi a significativa ampliação dos cursos de Licenciatura Curta, que passou a representar uma maior dependência dos docentes em relação aos manuais escolares.

Para concluir essa subseção, cabe apontar qual era a função do ensino de História no período militar:

> [...] no período ditatorial, sobretudo após 1968, o ensino de história tem afirmado sua importância como estratégia política do Estado, como instrumento de domina-

---

12 BITENCOURT, Circe Maria Fernandes. *Op. cit.*, 2006, p. 12.

13 FONSECA, Selva Guimarães. *Didática e prática de ensino de história: experiências, reflexões e aprendizados.* Campinas, SP: Papirus, 2003, p.23.

14 ABUD, Kátia. *Op. cit.* 2006,p. 39.

15 BITENCOURT, Circe Maria Fernandes. Propostas curriculares de História: continuidades e transformações. In: BARRETO, Elba Siqueira de Sá (org.) *Os currículos do ensino fundamental para as escolas brasileiras.* Campinas, SP: Autores Associados; São Paulo: Fundação Carlos Chagas, 1998, p. 132, grifos da autora.

ção, porque capaz de manipular dados que são variáveis importantes na correlação com forças e capaz de uma intervenção direta no social, por meio do trabalho com a memória coletiva. Nesse sentido submetido à lógica política do governo.[16]

Políticas Públicas de Avaliação de Livros Didáticos e sua relação com as Editoras

As preocupações governamentais a respeito do programa e currículo de História surgem ainda no século XIX. A vinculação entre Estado e editoras ganha ainda mais força a partir da instituição do ensino:

> é justamente a existência de uma política educacional que cria um público cativo (os alunos), que demanda livros específicos (escolares), que devem ser escritos (autores) e produzidos (editores) de acordo com os programas e objetivos prescritos e reconhecidos como relevantes (Estado) pelo menos por parte da sociedade.[17]

Essa dinâmica impulsionada pela preocupação do Estado com relação à educação o insere no tripé literário autor-obra-público, modificando o triângulo para quadrilátero, com afirma a historiadora Tânia de Luca.

Os discursos dos relatórios dos Ministros do século XIX apontam a preocupação em incentivar a produção de obras didáticas nacionais, atribuindo ao autor o *status* de tarefa patriótica.[18] Muitos homens "ilustres" se dedicaram no período a tal labor, o que resultou, no entanto, em um número muito limitado de autores. Diante desse quadro, as autoridades educacionais passaram a incentivar o surgimento de autores menos nobres, mas que se dedicassem à escrita de obras didáticas, mesmo que interessados nas honrarias ou dinheiro oferecido pelo governo.[19]

16 FONSECA, Selva Guimarães. *Op. cit.*, 2003, p. 24.
17 LUCA, Tânia Regina de. Livro Didático e Estado: explorando possibilidades interpretativas. In: ROCHA, Aparecida Bastos; REZNIK, Luís; MAGALHÃES, Marcelo de Souza (orgs.) *A História na Escola*: autores, livros e leituras. Rio de Janeiro: FGV, 2009, p. 153.
18 BITTENCOURT, Maria Circe Fernandes. *Op. cit.*, 2008a, p. 30.
19 BITTENCOURT, Maria Circe Fernandes. *Op. cit.*, 2008a, p. 53.

ESCRAVO, AFRICANO, NEGRO E AFRODESCENDENTE 23

Cabe ressaltar o esforço efetivado no século XIX para a "nacionalização" da obra didática, como evidenciado nos esforços de órgãos como IHGB. Além disso, a fim de assegurar a qualidade do livro didático e o ensino implementado, o Estado necessitou criar meios de controle sobre esses elementos. Nas primeiras décadas do século XIX, as obras didáticas estavam sob o controle do Estado, a quem cabia o veto ou a autorização, razão pela qual é comum encontrar nas folhas de rostos dos livros do período a confirmação da aprovação oficial. Vale indicar que, para a obtenção dessa aprovação, autores e editores colocavam em jogo possíveis relações de amizade junto às autoridades políticas.[20]

Essa regulamentação e vigilância existentes no período Imperial são ampliadas e passam por um processo de burocratização com a criação dos Conselhos de Instrução, mantidos também no período Republicano. Tal controle estava inserido dentro da função originária do livro didático, isto é, "os livros didáticos foram concebidos para que o Estado pudesse controlar o saber divulgado".[21]

Mesmo no início do mercado de didáticos no país, estava claro que havia sido criada uma fonte de lucro para o setor editorial, o que, em certa parte, justifica os esforços de grandes editoras como Laemmert, Francisco Alves e Garnier, que lançavam mão de: aproximações com o poder instituído; estratégias de propaganda em veículos como jornais, revistas pedagógicas ou catálogos criados pelas próprias editoras; compra de direitos autorais de obras já consolidadas no mercado; e cooptação de professores do Colégio D.Pedro II, Escola Militar ou Escola da Marinha para feitura de livros de determinadas disciplinas.[22]

O governo Getúlio Vargas, por sua vez, parece ter delineado ações mais concretas sobre as políticas de livros didáticos: "no novo regime o Estado passou a ser o incentivador, o organizador, o controlador e um comprador importante, o que redundou em forte dependência do setor editorial-didático".[23] Data desse período a Comissão Nacional do Livro Didático (CNLD), criada em 1938, que,

---

20 BITTENCOURT, Maria Circe Fernandes. *Op. cit.*, 2008a, p. 54.
21 BITTENCOURT, Maria Circe Fernandes. *Op. cit.*, 2008a, p. 61.
22 BITTENCOURT, Maria Circe Fernandes. *Op. cit.* 2008a, p. 88.92. Ver também: LUCA, Tânia Regina de. *Op. cit.*, 2009, p. 158-166, no qual a autora explora os laços de amizade postos em jogo por Monteiro Lobato.
23 LUCA, Tânia Regina de. *Op. cit.*, 2009, p. 166.

24 MÍRIAN CRISTINA DE MOURA GARRIDO

embora não fosse a única comissão reguladora do ensino, ganha *status* diferenciado pelas atribuições que desempenhava, entre elas a responsabilidade de avaliar livros didáticos, explicitando justificativas de aprovação e não-aprovação. O decreto que institui o CNLD ainda dispõe que livros sem autorização do ministério não poderiam ser utilizados nas escolas do país a partir de janeiro de 1940.[24]

No artigo que explora as relações entre Estado e editoras, em vários momentos do país, Tânia de Luca afirma que, no que concerne ao CNLD, há de se entender que nem sempre houve consonância entre as ações da Comissão e os ocupantes do poder. Cabe ainda ressaltar que, segundo a historiadora, a Comissão deve ser compreendida no conjunto de mudanças no campo educacional postas em prática no período, como a Reforma Francisco Campos, de 1931, que regulamentou o secundário, comercial e superior; tais mudanças foram impostas em todo território nacional.

Nessa instância de modificações, houve inclusive a equiparação do secundário ao Colégio D. Pedro II, sujeito à vigilância federal, bem como a ação de outros órgãos junto às editoras, tais como Instituto Nacional do Livro (1937) e o Departamento de Imprensa e Propaganda (1939).

A dissertação de Rita Ferreira,[25] que objetivou o estudo do arquivo preservado pelo ministro Gustavo Capanema sobre a Comissão Nacional do Livro Didático, desvendou os atores e as dinâmicas postas em prática a partir da CNLD, indicando elementos importantes sobre as avaliações do período. Apesar das significativas funções atribuídas à Comissão, inclusive a de evitar abusos ocorridos em alguns estados e padronizar a literatura didática do país, Ferreira afirma que as condições precárias em que a Comissão funcionou impediram a realização dos objetivos e, consequentemente, a não concretização do projeto estatal. Entre as dificuldades enfrentadas apresentam-se situações não previstas pelo Decreto-Lei oficial que criou o CNLD e, por isso, teve que sofrer alterações para execução dos trabalhos da Comissão. Polêmicas também envolveram as avaliações, pois a Comissão, por ser constituída de autores de livros didáticos renomados – parte deles do Colégio D. Pedro II –, acabou

---

24 LUCA, Tânia Regina de. *Op. cit.*, 2009, p. 167.

25 FERREIRA, Rita de Cássia Cunha. *A Comissão Nacional do Livro Didático durante o Estado Novo (1937-1945)*. Dissertação em História, UNESP – Univ. Estadual Paulista, 2008.

ESCRAVO, AFRICANO, NEGRO E AFRODESCENDENTE 25

por beneficiar esses autores. Afinal, na impossibilidade da publicação dos livros autorizados no Diário Oficial, em janeiro de 1940 e janeiro de 1941, foram compreendidos como autores/referências confiáveis de adoção.[26]

Em 1966, o gênero didático volta à cena política, agora regulamentado pela Comissão do Livro Técnico e Livro Didático (COLTED). Essa comissão objetivava coordenar a produção, edição e distribuição do livro didático e contava com financiamento assegurado pelo acordo MEC-USAID (*United States Agency for International Development*). Ainda durante o período militar, outros órgãos foram criados para gerenciamento de recursos – Instituto Nacional do Livro Didático, INLD, 1971; e Programa do Livro Didático para o Ensino Fundamental, PLIDEF, do mesmo ano –, e execução dos programas voltados aos manuais didáticos – Fundação Nacional do Material Escolar, FENAME, criado em 1976 e substituído em 1983 pela Fundação de Assistência ao Estudante, FAE.[27]

Vale mencionar que a década de 1960 foi marcada pela ampliação significativa do público escolar, o que gerou necessidade de reformulações no mercado e nas políticas de materiais didáticos. Nesse sentido, soma-se o processo de precarização da formação docente e a entrada na escola de uma parcela da população carente de saber formal. Pesquisadores são enfáticos ao afirmar que o período e as circunstâncias a ele inerentes foram cruciais para a criação da dependência dos professores aos materiais didáticos, que passaram de obras de referência para condutores e orientadores da ação docente.[28]

A Ditadura Militar parece ter sido um momento importante para as editoras, afinal o Estado garantiu auxílio financeiro para maquinários modernos e indiretamente proporcionou ao material didático função central no processo de ensino.

---

26   Deve-se atentar que as obras didáticas dos integrantes do CNLD eram avaliadas por uma comissão especial. FERREIRA, Rita de Cássia Cunha. *Op. cit.*, p. 105.

27   HOFLING, Eloisa de Mattos. "Notas para discussão quanto à implementação de programas de governo: em foco o Programa Nacional do Livro Didático." *Educação & Sociedade*, abr. 2000, vol.21, no.70, p. 162-4; e BEZERRA, Holien Gonçalves; LUCA, Tânia Regina de. Em busca da qualidade – PNLD História – 1996-2004. In: SPOSITO, Maria Encarnação Beltrão. (org.) *Livros didáticos de Geografia e História*: avaliação e pesquisa. São Paulo: Cultura Acadêmica, 2006, p. 28-31.

28   BEZERRA; LUCA. *Op. cit.*, p. 30-31; GATTI JR. *Op. cit.*, p. 27.

26 MÍRIAN CRISTINA DE MOURA GARRIDO

O Programa Nacional do Livro Didático (PNLD), criado em 1985, retoma a questão das políticas públicas para o livro didático. É válido apontar que o decreto que originou o PNLD nem ao menos cita o programa anterior (PLIDEF). Provavelmente, tal conduta objetivou "agregar valor positivo a determinado governo, que não quer ter sua imagem política associada ao governo anterior, que nesse caso, era uma ditadura. Por isso, tal governo democrático se autodenominou *Nova República*".[29]

Embora herdeiro de programas de materiais didáticos anteriores, o Programa Nacional do Livro Didático apresenta grandes inovações para as políticas direcionadas ao livro, culminando no inédito volume de materiais didáticos distribuídos gratuitamente aos alunos do ensino público.

Para se compreender o PNLD, deve-se ter em mente dois momentos históricos distintos.[30] O primeiro momento tem por base a proposta *Educação Para Todos* (1985) que norteia as diretrizes que fundaram o Programa, incluindo nesse sentido a responsabilidade da FAE no planejamento, compra e distribuição de livros; produção editorial restrita às empresas privadas; escolha dos livros pelos professores; não aquisição de livros consumíveis; especificações técnicas regulamentadas em prol da durabilidade do produto adquirido; e oferta dos livros aos alunos da 1ª. à 8ª. séries. O segundo documento que inaugura a fase mais recente do PNLD é o *Plano Decenal de Educação Para Todos* (1993), no qual se delineiam compromissos com a qualidade do material didático e dos professores responsáveis por avaliar e escolher os livros a serem utilizados por eles. Tal Plano está inserido no contexto mundial de valorização da educação como ponte para diminuição das desigualdades sociais, como demonstra a citação:

> Em 1990, em Jomtien, Tailândia, realizou-se a Conferência Mundial de Educação para todos, promovida pela UNESCO e co-patrocinada pelo PNUD, UNICEF e Banco Mundial com a participação de 155 países e centenas de organizações da sociedade civil. Decidiu-se que os países com maior índice de analfabetismo e maior déficit no atendimento da escolaridade obrigatória elaborariam planos decenais de educação para todos.[31]

---

29 CASSIANO, Célia Cristina de Figueiredo. *Op. cit.*, p. 21- grifos da autora.
30 CASSIANO, Célia Cristina de Figueiredo. *Op. cit.*, p. 21.
31 BEZERRA, Holien Gonçalves; LUCA, Tânia Regina de. *Op. cit.*, p. 31.

ESCRAVO, AFRICANO, NEGRO E AFRODESCENDENTE 27

Inegavelmente, o discurso instituído pelo Banco Mundial[32] marcou o gênero didático nas últimas décadas do século XX. Segundo estudos promovidos por especialistas do próprio Banco, a aquisição de livros didáticos e sua distribuição, por parte do Estado, seria um eficiente método de melhoria na educação pública. O fato é que o Banco Mundial, no período de 1991 a 2001, investiu cerca de 2,192 bilões de dólares em diferentes regiões: América Latina e Caribe; Ásia Oriental; Pacífico; Sul da Ásia; África subsaariana; Europa; Ásia central; Oriente Médio; e Norte da África.[33]

No Brasil, o cumprimento das normas técnicas do referido Banco são marcantes; prova disso é o fato de que, desde a implantação do PNLD, a ênfase do atendimento destinou-se ao Nordeste, por meio de projeto financiado pelo Banco Mundial.[34] Apesar das inúmeras críticas fundamentadas nesse interesse do Banco Mundial, ao presente livro importa apreender que a política para o livro didático se insere economicamente num amplo cenário.

Seja pela opção do assistencialismo à população mais carente,

---

32   O Grupo do Banco Mundial é um organismo multilateral de crédito, constituído por cinco instituições estreitamente vinculadas e com uma única presidência, tendo sede em Washington. Foi concebido durante a Segunda Guerra Mundial, em Bretton Woods, Estado de Novo Hampshire (EUA). Inicialmente ajudou a reconstruir a Europa após a guerra, trabalho este que permaneceu como um enfoque importante do Banco Mundial, mas atualmente sua principal meta é a redução da pobreza no mundo em desenvolvimento. O *grupo* do Banco Mundial é formado por cinco instituições, mas o *Banco Mundial* é formado por duas: *o BIRD e a AID*. O BIRD – Banco Internacional para Reconstrução e Desenvolvimento, que proporciona empréstimos e assistência para o desenvolvimento a países de rendas médias com bons antecedentes de crédito. O poder de voto de cada país-membro está vinculado às suas subscrições de capital, que por sua vez estão baseadas no poder econômico relativo de cada país. O BIRD levanta grande parte dos seus fundos através da venda de títulos nos mercados internacionais de capital. Já a assistência da AID – Associação Internacional de Desenvolvimento desempenha um papel importante na missão do Banco, que é a redução da pobreza concentrada nos países mais pobres, aos quais proporciona empréstimos sem juros e outros serviços. A AID depende das contribuições dos seus países membros mais ricos – inclusive alguns países em desenvolvimento – para levantar a maior parte dos seus recursos financeiros. *BRASIL.* Disponível em:<www.bancomundial.org.br>. Acesso em: 17 dez 2008.

33   CASSIANO, Célia Cristina Figueiredo. *Op. cit.*, p. 99.

34   CASSIANO, Célia Cristina Figueiredo. *Op. cit.*, p. 25.

28 MÍRIAN CRISTINA DE MOURA GARRIDO

seja por pressão das agências de financiamento internacionais, o fato é que o Brasil tem implementado o maior programa de distribuição de livros do mundo, o que lhe valeu menção no *Guiness* e o converteu em um dos maiores compradores de livros do mundo.[35] Comprovam esse *status,* os valores gastos na compra de didáticos em 2008: 661.411.920,87 (PNLD) e 221.540.849,41 (PNLEM).[36] A distribuição, desde 1995, foi responsabilidade da Empresa Brasileira de Correio e Telégrafo (ECT), cujo desempenho eficiente lhe rendeu o prêmio *World Mail 2002,* na categoria serviços ao cliente, superando "concorrentes avançados" como o correio dos Estados Unidos e ampliando a visibilidade do PNLD. Soma-se a esse cenário o aumento significativo dos programas de distribuição de livros, como o já citado Programa Nacional de Livro Didático Para o Ensino Médio – PNLEM –, o Programa Nacional para Alfabetização de Jovens e Adultos – PNLA –, além da distribuição de dicionários, publicações em braile, livros de inglês e espanhol a partir de 2008 e compra de livros de diversos segmentos para a constituição de bibliotecas – PNBE e PNBEM.

Vale mencionar que organizações internas do Ministério da Educação ocorridas no ano de 2009 uniram as coordenadorias do ensino fundamental e médio, portanto, as denominações dos Programas de compras de livros são iniciadas com o PNLD e acompanhadas do nível de ensino a que os livros destinam-se. Como exemplo dessa nova denominação, o Edital publicado em 2009 para compra de livros aos jovens e adultos foi denominado de Edital de Convocação para Inscrição no Processo de Avaliação e Seleção de obras e coleções didáticas para o Programa Nacional do Livro Didático para Educação de Jovens e Adultos – PNLD EJA 2011. Tal informação é ratificada em decreto posterior, assim como define o art.6, parágrafo2° do Decreto n° 7.084 de 27 de janeiro de 2010. O processo de avaliação, escolha e aquisição do PNLD se efetiva alternadamente nos seguintes níveis de ensino: 1° ao 5° ano do ensino fundamental; 6° ao 9° ano do ensino fundamental; e ensino médio. Apenas a fim de facilitar a leitura do trabalho, a sigla PNLEM é ainda utilizada.

Outro adendo importante é que seleções e compras descentralizadas eram efetivadas pelo Estado de Minas Gerais e São Paulo desde

---

35   CASSIANO, Célia Cristina Figueiredo. *Op. cit.,* p. 10.
36   *Fundo Nacional de Desenvolvimento Educacional.* Disponível em: <http://www.fnde.gov.br/> Acesso em: 01 ago 09.

ESCRAVO, AFRICANO, NEGRO E AFRODESCENDENTE 29

1996 até 1999 e 2005, quando então os dois Estados voltaram a participar do PNLD, operando agora de forma centralizada em todo âmbito nacional, de acordo com as informações obtidas junto ao Fale Conosco das Secretarias de Ensino dos Estados de São Paulo e Minas Gerais. Observa-se que os dois primeiros tópicos do capítulo evidenciam a constante preocupação governamental com o livro didático e, por essa via, com o que se ensina dentro das instituições escolares.

O Programa Nacional do Livro Didático e as avaliações contemporâneas dos livros didáticos

As avaliações dos produtos editorias adquiridos pelo Estado iniciaram-se em 1995 (PNLD 1997) e tiveram por objetivo a análise de livros destinados ao primeiro ciclo do ensino fundamental. O segundo ciclo do fundamental foi avaliado pela primeira vez em 1997 (PNLD 1999) e, para a disciplina História, no ensino médio, a primeira avaliação ocorreu em 2006 (PNLEM 2008), dentro do que ficou acordado no *Plano Decenal de Educação Para Todos*, documento que enfatizava a necessidade da melhoria qualitativa de manuais escolares e dos docentes, como mencionado anteriormente. Envolto em constantes polêmicas, principalmente no início da prática avaliativa, Maria Encarnação Sposito expõe a justificativa de tais avaliações:

> Nossa posição em relação a este dilema [validade das avaliações] é clara e já assumida publicamente: a avaliação deve ser feita porque o Estado, com recursos públicos, está adquirindo milhões de livros didáticos para distribuição gratuita na rede oficial de ensino básico e deve aferir a qualidade do produto que compra.[37]

Para compreender a estrutura criada para a execução das avaliações e aquisições de livros didáticos, dois documentos são fundamentais: o Edital de Convocação para inscrição no Processo Seletivo de Livros e o Guia de Livros Didáticos. O primeiro é o instrumento utilizado pelo Estado para definir normas de inscrição; condutas de participação; documentação necessária; etapas de

---

37   Geógrafa e parecerista da equipe de avaliação de livros didáticos em Geografia. SPOSITO, Maria Encarnação Beltrão. (org.) *Livros didáticos de Geografia e História*: avaliação e pesquisa. São Paulo: Cultura Acadêmica, 2006, p. 22.

30 MÍRIAN CRISTINA DE MOURA GARRIDO

avaliação da obra (características físicas e de conteúdo); aquisição; e entrega. Nota-se ainda que o Edital de Convocação do PNLEM 2007 possui informações importantes sobre os manuais didáticos que o Estado espera distribuir:

> [os livros didáticos em geral] não podem ser concebidas como apostilas, com informações, regras e recomendações que visem apenas à preparação do aluno para um exercício profissional específico ou para o ingresso no ensino superior. Devem, ao contrário, favorecer o diálogo, o respeito e a convivência [...] A obra didática de História, portanto, deve possibilitar ao aluno a compreensão ativa da realidade [...] não pode ser a exposição fria e mecânica de conhecimentos adquiridos e transmitidos [...] a História quer ser elemento de tomada de consciência [...] Assim, o texto deve ser capaz de envolver o aluno, considerando-o como sujeito que tem consciência de estar, a seu modo, fazendo História[38]

O ensino está, segundo o documento, calcado na formação do cidadão, rompendo com o binômio ensino profissional *versus* vestibular, e para a aprendizagem de História o livro didático está intimamente ligado à experiência do presente em busca da construção do aluno enquanto agente histórico.

O Guia de Livros Didáticos, também denominado Catálogo do Programa Nacional do Livro para o Ensino Médio no ano de 2008, corresponde à continuação do processo iniciado pelo Edital de Convocação, pois ele é resultado das avaliações dos livros inscritos e aprovados no Edital. O Catálogo tem por função auxiliar a escolha do livro didático a ser selecionado e utilizado pelo professor. A autonomia do professor na escolha do livro era uma das reivindicações não contempladas pelas políticas anteriores ao PNLD, mas também é um ponto polêmico do Programa. Afinal, há reclamações constantes de que o livro escolhido nem sempre é o entregue. Entretanto, o Edital esclarece:

---

38   Secretaria da Educação Básica, Fundo Nacional de Desenvolvimento da Educação. *Edital de Convocação para Inscrição no processo de avaliação e seleção de obras didáticas a serem incluídas no Catálogo do Programa Nacional do Livro para o Ensino Médio – PNLEM 2007*. Brasília: Ministério da Educação, Secretaria de Educação Básica, 2005, p. 33-34; 61-62.

Da Aquisição

Com base na escolha dos professores e no Censo Escolar ou Prévia, realizado pelo Instituto Nacional de Estudos e Pesquisas Educacionais – INEP, e conforme a Resolução nº 038, de 15/10/2003, o FNDE convocará, por meio de Comissão Especial de Negociação, os titulares de direito autoral habilitados para proceder à negociação de preços, visando à aquisição das obras.[39]

Logo, a escolha do professor é um dos elementos que influem na aquisição do livro didático, mas não é determinante para a aquisição que está sujeita à negociação de preços. Sobre o assunto, o Decreto nº 7.084 que dispõe sobre os programas de material didático reafirma que:

> § 2o Não havendo acordo entre as partes em relação ao preço, o FNDE poderá, em atenção ao princípio da economicidade, deixar de contratar a aquisição das obras previstas no § 1o, contratar a aquisição da segunda opção, ou ainda, na eventualidade de novo impasse, fazer a opção pela obra negociada mais escolhida em cada região.[40]

Vale lembrar que a constante troca de escolas pelos professores da rede pública – fruto da estrutura do ensino público – também influencia na seleção errada do livro, pois acontece de o professor que selecionou o livro no ano anterior não estar mais lecionando na mesma escola no ano da distribuição do livro.

Escrito pela equipe de avaliadores do PNLD, que desde o princípio é composta por professores de renomadas universidades do país, o Catálogo de livros do PNLEM 2008[41] é composto por: carta aos professores, na qual admite a eficácia do livro didático como instrumento de trabalho, sendo seu acesso um facilitador para au-

---

39   Edital de Convocação para Inscrição de obras a serem incluídas no Catálogo do PNLEM 2007, *Op. cit.*, p. 12.

40   Decreto nº 7.084 de 27 de janeiro de 2010, p. 5

41   Apesar de o Edital ter sido publicado como PNLEM2007, possíveis problemas no processo permitiram que os livros de História para o ensino médio fossem distribuídos apenas em 2008; por isso, o Catálogo denomina PNLEM2008, fazendo referência ao ano em que de fato os livros de História foram distribuídos nas escolas.

MÍRIAN CRISTINA DE MOURA GARRIDO

mento da qualidade da educação; apresentação, na qual explica a importância de uma boa escolha do manual pedagógico e a estruturação do guia; princípios e critérios comuns à avaliação de obras didáticas para o Ensino Médio; orientações para a escolha; e, por fim, as resenhas dos livros aprovados. Tais resenhas são compostas de síntese avaliativa; sumário da obra; análise da obra; e recomendações ao professor. É interessante observar que o Catálogo reforça sua concepção de texto de auxílio para a escolha do professor, o que, segundo o documento, influi na disposição aleatória das Resenhas, não refletindo nenhum critério de organização ou hierarquização, "[...] porque o julgamento sobre a qualidade das obras recomendadas cabe a você, professora ou professor".[42] Essa posição é reiterada no Catálogo, quando se justifica a presença da seção *Recomendações ao Professor* presente nas Resenhas, para apontar como valorizar os pontos positivos e superar os pontos negativos dos livros didáticos. De fato, afirma-se o caráter apenas indicador, "porque não há ninguém melhor do que você [professor] para saber como utilizar adequadamente o livro didático".[43]

Para além da clara intenção de legitimar a noção de professor autônomo e capacitado, cabem considerações sobre o que significa afirmar – e a importância dessa afirmação –, que as Resenhas não contemplam referência à hierarquia ou à qualidade do livro didático. O exposto é reflexo da intensa luta das editoras para a não publicação da lista de livros didáticos reprovados nas avaliações do PNLD, bem como da confusão que gerou a hierarquização dos livros didáticos aprovados em Guias anteriores. Portanto, afirmar que a ordem é aleatória simboliza o silenciamento das tensões que existiram por conta de hierarquizações anteriores. Posteriormente, novas considerações serão feitas sobre a disposição e o conteúdo das Resenhas – julgadas pela pesquisadora problemáticas em alguns momentos – bem como sobre as polêmicas que circundam as avaliações.

Outro excerto interessante do Catálogo 2008 corresponde aos papéis atribuídos ao livro didático do ensino médio. Segundo o texto

---

42   Secretaria da Educação Básica, Fundo Nacional de Desenvolvimento da Educação. *História: Catálogo do Programa Nacional do Livro para o Ensino Médio: PNLEM 2008*. Brasília: Ministério da Educação, Secretaria de Educação Básica, 2007, p. 8.

43   História: Catálogo do Programa Nacional do Livro para o Ensino Médio: PNLEM 2008, *Op. cit.*, p. 9.

ESCRAVO, AFRICANO, NEGRO E AFRODESCENDENTE 33

do documento, cabe aos manuais do ensino médio: 1) ampliar os conhecimentos do ensino fundamental; 2) estimular a capacidade do aluno em busca de novos conhecimentos; 3) apoiar a formação continuada dos professores "muitas vezes impossibilitados de atualizar-se".[44] Aparentemente, este último critério demonstra que nos discursos presentes no Catálogo existe a admissão da fragilidade do professor, visível no excessivo cuidado com o que se compreende por capacidade docente, ora entendida como preponderante ora como debilitada. O Edital de Convocação do PNLEM 2007 reforça o caráter auxiliar do livro didático na prática docente, ao afirmar que o material didático é apenas um dos caminhos existentes para as possíveis práticas de aprendizagem. O documento complementa:

> Esses caminhos não são únicos, posto que o universo de referências não pode se esgotar no restrito espaço da sala de aula ou da obra didática, mas atuam como uma orientação importante para que o professor busque, de forma autônoma, outras fontes e experiências para complementar seu trabalho em sala de aula.[45]

Diante da breve exposição, nota-se a relevância dos dois documentos – Edital de Convocação e Catálogo de Livros – para uma pesquisa que objetiva compreender o contexto que circunda os livros didáticos e seus conteúdos. Portanto, ambos tornaram-se fontes da pesquisa, juntamente com os livros didáticos. No que diz respeito ao uso dos Editais, foram analisados quatro Editais dos PNLD's: 2007 – ensino médio –, 2008, 2011 – ambos atendendo o segundo ciclo do ensino fundamental – e 2012 – mais recente edital publicado que visa a compra de livros didáticos para o ensino médio, abrangendo todas as disciplinas, inclusive Filosofia e Sociologia, recentemente incorporados ao ensino. Quanto aos Guias de Livros didáticos analisou-se os referentes ao PNLD 2008 (EM); 2008 (EF) e 2011 (EF). A análise e a comparação desses editais possibilitam visualizar alterações nas políticas de aprovação dos livros, provavelmente resultado de novas demandas; contudo, aponta também para a manutenção de um texto básico como pano de fundo.

---

44   História: Catálogo do Programa Nacional do Livro para o Ensino Médio: PNLEM 2008, *Op. cit.*, p. 17.

45   Edital de Convocação para Inscrição de obras a serem incluídas no Catálogo do PNLEM 2007, *Op. cit.* p. 32-33.

34 MÍRIAN CRISTINA DE MOURA GARRIDO

Retornando às questões inerentes ao processo de avaliação, estabelece-se que os critérios de eliminação das obras didáticas constituíam-se inicialmente – PNLD 1997 e 1998 analisaram livros de 1ª. a 4ª. séries – daqueles que "apresentassem preconceitos de origem, raça, sexo, cor, idade, ou quaisquer outras formas de discriminação, e aquelas que contivessem erros graves relativos ao conteúdo de cada área, ou que induzissem a erros".[46] Observa-se que os critérios estavam fortemente ligados às pesquisas que buscavam denunciar a debilidade do material didático influenciado pelo período ditatorial. Mais à frente essas pesquisas serão retomadas.

A partir de 1997, de acordo com membro da Comissão Técnica e Coordenadora da avaliação na área de História do PNLD, os critérios eliminatórios constituem resumidamente em: "1. conceitos e informações básicas incorretos; 2. incorreção e inadequação metodológica; 3. prejuízo à construção da cidadania (preconceitos)"[47]. Na inexistência de um patamar de igualdade[48] criou-se para as avaliações critérios classificatórios que, apesar de não excluir o livro didático, determina a qualidade de cada obra. Interessante observar que a partir do Edital de Convocação para o PNLD 2011 – segundo ciclo do ensino fundamental – não há mais critérios classificatórios. Provavelmente, suprimir tal seção corresponde à política e discurso de não hierarquização dos livros didáticos aprovados, como indicam citações já feitas. Contudo, alguns critérios antes classificatórios migraram para os eliminatórios, indicando a necessidade de permanência desses critérios. Esse é o caso das determinações sobre o Manual do Professor e das questões relacionadas à estrutura editorial e aos aspectos gráficos; no PNLEM 2007, integrantes dos aspectos classificatórios, e no PNLD 2011, correspondentes aos aspectos eliminatórios.

Ainda sobre os critérios de exclusão, salienta-se que eles são mais extensos do que o mencionado, circunscrevendo questões de condutas das editoras até os conteúdos dos manuais, sendo o Edital de Convocação objeto privilegiado para compreender esses critérios. Para exemplificar a gama de situações que incorrem em exclusão, pode-se mencionar a reprovação de livros que "veicular idéias

---

46   BEZERRA, Holien Gonçalves; LUCA, Tânia Regina de. *Op. cit.*, p. 34.
47   BEZERRA, Holien Gonçalves; LUCA, Tânia Regina de. *Op. cit.*, p. 34.
48   BEZERRA, Holien Gonçalves; LUCA, Tânia Regina de. *Op. cit.*, p. 33.

ESCRAVO, AFRICANO, NEGRO E AFRODESCENDENTE 35

que promovam desrespeito ao meio ambiente",[49] critério presente em 2007 e reformulado nas exigências do PNLD 2011, no qual consta como critério para eliminação a ausência de mecanismos para "incentivar uma postura de respeito, conservação e manejo correto do ambiente".[50]

As avaliações passaram ao longo de sua existência por algumas reformulações, e o objetivo dessas reorganizações internas visou otimizar o trabalho efetuado. Por exemplo, após a realização de três PNLD's (1997, 1998 e 1999), a Secretaria do Ensino Fundamental (SEF), juntamente com os coordenadores de cada área, organizaram encontros para a reflexão dos processos avaliativos já efetivados. Os debates realizados foram apresentados no documento *Recomendações para uma Política Pública de Livros Didáticos*, publicado em 2001 pelo MEC e que, segundo Holien Bezerra e Tânia de Luca, em obra já citada, tornou-se referência para os PNLD's seguintes. Tais reformulações são também observáveis nos editais de convocação que, ao longo do tempo, parecem ter se cercado de elementos que dessem maior sustentação aos PNLD's, enquanto concurso público, ou seja, apesar de identificar-se um "texto padrão" dos editais, à medida que ganha experiência com a prática avaliativa e de compra, lacunas são preenchidas ou critérios são mais bem esclarecidos, resguardando o programa de possíveis problemas.

Para exemplificar, pode-se tomar como exemplo a seção "Dos Processos de Habilitação, Aquisição, Produção e Entrega: Da Habilitação", onde se nota a incorporação de itens que resguardam o Programa de direitos judiciais, como os dois tópicos incorporados no Edital de Convocação PNLD 2008 que dão instruções e fazem exigências quando a obra inscrita estiver envolvida em assuntos judiciais[51]. A seção é ainda mais extensa e objetiva quando se tem por referência o Edital de Convocação do PNLD/EM 2012, que possui

---

49   Edital de Convocação para Inscrição de obras a serem incluídas no Catálogo do PNLEM 2007, *Op. cit.*, p. 37.

50   Secretaria da Educação Básica, Fundo Nacional de Desenvolvimento da Educação. *Edital de Convocação para Inscrição no processo de avaliação e seleção de coleções didáticas para o Programa Nacional do Livro Didático – PNLD 2011*. Brasília: Ministério da Educação, Secretaria de Educação Básica, 2008, p. 35.

51   Edital de Convocação para Inscrição de obras a serem incluídas no Guia do PNLD 2008, *Op. cit.*, p. 9.

36 MÍRIAN CRISTINA DE MOURA GARRIDO

25 seções e subseções, enquanto o PNLEM 2007 possui apenas 7 seções e subseções relacionadas ao processo de habilitação. No caso de introdução de esclarecimentos que busquem corrigir erros observados, pode-se citar a incorporação:

> [critérios eliminatórios de História observam se a obra] (1) utiliza a intensa produção de conhecimento nas áreas da História e da Pedagogia, elaborada nos últimos anos, considerando-a efetivamente como ponto de reflexão e de discussão, *não ficando restrita à intenção inicial ou à introdução*;
>
> (3) compreende a escrita da história como um processo social e cientificamente produzido, que desempenha funções na sociedade, *possibilitando não só a apropriação do conhecimento histórico, como também a compreensão dos processos de produção desse conhecimento e do ofício do historiador, a partir de fontes diversificadas*;
>
> [critérios eliminatórios do manual do professor] (1) contém informações complementares e orientações que possibilitem a condução das atividades de leitura das imagens, sobretudo, como fontes para o estudo da história, *extrapolando sua utilização como elemento meramente ilustrativo e/ou comprobatório*;[52]

Os excertos em destaque correspondem ao que foi incorporado no edital mais recente quando comparado com o edital 2011. Notoriamente, os textos adicionados não constituem novas informações; na verdade parecem indicar que tais erros foram observados em obras analisadas no PNLD anterior, buscando então tornar mais claras as exigências. Esses rearranjos ou aumento textual das exigências constituem características importantes para o que se pretende nesse trabalho, ou seja, apreender o múltiplo contexto que circunscreve os livros didáticos. Contudo, o melhor esclarecimento de determinados critérios serão retomados quando a pesquisa explorar a representação do negro no livro didático, cerne da pesquisa.

No que concerne às avaliações, essas geraram repercussões nos diversos setores da sociedade. O artigo "A Ira dos Excluídos",

---

52 Edital de Convocação para Inscrição de obras no Programa Nacional do Livro Didático PNLD 2012 – Ensino Médio. *Op. cit.*, p. 29-30 – grifos da pesquisadora.

ESCRAVO, AFRICANO, NEGRO E AFRODESCENDENTE 37

assinado por Rita Moraes, publicado na Revista IstoÉ, 1/07/2008, explicita a visão da mídia sobre o processo de avaliação brasileiro. Para a articulista, "o governo retirou das salas de aulas obras obsoletas, preconceituosas e com erros graves".[53] O discurso da jornalista Rita Moraes é a marca da visão que envolveu as avaliações: o Estado e a mídia colocaram em evidência os componentes que progressivamente desestabilizavam o ensino: os livros obsoletos e os professores mal formados pelo ensino superior deteriorado no período militar.

No campo acadêmico, a tese de Décio Gatti Junior ilustra a visão das pesquisas sobre as avaliações, uma vez que o pesquisador afirma que as avaliações motivaram reestruturações nos materiais pedagógicos visando incorporar as determinações expressas pelos Parâmetros Curriculares Nacionais. Aponta, assim, a influência de textos normativos sobre o campo editorial, que deseja permanecer entre as fornecedoras do Estado. O argumento expõe ainda outro aspecto positivo do processo avaliativo: seu poder de pressionar a renovação dos manuais didáticos. Segundo o pesquisador:

> De qualquer modo, o efeito [das reprovações expostas pelo MEC] sobre a produção didática nacional parece ter sido benéfico, pois as editoras nos anos seguintes demonstraram estar preocupadas em assegurar a qualidade de suas obras e cumprir todos os itens da avaliação, mesmo porque não poderiam perder este rico mercado; por maiores que sejam as pressões e mesmo que o governo pague pouco e exija muita qualidade, as editoras ainda não pensavam em abandonar seu principal cliente.[54]

As avaliações iniciadas no final da década de 1990 colocaram em foco o produto mais rentável das editoras, o que, de certa forma, justifica as inúmeras polêmicas subsequentes. Tais polêmicas são de diversa ordem. Para iniciar, cabe discutir as posturas por vezes não muito lícitas de diversas editoras. As estratégias mais agressivas das editoras compreendem desde a tentativa de confundir o professor, enviando à escola material promocional denominado "Guia de Livros Didáticos", na clara intenção de que tal material fosse confundido com o Guia oficial, até a fraude na escolha de livros em escolas,

---

53   *Apud* CASSIANO, Célia Cristina Figueiredo. *Op. cit.*, p. 79.
54   GATTI JUNIOR, Décio. *Op. cit.*, p. 232.

38 MÍRIAN CRISTINA DE MOURA GARRIDO

uma vez que dada editora obteve senhas de acesso de escolas de Porto Velho, o que resultou no cancelamento do processo de escolha na região de Rondônia em 2004.[55] Além dessas condutas agressivas, as editoras também utilizam a entrega de suas obras a tempo de serem avaliadas pelos professores, além da distribuição de brindes e prêmios. Consta ainda no rol das estratégias palestras com autores de livros didáticos e eventos festivos patrocinados principalmente pelas maiores editoras do mercado. Reprováveis pelo senso crítico, tais condutas são também reprovadas pelo Edital de Convocação PNLEM 2007 que imputa suspensão da participação do titular de direito autoral no caso de:

3.5. São vedadas aos titulares de direito autoral e/ou seus representantes, cujas obras inscritas forem selecionadas para compor o Catálogo do Programa Nacional do Livro para o Ensino Médio, as seguintes condutas:

3.5.1. oferecer vantagem(ns) de qualquer espécie, a qualquer pessoa, vinculada(s) à escolha das obras referentes ao Programa;

3.5.2. veicular catálogo ou outro material que induza os professores a acharem que se trata do Catálogo do PNLEM, produzido pelo FNDE/MEC;

3.5.3. utilizar, nas formas de divulgação, livros de conteúdo diferente dos livros inscritos e das especificações técnicas definidas no Anexo VIII;

3.5.4. utilizar a senha e/ou o formulário, enviados pelo FNDE, que são de uso exclusivo das escolas;

3.5.6. utilizar logomarcas oficiais, bem como do Programa Nacional para o Ensino Médio – PNLEM, para efeito de propaganda e publicidade, em especial aquelas que, de alguma forma, induzam ao entendimento de que as obras, objeto da propaganda, publicidade ou divulgação, sejam indicadas, preferencialmente, pelo Ministério da Educação para adoção nas escolas, ou que o sejam em detrimento de outras.[56]

---

55   CASSIANO, Célia Cristina Figueiredo. *Op. cit.*, p. 74-75.
56   Edital de Convocação para Inscrição de obras a serem incluídas no Catálogo do PNLEM 2007, *Op. cit.*, p. 3.

ESCRAVO, AFRICANO, NEGRO E AFRODESCENDENTE   39

O momento e a forma oportunos de divulgação, segundo o documento, serão regulamentados por Portaria Ministerial, mas por não ser uma norma muito clara, algumas condutas podem ter se repetido. Levando-se a possibilidade em consideração, nota-se que o Edital de Convocação PNLD 2008, seguinte ao PNLEM 2007, buscou ser mais explícito nas formas que considera possíveis de serem efetivadas as propagandas editoriais, além de apontar que as condutas a serem seguidas pelas empresas estão regulamentadas na Portaria Ministerial n°. 2.963 de 29 de agosto de 2005,[57] portanto, posterior à publicação do Edital de Convocação do PNLEM 2007.

> 4.1.6. [não é permitido] realizar a divulgação dos materiais diretamente nas escolas, exceto o envio de livros e catálogos, se houver, por remessa postal;

> 4.1.6.1. É possível a realização de orientação pedagógica, desde que realizada em até trinta dias antes da data final de escolha, apenas com a participação dos autores da obra e obrigatoriamente fora do âmbito das Escolas e das Secretarias Estaduais e Municipais de Educação.[58]

Para finalizar as discussões sobre as condutas, cabe afirmar que o Edital de Convocação do PNLD 2011 retira essas informações do texto a elas destinado *Das condições de Participação* – orientações iguais estão presentes no Edital do PNLD 2012 nesta seção –, mas aponta o necessário cumprimento da Portaria n°7 de 05 de abril de 2007, que substituiu e ampliou a Portaria n°. 2.963. No lugar onde figurava as informações, agora contidas apenas na Portaria Ministerial, residem regulamentações quanto: ao necessário cumprimento de exigências do PNLD; consórcios de empresas; veto de participação à empresas estrangeiras que não funcionam no país; e empresas

---

57   A Portaria Ministerial 2.963 foi criada para reprimir as condutas abusivas das empresas editoriais e foi posteriormente ampliada pela Portaria n° 7 de 05 abril de 2007. Vale afirmar que essas condutas indesejáveis são reafirmadas no Decreto n°7.084 de 27 de janeiro de 2010, no qual existem reformulações aos programas de material didático.

58   Secretaria da Educação Básica, Fundo Nacional de Desenvolvimento da Educação. *Edital de Convocação para Inscrição no processo de avaliação e seleção de obras didáticas a serem incluídas no Guia de Livros Didáticos para os anos finais do Ensino Fundamental – PNLD 2008*. Brasília: Ministério da Educação, Secretaria de Educação Básica, 2006.

40 MÍRIAN CRISTINA DE MOURA GARRIDO

declaradas inidôneas.[59] Ao que tudo indica, o Estado considera que não há mais necessidade de discriminar as informações contidas na Portaria n°.7, provavelmente por esse reforço já ter sido feito nas edições passadas dos PNLD's, mas, ao mesmo tempo, reforça o necessário cumprimento da Portaria, já conhecida das editoras.

Outro ponto de conflito entre as editoras e o Estado está relacionado à forma escolhida para publicação dos resultados das avaliações de livros didáticos. No princípio da prática avaliativa, ocorria a publicação das obras excluídas, o que, segundo as editoras, inviabilizava a venda do livro também nas escolas particulares, além de expor e causar danos aos nomes dos autores excluídos. Atendendo a reivindicação das editoras, o governo deixou de publicar os reprovados, compondo o Guia apenas com os aprovados. O fato evidencia a representatividade das avaliações governamentais, efetivadas por professores de renomadas universidades. Entretanto, outro ponto de desacordo permaneceu; até o PNLD 2004, os resultados do processo avaliativo presentificavam hierarquização das obras aprovadas – recomendados com distinção/três estrelas, recomendados/duas estrelas, recomendados com ressalvas/uma estrela e não recomendados – o que possibilitou vir à tona um dissenso entre as escolhas dos professores e a análise do PNLD.

O dissenso consistia no maior percentual de escolha de livros não recomendados, 71,90% em 1997 e 41,33% em 1998, enquanto os recomendados somaram 19,64% das escolhas em1997 e 14,64% em 1998, segundo dados do MEC sistematizados por Cassiano (2000).

O governo interpretou essa "dificuldade de comunicação" com o professorado como resultado da precariedade da formação docente, visão que encontra afirmação inclusive em trabalhos acadêmicos, como o de Décio Gatti Junior,[60] que aponta as dificuldes dos docentes brasileiros (baixos salários; falta de condições adequadas para estudar e preparar aulas; formação inicial deficiente; ausência de formação continuada; sobrecarga de trabalho) como resultante da dependência do ensino junto aos materiais didáticos, que se tornaram referência para os alunos e organizadores de aulas.

Editores e autores se sentiram lesados pelo processo avalia-

---

59   Edital de Convocação para Inscrição de obras a serem incluídas no Catálogo do PNLD 2011, *Op. cit.*, p 3-4.

60   GATTI JUNIOR, Décio. *Op. cit.*, p. 195.

ESCRAVO, AFRICANO, NEGRO E AFRODESCENDENTE 41

tivo e foram à mídia expor seus descontentamentos. O consagrado autor de livros didáticos Gilberto Cotrim, por exemplo, tendo parte de suas obras reprovadas em 1999,[61] foi à mídia questionar a atuação do Estado. Segundo ele, "[o MEC está] fazendo uma interferência no cenário educacional substituindo a vontade dos professores, que vem da prática da sala de aula, pela vontade do governo".[62] Ainda de acordo com o autor, sua exclusão deveu-se por ter definido História como "ciência que busca entender como os homens se organizam e se desenvolveram desde o passado até os nossos dias",[63] sendo então acusado de excluir o elemento feminino dessa definição.

Acredita-se que as motivações apontadas por Gilberto Cotrim para a exclusão de seu livro parecem, de fato, ser pouco fecundas, afinal, mesmo no Edital de Convocação do PNLEM 2007, cuidados com a questão de gênero aparecem apenas como Critério de Qualificação.[64] Mas o fato é que o livro *História Global: Brasil e geral*, aprovado no PNLEM 2008, apresenta a definição de História incorporando o elemento feminino, "estuda a vida humana através do tempo. Estuda o que homens e mulheres, de todas as idades, fizeram, pensaram ou sentiram como seres sociais".[65]

A despeito das polêmicas e reclamações que envolveram o PNLD, deve-se levar em conta que o compromisso Estatal com a compra de didáticos significou a transformação do setor em um negócio milionário, "talvez explique a rapidez com que as empresas deixaram de questionar o direito do comprador de avaliar e passaram a se adequar às suas exigências".[66] Mas, no embate de forças, o comprador também cedeu e gradualmente o Estado foi alterando a forma de divulgação referente ao processo avaliativo. Primeiro eliminou a publicação dos livros não aprovados, e em seguida retirou

---

61   Até o PNLD/2002 havia a possibilidade de inscrição e aprovação apenas de livros isolados; a partir de 2002, passou-se a avaliar os livros por coleções, logo, as editoras devem inscrever coleções inteiras, que são aprovadas ou excluídas na íntegra.

62   *Apud*, CASSIANO, Célia Cassiano Figueiredo. *Op. cit.*, p. 80.

63   Definição semelhante à apresentada no livro para ensino médio de 1997 do mesmo autor, p. 8.

64   Edital de Convocação para Inscrição de obras a serem incluídas no Catálogo do PNLEM 2007, *Op. cit.*, p. 37.

65   COTRIM, Gilberto. *História Global: Brasil e geral*. 8.ed. São Paulo: Saraiva, 2005, p. 9.

66   LUCA, Tânia Regina de. *Op. cit.*, 2009, p. 172.

42 MÍRIAN CRISTINA DE MOURA GARRIDO

o critério que hierarquizava as obras aprovadas entre recomendadas, recomendadas com ressalvas e recomendadas com distinção, definindo apenas duas categorias: a dos aprovados e não aprovados, garantindo a não divulgação do último grupo. Resolvia-se desta forma um dos confrontos entre editoras-professores-governo. Outros dissensos estão sendo gradualmente resolvidos. A exemplo desse diálogo entre editoras e governo, a Abrelivros publicou em 29 de janeiro de 2010 o artigo "MEC divulga decreto do PNLD e atende a diversas solicitações da Abrelivros",[67] no qual a Associação Brasileira de Editores de Livros Escolares afirma que teve diversas reivindicações acatadas pelo Governo Federal, entre as quais destacam-se:

> [terceiro parágrafo no artigo 20] Caso uma obra tenha sido reprovada na análise realizada pela equipe técnica, o responsável tem a possibilidade de recorrer até dez dias após a divulgação do resultado de avaliação. Vale lembrar que essa é uma reivindicação que a Abrelivros solicita desde 1996, início da avaliação sistemática dos livros. [...] Outra conquista importante a ser ressaltada foi a oportunidade para que o responsável pela obra realize pequenas correções em até cinco dias úteis caso algumas falhas pontuais sejam encontradas durante a triagem dos livros inscritos no PNLD. É fundamental ressaltar que os erros não podem ultrapassar a cinco por cento do total de páginas e a oito volumes por autor.[68]

---

67   *MEC divulga decreto do PNLD e atende a diversas solicitações da Abre-livros.* Disponível em: <http://www.abrelivros.org.br/abrelivros/01/index.php?option=com_content&view=article&id=3622:mec-divulga--decreto-do-pnld-e-atende-a-diversas-solicitacoes-da-abrelivros&catid=4:pnld&Itemid=12> Acesso em: 22 março 09.

68   *MEC divulga decreto do PNLD e atende a diversas solicitações da Abreli-vros. Op. cit.*

ESCRAVO, AFRICANO, NEGRO E AFRODESCENDENTE 43

A possibilidade de efetuar correções, mesmo que pontuais, após a avaliação pedagógica parece ser um grande ganho para as editoras. Vale apontar que a Diretoria que compõe a referida Associação é, em sua maioria, ligada às principais empresas de editoras de livros didáticos brasileiras; no caso, os principais cargos são ocupados por representantes das Editoras: IBEP/Nacional – diretor presidente –; Ática/Scipione – diretor 1° vice-presidente –; Moderna – diretor 2° vice-presidente –; FTD – diretor 1° tesoureiro –; Saraiva/ Atual – diretor 2° tesoureiro.[69] Portanto, é válido supor que a união dessas empresas que dominam o ramo editorial didático é o grande diferencial na formulação de reivindicações a serem atendidas pelo Governo Federal.

Por fim, para além da idéia da debilidade da profissão, da formação dos docentes e da legitimidade das avaliações, acredita-se que é imprescindível uma boa avaliação que leve em consideração as múltiplas realidades das escolas brasileiras, bem como um investimento na formação continuada dos professores.

Relação livros didáticos e editoras

O comprometimento estatal na compra de livros didáticos e o sistema de avaliação posto em prática exigiram que o ramo editorial acompanhasse esse processo. Como foi evidenciado, o setor didático sempre representou para as editoras brasileiras um filão a ser explorado,[70] mas a necessidade de manter-se entre as empresas do setor didático ganhou maior dimensão a partir da criação do PNLD e dos demais programas posteriormente criados, que alargaram o rol de materiais comprados – tais como livros destinados ao ensino médio, à educação de jovens e adultos, as obras em braile e os dicionários. O Programa Nacional de Livros Didáticos consolida o governo brasileiro como maior comprador de livros do país e um dos maiores consumidores mundiais do gênero.

A centralidade que ocupou o livro didático no ensino e nas políticas educacionais do país refletiu no setor editorial brasileiro. De 1970 a 2000, as grandes editoras do país, até então de cunho fa-

---

69　A redação do texto foi finalizada em 2011, informações referem-se a esse período.

70　BITTENCOURT, Circe Maria Fernandes. *Op. cit.*, 2008a, p. 81.

44 MÍRIAN CRISTINA DE MOURA GARRIDO

miliar (com exceção da FTD), que tinham sua história atrelada à dos homens que as criaram, passaram por um processo de mudança, transformando-se em grandes grupos empresariais inclusive com a entrada do capital estrangeiro.[71] O contexto impulsionou a profissionalização do setor, e as modificações do campo editorial traduzem-se também no material didático, especialmente, na ampliação da equipe responsável pela elaboração do produto.

O interessante é que não só o número de profissionais aumenta, como também as áreas de atuação são ampliadas. Das obras analisadas nesse livro e suas equipes editoriais pode-se afirmar que Gilberto Cotrim possuía em 1997 13 profissionais envolvidos na elaboração de seu livro didático contra 16 no livro publicado em 2005; Antonio Pedro possuía 5 profissionais envolvidos contra 23 no livro mais novo; e Mario Furley Schmidt 8 profissionais contrastantes com os 35 envolvidos em 2005.

Estudos como os de Munakta e Gatti Jr. são imperativos para a compreensão do papel da mudança da centralidade da autoria da obra didática, anteriormente atribuída ao autor e agora compreendida como fruto do trabalho da equipe editorial, indicando a alteração de produtos artesanais para produtos industrialmente elaborados.

Outro fenômeno interessante, proporcionado pela visibilidade do PNLD, remete ao interesse de empresas estrangeiras pelo setor de didáticos brasileiro. É o caso do grupo espanhol Prisa, que tem por braço editorial a Santillana, proprietária desde 2001 da Editora Moderna. O governo Fernando Henrique Cardoso foi primordial para a entrada de capitais estrangeiros, resultado das políticas acionadas pelo período como, por exemplo, a privatização de empresas estatais e a estabilização do mercado nacional. O momento também foi aproveitado pelo capital espanhol, incentivado pelo governo da Espanha "inserido num rol de medidas adotadas pelo Estado para as atividades culturais da Espanha em geral, que tiveram como marco um estudo desenvolvido pelo Ministério da Cultura, em 1987 [...]".[72]

Vale mencionar o interesse do Grupo Santillana na instalação da obrigatoriedade do ensino da língua espanhola, manifestado

---

71 CASSIANO, Célia Cristina de Figueiredo. *Op. cit.*; GATTI JUNIOR, Décio.*Op. cit.*; MUNAKATA, Kazumi. *Produzindo livros didáticos e paradidáticos.* Tese em História e Filosofia da Educação. Pontifícia Universidade Católica de São Paulo, 1997.

72 CASSIANO, Célia Cristina Figueiredo. *Op. cit.*, p. 118.

ESCRAVO, AFRICANO, NEGRO E AFRODESCENDENTE 45

como fundamental na integração cultural entre os países do Mercosul e oficializado pela Lei Ordinária 11.161 de 05 de agosto de 2005, quando então a multinacional já se fazia presente no mercado editorial brasileiro.

O grande diferencial desses grupos editoriais seria seu poder de marketing, além de disponibilizar recursos para a elaboração de obras com múltiplos autores,[73] o que parece ter sido uma prática crescente, tendo inclusive regulamentação no Edital de Convocação do PNLD 2008, que determina: "7.1.2.1.e). Para as obras coletivas, o titular de direito patrimonial deverá apresentar contrato de prestação de serviços ou contrato de trabalho que estabeleça que todo trabalho produzido pelo funcionário é patrimônio da empresa",[74] embora não se tenha encontrado informação parecida nos Editais do PNLD 2011 e PNLD 2012 – ensino médio –. Além disso, os grupos editoriais buscam não só a incorporação das orientações vigentes no ensino, mas também a possibilidade de comprar direitos autorais de obras clássicas como o dicionário *Aurélio*, comprado pela Editora Moderna.[75] Entretanto, alerta-se que esse tipo de cooptação das obras que alcançam determinado prestígio era prática comum no mercado editorial brasileiro no século XIX.[76]

Importa destacar que, entre o grupo dos livros didáticos mais vendidos de 1990 a 2006, observa-se a manutenção de seis editoras (Ática/Scipione; Editora do Brasil; FTD; IBEP/Cia. Editora Nacional; Saraiva/Atual; Moderna). Foi apenas a partir de 2002 que outras duas editoras adentraram ao seleto grupo (Positivo e Nova Geração).

Para ilustrar essa afirmativa algumas considerações são relevantes, elas fazem parte do corpo da tese de Célia Cassiano e foram aqui sistematizadas. Ática e Scipione fazem parte do catálogo do Grupo Abril desde 2004, tendo dos anos de 2002 a 2006 participado com 22,37% e 10,05%, respectivamente, do total de compras efetuadas pelo PNLD. A FTD desde 1997 foi adquirida pela Ed. Quinteto e representa no período de 2002 a 2006, 18,58% das compras. A Sa-

---

73 MUNAKATA, *Op. cit.*, afirma que a editora Ática já havia produzido coleções didáticas com diversos autores, assumindo então ela a autoria desses livros.

74 Edital de Convocação para Inscrição de obras a serem incluídas no Guia do PNLD 2008, *Op. cit.*, p. 9.

75 CASSIANO, Célia Cristina Figueiredo. *Op. cit.*, p. 93.

76 BITTENCOURT, Circe Maria Fernandes. *Op. cit.*, 2008a, p. 92.

46 MÍRIAN CRISTINA DE MOURA GARRIDO

raiva, que incorporou outras duas editoras em seu catálogo (Atual em 1998 e Formato em 2003) representou 17,28% das compras no período em questão. A editora Moderna foi incorporada ao grupo espanhol Santilhana em 2001 (no Brasil também proprietária da Ed. Objetiva e Salamandra), tendo 8,25% das compras do governo como participação entre 2002 a 2006. A IBEP, dona desde 1980 da Editora Nacional, participa com o percentual de 7,56% dessas compras. Enquanto Editora do Brasil 4,84%, Positivo 3,63% e Nova Geração 2,93% do total de compras do PNLD no período de 2002 a 2006.

De acordo com estudo realizado por Ricardo Soares,[77] subsidiada pelo Instituto Pesquisa Econômica Aplicada, o oligopólio de algumas empresas no ramo dos didáticos é resultado do ineficiente uso do poder de compra do Estado. Além disso, há elevados gastos com divulgação, sendo que estes grupos (Abril, Santillana, FTD, Saraiva, IBEP e Ediouro, e mais Editora do Brasil) forneceram até 2006 o correspondente a 87% das compras governamentais. Para o pesquisador, o poder de compra do Estado é parcialmente eficiente: sendo positivo à exigência da qualidade pedagógica, efetivada pelas avaliações do PNLD; mas negativo a falta de iniciativa de priorizar o correto uso dos recursos, pois não se leva em consideração as regiões que necessitam dos livros comprados, economizando com a distribuição e não os adquire por meio de concorrência, o que resultaria no barateamento do produto.

Sobre a formação desses grupos empresariais, duas informações tornam-se relevantes. Primeiro, deve-se evidenciar que o Grupo Abril, representante da maior venda para o Estado, é também proprietário de periódicos direcionados aos professores, com ampla inserção nas escolas estaduais, principalmente as paulistas. Posto isto, um exemplo das facilidades da múltipla atuação das editoras é a Revista Nova Escola que, em março de 2001, trazia na capa a chamada de artigo repleto de elogios ao PNLD, intitulado "Livro Didático: use bem e desperte a vontade de aprender".[78] Nas páginas subsequentes apresentava-se a propaganda, em destaque, de duas editoras, a Scipione e Ática. Produtos de outras editoras também estão presentes nessa

---

77   SOARES, Ricardo Pereira. *Compras governamentais para o Programa Nacional do Livro Didático: uma discussão sobre a eficiência do governo.* Ipea, Brasília, novembro, 2007.

78   *Nova Escola*: A Revista do Professor. São Paulo: Editora Abril, n.140, março/2001.

ESCRAVO, AFRICANO, NEGRO E AFRODESCENDENTE 47

edição da revista, embora nenhuma tenha o destaque e a localização privilegiada destinada às duas editoras que seriam, posteriormente, incorporadas à empresa Abril. A segunda informação relevante vem à tona na ficha técnica do livro de Mario Schmidt.[79] Aprovado no PNLEM 2008, a obra foi impressa no Parque Gráfico da Editora FTD, sinalizando, portanto, as facilidades advindas do maior poder empresarial das editoras consagradas no mercado brasileiro.

A Historiografia brasileira nos anos 80 e sua relação com os livros didáticos

No que tange às considerações acadêmicas sobre o ensino, o currículo e o livro didático, o período da Redemocratização viu surgir inúmeras pesquisas visando denunciar a debilidade do campo educacional. Com o advento dos anos 70 e 80 e a "lenta e gradual" mudança política que substituiu os presidentes militares por representantes civis, houve na sociedade uma organização em busca da remoção das heranças do autoritarismo. O espaço público, então, passou a compor um campo onde as reivindicações de diferentes setores poderiam ser ouvidas. É o caso dos movimentos negros[80] e dos indivíduos comprometidos com a educação, seja no campo da pesquisa seja no da formulação das legislações educacionais. No momento, priorizar-se-á este último segmento.[81]

---

79 SCHMIDT, Mario Furley. *Nova história crítica*. 1.ed. São Paulo: Nova Geração, 2005.

80 O Ilê Aiyê, bloco afro baiano surgido em 1974 com proposta de discutir questões raciais e valorizar as raízes afro-brasileiras, por exemplo, apresentava nesse período um grito de valorização, na sua primeira apresentação no carnaval de 1975. O grupo apresentou sua identidade na música «Que Bloco é Esse», de Paulinho Camafeu: "Que Bloco é esse» (bis) / Eu quero saber / É o mundo negro / Que viemos cantar para você / Branco se você soubesse / O valor que o negro tem / Tu tomava banho de piche / Pra ficar negro também / Não lhe ensino minha malandragem / Nem tão pouco minha filosofia / Quem dá luz a cego / É bengala branca de Santa Luzia / Que bloco é esse (bis) / Eu quero saber / É o mundo negro / Que viemos cantar para você / Somos crioulos doidos (refrão) / Somos bem legal / Temos cabelo duro / Somos Black Power".

81 Conferir: ALBERTI, Verena; PEREIRA, Amilcar Araújo. Histórias do movimento negro no Brasil: depoimentos ao CPDOC. Rio de Janeiro: Pallas; CPDOC-FGV, 2007.

48 MÍRIAN CRISTINA DE MOURA GARRIDO

Uma das formas escolhidas para denunciar os problemas educacionais advindos do autoritarismo foi, sem dúvida, a ampliação de análises de conteúdos dos livros didáticos. Essas análises "dedicaram-se a flagrar nos livros didáticos e paradidáticos brasileiros a presença insidiosa da mentira, da manipulação, do preconceito, da mistificação, da legitimação da dominação e da exploração burguesas – em suma, da ideologia".[82] Os pioneiros desse tipo de produção acadêmica seriam Maria Bonazzi e Umberto Ecco (1972), *As mentiras que parecem verdades*, e Maria Nosella (1979), *As belas mentiras*.[83]

O livro organizado por Jaime Pinsky em 1988,[84] por exemplo, já propunha naquele ano um *repensar do ensino*, coleção da Editora Contexto, assim intitulada para evidenciar o momento de sua publicação. O período, alerta o texto de Elza Nadai,[85] apresentava a renovação da historiografia brasileira, que objetivava encontrar novas abordagens, novos rumos e problemas, fazendo alusão à coleção francesa coordenada por Jacques LeGoff e Pierre Nora.

> Temas até então não privilegiados pela historiografia tornaram-se objetos de reflexão dos profissionais da história, o que enriqueceu o seu campo; o mesmo ocorreu com a metodologia até então influenciada pela objetividade positivista, que passou a receber influências benéficas das demais ciências sociais, imprimindo mudanças substantivas na compreensão do que seja a história.[86]

Por conseguinte, subentende-se que estava em voga mais que a simples substituição aleatória de conteúdos, mas a "elaboração de um novo estatuto da história que responda afirmativamente às novas indagações".[87] O momento na historiografia e no ensino é o da

---

82 MUNAKATA, Kazumi. História que os livros didáticos contam, depois que acabou a Ditadura no Brasil. In: FREITAS, Marcos Cezar. *Historiografia brasileira em perspectiva*. São Paulo: Contexto, 1998, p. 271.
83 COSTA, Wanderly Ferreira da; FREITAG, Bárbara; MOTTA, Valéria Rodrigues. *O livro didático em questão*. São Paulo: Cortez; Autores Associados, 1989.
84 PINSKY, Jaime (org). *O ensino de história e a criação do fato*. 6. ed. São Paulo: Contexto, Coleção: Repensando o Ensino, 1994.
85 NADAI, Elza. O Ensino de História e a "Pedagogia do Cidadão". In: PINSKY, Jaime. *Op. cit.*, 1994.
86 NADAI, Elza. *Op. cit.*, 1994. p. 26.
87 NADAI, Elza. *Op. cit.*, 1994. p. 26.

ESCRAVO, AFRICANO, NEGRO E AFRODESCENDENTE 49

incorporação de novos agentes sociais, além dos já instituídos, com a intenção de estes novos atores assumirem sua própria história.

Deve-se salientar que a renovação historiográfica brasileira esteve (como ainda hoje) fortemente ligada a historiografias estrangeiras. Dentre o universo possível no ofício do historiador, no Brasil houve grande influência dos estudos de Eric Hobsbawm que, juntamente com Edward Thompson, foi edificador da História Social, e das renovações francesas, advindas do grupo dos *Annales*.

A ampliação e a renovação do ensino materializado no final da década de 1970 e início dos anos 1980 resultou na aproximação da indústria editorial e do debate acadêmico. Para Fonseca, essa aproximação teve por consequência a adequação e renovação dos materiais didáticos, ajustando a mercadoria aos novos interesses dos consumidores:

> Conceitos e explicações foram renovadas de acordo com as novas bibliografias. Foram propostas mudanças na linguagem e na forma de apresentação, com inclusão de alternativas como a seleção de documentos escritos, fotos, desenhos e seleção de textos de outros autores.[88]

Surge no período o também lucrativo lançamento dos livros paradidáticos. Abordando assuntos, até então, pouco estudados, estes livros encontraram grande aceitação mercadológica. Essa relação entre os especialistas acadêmicos e as editoras se fortalece nas décadas de 1980 e 1990, quando busca-se "*socializar* o chamado saber erudito"[89], sem destituir o livro didático da posição privilegiada nas vendas editoriais. Autores como Antonio Eduardo Brandão,[90] Julio Chiavenato[91] e Paul Singer[92] fazem parte do grupo de autores de paradidáticos.

Para compreender melhor a influência que o período, incluindo a produção acadêmica, exerce sobre a literatura didática, optou-se por reduzir a análise a um tema, sendo o eleito neste momento a escravidão. Deve-se alertar que a escravidão e a pós-abolição fazem

---

88   FONSECA, Selva Guimarães. *Op. cit.*, 2003, p. 53-54.

89   FONSECA, Silva Guimarães. *Op. cit.*, 2003, p. 54.

90   BRANDÃO, Antonio Carlos; DUARTE, Milton Fernandes. *Movimentos culturais de juventude*.16.ed. São Paulo: Moderna, 1990.

91   CHIAVENATO, Júlio José. *As lutas do povo brasileiro*. 15.ed. São Paulo: Moderna, 1988.

92   SINGER, Paul. *Capitalismo. Sua evolução. Sua lógica*. 15.ed. São Paulo: Editora Moderna, 1987.

50 MÍRIAN CRISTINA DE MOURA GARRIDO

parte de um processo histórico, mas não constituem um mesmo período e nem admitem uma mesma análise. Neste trabalho, no momento, se fará uma rápida explanação do período da escravidão com o intuito de elucidar a influência historiográfica sobre os materiais didáticos, reservando ao período de pós-emancipação escrava uma argumentação semelhante no segundo capítulo.

Como já mencionado anteriormente, a escravidão brasileira é um assunto amplamente estudado dentro da historiografia nacional. Desde o momento em que o negro se tornou o problema da Nação, inclusive antes da abolição, diversos cientistas buscaram analisar essa questão. Retomando essa discussão, já realizada na Introdução deste trabalho, deve-se levar em consideração a importância assumida pelas obras de Gilberto Freyre, autor considerado o legitimador da cientificidade da democracia racial brasileira.

No ambiente acadêmico, a tese da democracia racial foi amplamente combatida, sendo Florestan Fernandes o grande expoente dessa oposição. Denominados *revisionistas,* esse grupo precedeu e possibilitou o surgimento de pesquisas destinadas a explorar novos temas específicos no universo da escravidão, a partir da década de 1970. Fazem parte desse grupo Clóvis Moura,[93] pioneiro no estudo da rebeldia negra, e Leila Mezan Algranti,[94] que desenvolve estudos sobre escravidão urbana.

Os anos 1980 acompanham essa produção de temas específicos, concebendo, no entanto, a escravidão enquanto processo de opressão e acomodação, sujeito, assim, à negociação entre as partes envolvidas, as lutas cotidianas. Jacob Gorender,[95] historiador marxista famoso por trazer à tona uma mudança de análise sobre o escravismo colonial, chamou de *neopatriarcalismo* a nova orientação metodológica, que falava de novas formas de resistência e de negociações entre senhores e escravos. Acreditou que ela realizava um processo de minimização da opressão sofrida pelos escravos em sua luta de classe,[96] embora essa visão não tenha reflexo no que se acredita nesta pesquisa. São pioneiros nessas reflexões os estudos de

---

93   Como exemplo: MOURA. Clóvis. *Rebeliões na senzala*: quilombos, insurreições, guerrilhas. São Paulo: Zumbi, 1959.

94   *Cf.* ALGRANTI, Leila Mezan. *O feitor ausente*: estudos sobre a escravidão urbana no Rio de Janeiro 1908-1822 Petrópolis: Vozes, 1988.

95   *Cf.* GORENDER, Jacob. *O escravismo colonial.* São Paulo: Ática, 1978.

96   *Apud* QUEIRÓZ, Suely Robles Reis de. *Op. cit.,* p. 108.

ESCRAVO, AFRICANO, NEGRO E AFRODESCENDENTE

Kátia Mattoso e Stuart Schwarcz.[97] Recentemente, abriram-se novas perspectivas de análise, tais como a questão da família escrava, do gênero e da vida das crianças cativas.[98]

Analisando os livros escolares, Renilson Ribeiro[99] propõe identificar e analisar as permanências e transformações ocorridas nas práticas discursivas que têm forjado imagens nos manuais didáticos. Selecionando os autores de livros didáticos mais expressivos de diversos períodos, o trabalho abrange de Joaquim Manuel Macedo (1820-1880) aos irmãos Claudino e Nelson Piletti. Ribeiro observa que os autores Joaquim Silva, Borges Hermida e Sérgio Buarque de Holanda tiveram grande aceitação mercadológica, principalmente durante a Ditadura Militar, e estes manuais "criaram uma imagem didática de um Brasil onde o negro, junto com o índio, contribuiu cordialmente na obra monumental conduzida pelo branco, o que os militares batizaram de *Brasil Gigante*".[100]

Em contrapartida, na década de 1970, inicia-se a luta contra o regime ditatorial, incluindo neste sentido a crítica aos autores didáticos do período. Os autores da Redemocratização, em especial Chico Alencar e Nelson Piletti, apresentam temas já consagrados em seus livros – questões relacionadas ao tráfico negreiro, à vida dos escravos no cativeiro, à destruição dos costumes africanos, entre outros. Todavia, embora consagrados na *tradição didática*, estes autores possuem uma visão diferente do passado colonial negro, enfatizando as injustiças cometidas contra os africanos e a violência da escravidão.

Assim como Chico Alencar, os Piletti, influenciados pelos estudos sobre a escravidão e as relações raciais no Brasil da

---

97 MATTOSO, Kátia. *Ser escravo no Brasil*. São Paulo: Brasiliense, 1982; MATTOSO, Kátia. *Família e sociedade na Bahia do século XIX*. São Paulo: Corrupio, 1988; MATTOSO, Kátia. "O filho da escrava (em torno da Lei do Ventre Livre)", *Revista Brasileira de História*, ANPUH/Marco Zero, 8 (16), 1988; e SCHWARTZ, Stuart. "Resistance and accomodation in eightenth century Brazil: the slaves view os slavery". *The Hispanic American Historical Review*. Duke University Press, 57 (1), 1977; SCHWARTZ, Stuart. *Segredos internos: engenhos e escravos na sociedade colonial*. Trad. Laura Teixeira Mota. São Paulo:Cia. das Letras, 1988.

98 GOÉS, José Roberto; FLORENTINO, Manolo. Crianças escravas, crianças dos escravos. In: DEL PRIORE, Mary (org). *História das crianças no Brasil*. 2.ed. São Paulo: Contexto, 2000.

99 RIBEIRO, Renilson Rosa. *Op. cit.*

100 RIBEIRO, Renilson Rosa *Op. cit.*,p. 292, grifos do autor.

Escola Sociológica de São Paulo, e trabalhos de militantes negros como Clóvis Moura e Joel Rufino, denunciaram o mito da *democracia racial*, defendido por Gilberto Freyre e amplamente difundido nas páginas dos manuais escolares, como os de Joaquim Silva, Borges Hermida e Sérgio Buarque. [101]

Entretanto, outros autores se mostram mais céticos quanto às inovações dos manuais escolares e à incorporação de novas abordagens. A fala seguinte de Vitória Rodrigues Silva evidencia o limite das inovações efetivadas nos materiais didáticos:

> Vale a pena mencionar aqui como *novos problemas e novas abordagens* ingressam ainda timidamente nos livros. O mundo do trabalho se faz presente, mas quase nunca se menciona o mundo do lazer, da diversão, do jogo e da brincadeira. As crianças praticamente não aparecem, bem como os jovens. Os estudantes nunca são levados a pensar como era a vida de moças e rapazes que tinham a sua idade no século XIX ou no início do século XX. Não há festas assim como a morte é pouco mencionada, exceto quando se trata de tragédias, como o holocausto, pestes e guerra. O que impera é a lógica da produção, do capital e das lutas políticas, como se a vida das sociedades ao longo do tempo fosse orientada quase que exclusivamente por isso. [102]

Gilberto Cotrim, [103] Antonio Pedro [104] e Mario Furley Schmidt [105] apresentam diversos pontos semelhantes no capítulo referente à formação colonial brasileira e à adoção da escravidão; estes pontos de confluência constituem-se na opção de apresentar o latifúndio monocultor como forma mais lucrativa e de explicitar a divisão do engenho. Entretanto, as visões dos autores evidenciam os dissensos. Desta forma, ao definir o que eram as Senzalas, Cotrim opta por "habitação rústica" em contraste com a definição de Schmidt, "casinha do cachorro era mais confortável [que a senzala]".

Na continuidade do que se pode considerar semelhante e diferente, a explicação para a escolha do africano como mão-de-obra,

---

101   RIBEIRO, Renilson Rosa *Op. cit.*, p. 293, grifos do autor.
102   SILVA, Vitória Rodrigues. *Op. cit.*, p. 164 – grifos da autora.
103   COTIM, Gilberto. *Op. cit.*, 1997.
104   PEDRO, Antonio. *Op. cit.*, 1997.
105   SCHMIDT, Mario Furley. *Op. cit.*, 1997.

ESCRAVO, AFRICANO, NEGRO E AFRODESCENDENTE 53

segundo Cotrim e Pedro, foi motivada pela lucratividade, enquanto que, para Schmidt, a justificativa deve incorporar diversos elementos, entre eles o gradual extermínio do indígena, a oposição ao mito da passividade e a adequação do negro ao trabalho em oposição à ociosidade indígena. Por último, vale mencionar que apenas Pedro não argumentou sobre a questão da ociosidade.

Além desses temas, Mario Schmidt e Antonio Pedro apresentam uma descrição sobre a vida da senzala, as teses sobre a indução do negro na crença de sua inferioridade, as violências físicas e morais, a existência de resistências como as fugas e os quilombos. Todavia, Schmidt vai além ao introduzir uma descrição das punições mais utilizadas contra os escravos (tronco, bacalhau, etc) e apresenta os principais grupos que teriam "migrado" para o Brasil, os bantos e sudaneses. Acredita-se que essa divisão tradicional parte de um conceito homogêneo de África, ignorando inclusive as relações existentes entre os povos africanos. No entanto, pode-se aqui fazer outra ressalva: essa leitura das tradições africanas ainda está arraigada nos primeiros estudos sobre o assunto, realizados por Nina Rodrigues.[106]

Dentre os três autores que compõem a seleção deste trabalho, Mario Schmidt, em sua obra de 1997, é o que mais se aproxima das discussões presentes naquele período. O autor apresenta a existência do racismo no Brasil e a sua efetivação no cotidiano do negro liberto; faz crítica à obra de Gilberto Freyre e ao mito da superioridade de raças; fala da existência de núcleos familiares durante o período da escravidão e da possibilidade de se encontrar, no mesmo período, negros libertos donos de escravos. Para ilustrar essa preocupação, cabe a citação a seguir:

> Infelizmente, o Brasil é um país racista. Os negros são desfavorecidos socialmente e tratados como seres de segunda categoria. Basta ouvir inúmeras expressões populares e piadinhas idiotas do tipo "crioulo é macaco", "preto quando não faz na entrada, faz na saída", "lugar de preto é no chiqueiro". A propaganda faz um racismo sutil, ao mostrar como sím-

---

106 TRAJANO FILHO, Wilson. História da África – Por quê?. In: ROCHA, Maira José; PANTOJA, Selma.(org) Rompendo silêncios: História da África nos currículos da educação básica. Análises, opiniões, a Lei 10.639/2003 e as Diretrizes Curriculares Nacionais. Brasília: SP Comunicações Ltda., 2004; RODRIGUES, Raimundo Nina. Os africanos no Brasil. SP: Nacional: 1932.

bolo da beleza olhos azuis, cabelos louros e lisos. (Achar que existe um padrão absoluto de beleza não é etnocentrismo?) Aliás, você já imaginou uma loja que apresentasse publicidade apenas com manequins negros? Os garotões surfistas e as gatinhas nunca iriam comprar "roupa de crioulo".[107]

Para fechar a subseção que desenvolveu a relação entre pesquisas acadêmicas e livros didáticos, deve-se mencionar que, em oposição aos *estudos denunciativos* iniciados na derrocada da Ditadura Militar, que visavam comprovar a debilidade da literatura didática produzida até então, surge uma outra vertente de análises, as voltadas ao *campo editorial*. Kazumi Munakata,[108] precursor dessa discussão, aponta o perigo do alarde promovido pelas pesquisas denunciativas. Para o autor, mais do que preocupação de apontar erros contidos nos manuais didáticos, esses estudos criaram um campo fértil para matérias jornalísticas e perseguições. Por essa via, Munakata argumenta ser mais "justo" entender a estruturação ou reestruturação das editoras que atacar o conteúdo do livro, sendo este o ponto mais frágil do produto.

É fato que a perseguição aos autores de livros didáticos materializou-se. Um dos autores selecionados neste trabalho é alvo constante de críticas midiáticas. A mais recente foi realizada pela Revista Época, que aproveitou as denúncias feitas por Ali Kamel, no jornal Estado de S.Paulo, e decidiu promover um dossiê sobre a vida de Mario Schmidt, como pode ser atestado na reportagem de Nelito Fernandes de 05 de janeiro de 2006, intitulada "O mistério do professor Schmidt".[109] Nessa reportagem, o jornalista justifica a ausência de Schmidt entre os livros analisados no PNLD 2008 (além de promover uma caçada ao autor!), quando o Ministério da Educação introduziu no Edital de Convocação a necessária apresentação do diploma de graduação dos autores de livros didáticos.[110] O fato é que Mario Schmidt não conseguiu comprovar sua titulação e, embora

---

107   SCHMIDT, Mario Furley. *Op. cit.*, 1997, p. 41.

108   MUNAKATA, Kazumi. *Op. cit.*, 1997; 1998.

109   Época- Notícias – O mistério do Professor Schmidt. Disponível em: <http://revistaepoca.globo.com/Revista/Epoca/0,,EDG79463-6014,00. html> Acesso em: 15, jan, 2008.

110   Como consta no item 5.3.2.8. Cópia de diploma e/ou titulação acadêmica, do Edital de Convocação para Inscrição de obras a serem incluídas no Guia do PNLD 2008, *Op. cit.*, p. 6.

ESCRAVO, AFRICANO, NEGRO E AFRODESCENDENTE 55

tenha conseguido uma liminar para participar do Programa Nacional do Livro Didático, a mesma fora cassada, deixando-o de fora das obras a serem analisadas e adquiridas em 2008.

A necessária comprovação de titulação amplia-se no Edital de Convocação do PNLD 2011, quando o governo exige também a comprovação da titulação de autores, coautores e colaboradores, o que indica possivelmente, preocupação das autoridades com a qualidade do livro didático, bem como seu respaldo na ciência de referência do livro analisado.[111]

As diferentes formas de se analisar o livro didático

As pesquisas direcionadas ao ensino de História, principalmente as que tomam o livro didático como fonte e objeto, têm-se mostrado forte tendência.[112] Esses esforços acadêmicos abrangem diferentes campos e objetivos. Neste livro já foram abordadas as pesquisas posteriores ao período de Redemocratização que objetivaram comprovar a debilidade da literatura didática e as análises que se voltaram ao estudo da (re)organização das editoras brasileiras. Entretanto, a multiplicidade de pesquisas, resultantes dos esforços acadêmicos, ultrapassa esses dois grupos já mencionados.

Maria Otilia Bocchini,[113] por exemplo, propõe analisar a legibilidade visual de livros aprovados em diferentes PNLD's. Segundo a autora, o desenho das letras e outros elementos visuais do texto impresso podem determinar a qualidade da leitura efetuada e, por conseguinte, a qualidade de aprendizagem.

A respeito das imagens, campo fértil para as pesquisas de livros didáticos, Thaís Nívia de Lima e Fonseca[114] representa referência

---

111 Item 5.4.3.8. do Edital de Convocação para Inscrição de obras a serem incluídas no Guia do PNLD 2011, *Op. cit.*, p. 6.

112 Um interessante balanço bibliográfico pode ser visto em: PIROLA, André Luiz Bis; LEITE, Juçara Luzia. *O lugar do método na pesquisa do livro didático de história: Abordagens e perspectivas.* X Jornada Nacionales y I Internacional de Enseñanza de la História, APEHUN, 2008.

113 BOCCHINI, Maria Otilia. *Legibilidade visual e projeto gráfico na avaliação de livros didáticos pelo PNLD.* In: Simpósio Internacional do Livro Didático: Educação e História, São Paulo, 2007.

114 FONSECA, Thaís Nívia de Lima e. "Ver para compreender": arte, livro didático e a história da Nação. In.: SIMAN, Lana Mara de Castro. *Inau-*

básica. Partindo da iconografia em manuais didáticos, a autora demonstra como a arte plástica – a imagem – configurou-se de acordo com as propostas educacionais e políticas de diferentes períodos. Relacionando imagem e contexto histórico, a autora afirma que em um primeiro momento a preocupação estava voltada para a legitimação da Nação; em seguida, por volta da década de 1930, a função relacionava-se à construção da identidade nacional; no terceiro momento, 1980, a mudança do livro está ligada ao contexto da redemocratização que lhe é contemporâneo: surge a utilização das charges como forma de estimular a reflexão crítica. Vale ressaltar o alerta de Fonseca para o uso de charges aliado à ironia e à sátira como não desejável.

Afirmando a necessidade de um cuidado com o uso das imagens, considera-se que o autor Mario Schmidt[115] extrapola os limites do que é possível na apresentação de charges. O autor de livros didáticos, ao fazer referência à proximidade geográfica entre Estados Unidos e México, e ao afirmar que tal localização resultou no controle do primeiro da região do atual Texas, cunha o subtítulo com a frase *Tão perto do diabo...*, acompanhando ainda um desenho do *Tio Sam*, com chifres, rabo e tridente. Acredita-se que um ensino de História baseado no binômio bem e mal torna simplistas as múltiplas possibilidades de apreender o real.

Voltando para a questão da validade do uso das imagens, Thaís Fonseca afirma: "[...] Impregnadas de valores culturais, essas imagens, mais do que conformar a memória visual da nação, ajudaram a consolidar identidades, principalmente em torno das idéias de coesão e de harmonia nacionais."[116]

Com relação às pesquisas que aliam o livro didático como fonte e o racismo (estereótipo, preconceito e discriminação) como tema, segundo o levantamento bibliográfico de Paulo Silva,[117] que circunscreve o período de 1981 a 1998, essas pesquisas representavam um número insignificante. Dos 114 títulos sobre o tema *livro*

---

gurando a história e construindo a Nação: discursos e imagens no ensino de História. Belo Horizonte: Autêntica, 2001.

115 SCHMIDT, Mario Furley. *Nova Historia Crítica da América*. São Paulo: Editora Nova Geração, 1993.

116 FONSECA, Thaís Nívia de Lima e. *Op. cit.*, p. 115.

117 SILVA, Paulo Vinícius Baptista da. *Racismo em livros didáticos*: estudo sobre negros e brancos em livros de Língua Portuguesa. Belo Horizonte: Autêntica, 2007.

ESCRAVO, AFRICANO, NEGRO E AFRODESCENDENTE   57

didático apenas 4 eram relacionados ao racismo. As pesquisas, até então, privilegiavam, segundo o autor, a observação de ideologias presentes nos didáticos, e as poucas que se destinavam a apreender o discurso racista em manuais didáticos tinham por escolha o ensino fundamental e as disciplinas de História e Língua Portuguesa.

Em oposição a esse cenário, o início deste século apresenta mais nitidamente pesquisas que relacionam os negros e os livros didáticos. Essas pesquisas, impulsionadas pelo alargamento do debate das questões relacionadas à negritude e às ações afirmativas, promovidas em grande parte pelos movimentos negros, já constituem uma discussão inicial sobre o negro, o livro didático e a África.

Como exemplo desses esforços, destacam-se Renilson Ribeiro, com *Colônia(s) de identidades: Discursos sobre raça nos manuais escolares de História do Brasil,*[118] dissertação que explora as permanências e transformações nos discursos de manuais didáticos, capazes de constituir identidades e forjar imagens; e Anderson Ribeiro Oliva, com *Lições sobre a África: Diálogo entre as representações dos africanos no imaginário Ocidental e o ensino de História da África no mundo Atlântico* (1990-2005),[119] trabalho de doutorado que aborda as representações da África existentes no Brasil e Portugal e o papel desempenhado pelo ensino de História da África, na tentativa de modificar ou preservar essas imagens, resultantes de intenso processo de apropriação e invenção do heterogêneo e múltiplo sentido de apreensão do continente africano.

Na busca da apreensão das representações gráficas da imagem do negro no livro didático (2004-2005), Bárbara Olim e Hermeson Menezes[120] priorizam como fonte os quatro volumes destinados ao segundo ciclo do ensino fundamental. A conclusão do esforço dos autores é significativa, pois, para Olim e Menezes, as coleções

---

118   RIBEIRO, Renilson Rosa. *Op. cit.*

119   OLIVA, Anderson Ribeiro. *Lições Sobre a África*: Diálogo entre as representações dos africanos no imaginário Ocidental e o ensino de História da África no mundo Atlântico *(1990-2005).* Tese de Doutorado – Universidade de Brasília. Brasília, 2007.

120   OLIM, Bábara Barros de; MENEZES, Hermeson Alves de. *A imagem do negro no livro didático de História*: um estudo das representações gráficas. Trabalho apresentado na VIII Semana de História da UFS, São Cristóvão, jan 2007. Disponível em: <http://www.ensinodehistoria.com. br/producao.htm>. Acesso em: 01 out 2007.

58 MÍRIAN CRISTINA DE MOURA GARRIDO

sinalizam tentativas de romper com a abordagem iconográfica tradicional, mas reproduzem estereótipos consagrados na literatura didática brasileira, reforçando, então, a relevância da continuidade de reflexões no campo das representações gráficas do negro.[121] Outra obra recente que expressa o desejo de um ensino que valorize a História do continente africano e, por conseguinte, representa uma ferramenta para o ensino da História do referido continente é *Memória D'África: a temática africana na sala de aula*.[122] O livro de Carlos Serrano e Maurício Waldman apresenta uma linguagem simples e acessível na busca por respostas às dúvidas mais frequentes relacionadas com a África, objetivando desconstruir estereótipos. Por conseguinte, trilha os caminhos delineados pela Lei 10.639, acreditando que o estudo da África desmistificado e não estereotipado pode significar a valorização da cultura e história de tal continente.[123]

Graças à dimensão tomada pelo Programa Nacional do Livro Didático, as políticas públicas para o livro didático, em especial os temas que circundam o Programa, têm-se tornado campo de pesquisa e debate. Como exemplo dessa multiplicidade de pesquisas que possuem o PNLD como ponto de partida, podem-se mencionar os trabalhos de: Yara Cristina Alvim[124], que tem por objetivo analisar o olhar dos avaliadores que participaram de edições do PNLD, tendo como perspectiva a dimensão acadêmica do processo, por-

---

121   FREITAS, Itamar. *"Negros, brancos e índios"*: ideologia e poder nos manuais didáticos de História. Palestra proferida na UNIT, 13 set 2005. Disponível em: <http://www.ensinodehistoria.com.br/producao.htm>. Acesso em: 01 out 2007.

122   SERRANO, Carlos; WALDMAN, Maurício. *Memória D'África*: a temática africana em sala de aula. São Paulo: Cortez, 2007.

123   Ver ainda: MORAIS, Grinaura Medeiros. Livro, Leitura, Imagens e Sentidos. In: OLIVEIRA, Margarida Maria Dias de; STAMATTO (org). *O Livro didático de História*: políticas educacionais, pesquisas e ensino. Natal: EDUFRN, 2007; CERRI, Luis Fernando; FERREIRA, Ângela Ribeiro. Notas sobre as demandas sociais de representação e os livros didáticos de História. In: OLIVEIRA, Margarida Maria Dias de; STAMATTO (org). *O Livro didático de História*: políticas educacionais, pesquisas e ensino. Natal: EDUFRN, 2007.

124   ALVIM, Yara Cristina. *O livro didático na batalha de idéias*: vozes e saber histórico no processo de avaliação do PNLD. VII Encontro Nacional Perspectiva do Ensino de História. Uberlândia: EDUFU, 2009.

ESCRAVO, AFRICANO, NEGRO E AFRODESCENDENTE 59

tanto, levando em consideração o lugar social do parecerista; André Luiz Palilo,[125] pesquisador que tem por fonte as coleções aprovadas no PNLD 2008, na busca de compreender quais são as orientações presentes nos Manuais do Professor (é interessante apontar que o pesquisador observa que as alterações dos Manuais correspondem às exigências do Edital de Convocação ou do Guia de Livros Didáticos); Lílian Cristina Cruvinel Torres e Angela Ribeiro Ferreira,[126] que possuem como recorte espacial a cidade de Ponta Grossa/PR, tendo por objetivo compreender as questões relacionados à seleção e utilização de livros didáticos aprovados pelo PNLD pelos profissionais na atividade docente; portanto, as pesquisadoras preenchem um importante espaço nas pesquisas acadêmicas sobre educação, por buscar compreender quais são as lógicas por trás da seleção do livro didático. Notam-se as múltiplas possibilidades de pesquisas a respeito do PNLD que podem ajudar a compreender melhor as diversas tramas em que se inserem livros didáticos.

Os embates que circundam a literatura escolar não configuram, portanto, um grupo homogêneo e as discussões vão da legibilidade visual aos diferentes focos empregados sobre o conteúdo escrito do livro didático, sendo este último objeto e fonte de fecundas pesquisas.

Livros didáticos: ferramenta eficiente de ensino ou algo a ser descartado?

Muito já se discutiu sobre a validade do uso do livro didático, se o ensino não seria efetivamente melhor sem a presença desses manuais ideológicos. No fim da década de 1980, Joel Rufino alertava que "os manuais didáticos são de fato entidades nefastas. Entidades nefastas que refletem, é evidente, uma percepção que a sociedade brasileira faz de si, uma concepção irreal, mas que sustenta o ser

---

125   PALILO, André Luiz. Os Manuais do Professor como fonte de pesquisa sobre o ensino de História. VII Encontro Nacional Perspectiva do Ensino de História. Uberlândia: EDUFU, 2009.

126   FERREIRA, Angela Ribeiro; TORRES, Lílian Cristina Cruvinel. Livros Didáticos de História nas escolas públicas de Ponta Grossa-PR. VII Encontro Nacional Perspectiva do Ensino de História. Uberlândia: EDUFU, 2009.

60 MÍRIAN CRISTINA DE MOURA GARRIDO

brasileiro, o fato de alguém se considerar brasileiro".[127] O historiador ia além e conclamava o leitor a deixar os livros didáticos de lado, pois não conhecia um único exemplar que fosse bom. Assim, uma primeira medida para uma educação melhor, um ato de "desobediência civil", seria deixá-lo de lado.

Algum tempo se passou desde a inflamada orientação de Joel Rufino. O fato é que os livros didáticos, longe de se tornarem ferramentas desnecessárias, configuram-se na principal fonte de ensino do país. Não é, obviamente, o ideal, mas é inegável que os manuais são os grandes organizadores dos currículos escolares e parte do currículo real, aquele no qual os professores constroem suas aulas efetivamente, e não as diretrizes impostas por governos distantes da realidade das instituições escolares. Ainda que não fossem utilizados pelos docentes, os manuais didáticos estão gradativamente disponíveis a todos os alunos matriculados no ensino público e, possivelmente, são os únicos produtos editoriais a que muitos desses alunos terão acesso, além de serem os responsáveis pela concepção de História da maioria desses indivíduos.

Não se trata mais de descartar ou não, adotá-lo ou não. O Estado, como principal cliente das empresas editoriais, deve exercer seu direito de consumidor estabelecendo exigências para adquirir o produto que esteja à altura da educação que pretende implementar. Ressalta-se, portanto, que ao decretar a Lei 10.639, que estabelece a incorporação nos currículos da "História da África e dos Africanos, a luta dos negros no Brasil, a cultura negra brasileira e o negro na formação da sociedade nacional, resgatando a contribuição do povo negro nas áreas social, econômica e política pertinentes à História do Brasil",[128] o governo deve exigir que esses conteúdos sejam incorporados aos livros didáticos, sendo o Edital de Convocação do PNLD o local privilegiado para essa exigência. Contudo, o currículo real se materializa dentro de sala de aula, logo, mesmo que os conteúdos estejam disponíveis nos livros didáticos, a efetivação de um ensino sobre História da África e dos afrodescendentes só acontecerá por opção dos envolvidos de forma concreta em aula, professores e alunos.

As considerações realizadas por Décio Gatti Junior são tam-

---

127 SANTOS, Joel Rufino dos. "Livro Didático: um mal necessário?" *Cadernos de Pesquisa Carlos Chagas*. São Paulo. n°63, novembro, 1987, p. 99.

128 Art.1°, parágrafo 1° da Lei 10.639.

ESCRAVO, AFRICANO, NEGRO E AFRODESCENDENTE   61

bém ilustrativas dessa força em potencial do Estado. Segundo o autor, as mudanças efetivadas nos conteúdos disciplinares dos livros didáticos, longe de serem simplificações das pesquisas científicas, eram, na década de 1990, resultado de reorientação metodológica na produção historiográfica. Tal mudança levou muitos autores de livros didáticos a optarem por concepção teórico-metodológica diferenciada. Esses novos eixos se fizeram sentir também nos planos curriculares e programáticos de diversos órgãos que legislam sobre a educação, onde os PCN'S são a expressão mais significativa, influenciando, por sua vez, a aprovação ou não de manuais no PNLD,[129] e a sociedade civil, em especial a mídia, capaz de produzir a valorização de determinados assuntos em detrimento de outros.

Assim, para Décio Gatti, a adequação dos livros didáticos aos critérios do PNLD teve a clara intenção de garantir a compra estatal:

> De qualquer modo, o efeito [das reprovações expostas pelo MEC] sobre a produção didática nacional parece ter sido benéfico, pois as editoras nos anos seguintes demonstraram estar preocupadas em assegurar a qualidade de suas obras e cumprir todos os itens da avaliação, mesmo porque não poderiam perder este rico mercado; por maiores que sejam as pressões e mesmo que o governo pague pouco e exija muita qualidade, as editoras ainda não pensavam em abandonar seu principal cliente.[130]

Apresentando um balanço das avaliações do PNLD, Sonia Regina Miranda e Tânia Regina de Luca abordam o tema posicionando-se de partida como componentes da Comissão Técnica do MEC e da Coordenação da Área de História para a avaliação do livro didático. O texto é elucidativo quanto aos resultados das avaliações, afirmando que, no campo da história, é latente as transformações:

> [...] de um cenário marcado pelo predomínio de obras que veiculam, de modo explícito ou implícito, todo tipo de estereótipo e/ou preconceitos, para um quadro em

---

129 "Era comum na década de 1990, a adaptação dos livros didáticos em uma velocidade surpreendente às modas didáticas e às mudanças curriculares estabelecidas pelos setores públicos afetos à área educacional, pois as editoras não podiam deixar de fornecer o produto solicitado pelo mercado, sob o risco de perder o rico filão que lhes dava sustentação básica" (GATTI JUNIOR; *Op. cit.*,p. 160).

130 GATTI JUNIOR, Décio. *Op. cit.*, p. 323.

que predominam cuidados evidentes, por parte de autores e editores, em relação aos critérios de exclusão de uma obra didática.[131]

As autoras afirmam que as avaliações iniciadas no final da década de 90 resultaram na necessidade de adequação das obras ao padrão exigido para sua aprovação. Logo, o livro didático, entendido nesse contexto como mercadoria, teve como consequência direta o reajustamento e adaptação do mercado editorial. Luca e Miranda ainda apontam que, por intermédio do PNLD, houve a possibilidade de se compreender que o livro didático está longe de constituir um grupo hegemônico, existindo inclusive a viabilidade de se identificarem as tendências contemporâneas de História, isto é, as diferentes formas pretendidas para se ensinar História, as utilizações de teorias cognitivas distintas, bem como o uso diversificado dos conteúdos programáticos.

A fala das avaliadoras é extremamente significativa para o que se propõe no presente trabalho. A partir da afirmação de que as avaliações impuseram às editoras uma adequação de suas obras, pode-se inferir novamente que, se o Estado deseja incluir a História da África e dos afrodescendentes nos currículos escolares, como apregoa a Lei 10.639, deve impor seu poder e incorporar a presença de tais conteúdos como exigência para a aprovação nos programas de compras de livros didáticos. A concretização dessa exigência como fundamental para aprovação do livro didático no processo seletivo, aliada à construção de um ambiente de discussão dentro das instituições de ensino, pode sim promover a valorização da cultura africana e afrodescendente.

Entretanto, adverte-se que a própria Lei 10.639/2003 também pode ser alvo de críticas. Se não for trabalhada em sua importância, a adoção da lei pode parecer mais uma imposição e não o atendimento de uma antiga reivindicação por parte dos movimentos sociais. Uma escola, que é igual para todos, trata os diferentes grupos étnicos com a mesma importância e, em particular, a história que, enquanto disciplina, vê na perspectiva da luta e da construção a participação de todos que fizeram o país.

---

131   MIRANDA, Sonia Regina; LUCA, Tânia Regina de. "O livro didático de história hoje: um panorama a partir do PNLD". *Revista Brasileira de História*. São Paulo, v.24, n°48, p. 123-144, 2004, p. 127.

ESCRAVO, AFRICANO, NEGRO E AFRODESCENDENTE 63

A debilidade da Lei e de sua aplicação foi alvo de discussão do livro organizado por Maria Rocha e Selma Pantoja.[132] Reunindo especialistas sobre História da África e militantes que promoveram a luta pela conquista da Lei 10.639 pode-se elencar as seguintes considerações: 1) a luta pela incorporação de conteúdos sobre História da África e afrodescendentes advém da necessidade de criar uma identidade positiva junto ao alunado negro, fazendo com que sua cultura seja valorizada por todos, acreditando na afirmação que "Somos o que recordamos"; 2) o sistema educacional é reprodutor do racismo, mas deve ser o reformulador de uma nova postura; 3) existe ainda hoje grande dificuldade em ser historiador especialista em África, dificuldade expressa inclusive no auxílio financeiro à pesquisa; 4) a necessidade de formação de professores com conhecimentos referentes à África, disciplina que surgiu recentemente nas universidades, por volta de 1997, como optativa e/ou opcional; 5) e o fator mais mencionado entre os artigos que constituem a obra, a necessidade da reformulação dos livros didáticos para a efetivação da lei. Apesar das críticas, os autores são unânimes ao afirmar a importância da Lei 10.639 para a educação brasileira.

As considerações tecidas objetivam dar visibilidade aos aspectos que ainda necessitam de mudança para efetivação da referida lei, sem em momento algum desqualificar a importância da mesma.

Estabeleceu-se que leis, por si só, não fazem muito do ponto de vista real na sala de aula. O direito à diferença de grupos e identidades, no olhar de Nilma Gomes,[133] não pode depender de preceitos legais, mas deve fazer parte dos princípios da cidadania, além de ser importante para a formação das novas gerações e para a reeducação das gerações adultas.

Por fim, deve-se retomar a importância de pensar o currículo enquanto legitimador de uma cultura selecionada que, de maneira

---

132   ROCHA, Maira José; PANTOJA, Selma.(org) *Rompendo silêncios: História da África nos currículos da educação básica. Análises, opiniões, a Lei 10.639/2003 e as Diretrizes Curriculares Nacionais.* Brasília: SP Comunicações Ltda., 2004.

133   GOMES, Nilma. Diversidade cultural, currículo e questão racial: desafios para a prática pedagógica. In: ABRAMOWICZ, Anete, BARBOSA, Maria Lúcia A., SILVÉRIO, Valter (orgs.) *Educação como prática da diferença.* Campinas-SP: Armazém do Ipê, 2006, p33.

64   MÍRIAN CRISTINA DE MOURA GARRIDO

nenhuma, pode ser considerada neutra. Como já afirmado, o currículo é meio de intervenção do Estado, desta forma:

> O currículo corresponde a uma seleção de cultura que não é neutra. Ao enfatizar ou omitir determinados saberes, subjaz a isso uma posição político-ideológica que opera a favor dos interesses de determinados grupos. Presenças ou ausências nos currículos constituem-se no resultado de disputas culturais, de embates e conflitos em torno dos conhecimentos, das habilidades e dos valores que se considera dignos de serem transmitidos e apreendidos.[134]

Assim, como adverte Roger Chartier, o currículo, assim como a cultura escolar, faz parte do que se considera representações e deve ser apreendido como objeto de produção, imposição, circulação e apropriação de modelos culturais, que não se apresentam neutros, e permite "identificar o modo como em diferentes lugares e momentos uma determinada realidade social é construída, pensada, dada a ler".[135]

O capítulo que se finda nesse parágrafo constitui o quadro que circunda os livros didáticos brasileiros. Envoltos em contextos diversos, das políticas públicas à rentável soma capazes de gerar, a literatura didática tem sido revista pelas pesquisas acadêmicas, que devem auxiliar para a melhora da qualidade de tal produto e, por conseguinte, da educação brasileira.

---

134   GAETA, Maria Aparecida Junqueira Veiga. A Multiculturalidade em espaços escolares: formas de reconhecer e modos de vivenciar. In: MALATIAN, Teresa; DAVID, Célia Maria. (orgs.) *Pedagogia Cidadã*: cadernos de formação: Ensino de História. 2.ed.revista. São Paulo: UNESP, Pró-Reitoria de Graduação, Faculdade de História, Direito e Serviço Social, Campus de Franca, 2006, p. 32.

135   CHARTIER, Roger. *Op. cit.*, 1988, p. 16.

CAPÍTULO II

Livros do Ensino Médio
aprovados no PNLEM: Cotrim;
Schmidt; Pedro

O célebre taubateano, Monteiro Lobato, afirmou "Um país se faz com homens e livros" colocando em pauta a necessidade da leitura e, por conseguinte, o acesso aos livros como condicionante para a formação de um país. A afirmação está correta, todavia, seria válido antes assegurar-se das informações e – por que não? – das representações presentes em tais livros que possuem função tão fundamental, a de formar os homens e a Nação.

O presente capítulo desenvolverá a proposta principal da pesquisa, desta forma, analisar-se-á como os autores de livros didáticos selecionados abordam o contexto pós-abolição. Entretanto, deve-se primeiramente apresentar uma caracterização geral das obras selecionadas, propiciando ao leitor a visualização mais nítida dos livros didáticos aprovados no Programa Nacional do Livro Didático para o Ensino Médio 2008.

Características gerais

Existe uma série de características físicas e de conteúdo presentes nos manuais didáticos que podem parecer superficiais ou de segunda ordem, mas que são capazes de permitir uma maior visibilidade das mudanças e permanências ocorridas no interior do campo editorial. Essas alterações correspondem não somente ao avanço tecnológico, mas principalmente a uma série de exigências elaboradas pelo Estado que visam garantir a qualidade dos produtos adquiridos em larga escala pelo governo após a criação do Programa Nacional do Livro Didático. Local privilegiado para obter informações sobre essas exigências, o Edital de Convocação do PNLD é, nessa seção, utilizado como guia para compreender as diferenças de ordem técnica e de conteúdo dos livros didáticos da década de 1990 e dos livros distribuídos no ensino público em 2008. Deve-se ter em mente que os livros didáticos são submetidos a uma triagem que observa o cumprimento das exigências técnicas e físicas do Edital, realizado pelo Instituto de Pesquisas Tecnológicas do Estado de São Paulo (IPT) e, se aprovadas, são encaminhadas à Secretaria de Educação Básica (SEB/MEC), responsável pela avaliação pedagógica, realizada por professores de Universidades públicas do país.[1]

Ao observarmos as obras selecionadas, a primeira característica evidente é o aumento do número de páginas. Tal fator certamente deve-se ao aumento de conteúdo escrito e iconográfico, o que vai na contramão do que se acreditava ter uma adesão no ensino público[2]. Pode-se argumentar, entretanto, que o número de páginas pode ter sido acrescido por outras variáveis que não necessariamente o conteúdo. No último trabalho de Gilberto Cotrim, por exemplo, houve aumento da fonte do texto possivelmente para permitir uma melhor legibilidade do texto,[3] mas o contrário se deu em Mario Schmidt. A legibilidade é também um aspecto gráfico-editorial contemplado entre as exigências de aprovação – classificatórias em 2007 e eliminatórias a partir do PNLD 2011. Espera-se que:

> - o texto principal esteja impresso em preto e que títulos e subtítulos apresentem-se numa estrutura hierarquizada, evidenciada por recursos gráficos;

> - o desenho e tamanho da letra, bem como o espaço entre letras, palavras e linhas, atendam a critérios de legibilidade;

---

1   O Art.14, parágrafo 1º do Decreto 7.084 de 2010 afirma que a avaliação pedagógica passa então a ser realizada por professores de instituições superiores de ensino; professores convidados de outras instituições de ensino superior – abrangendo assim as universidades particulares –; e professores da rede pública de ensino. Devido à proximidade do decreto não se pode averiguar a existência de alguma alteração na avaliação por conta da abrangência da origem dos avaliadores, mas a medida silencia uma crítica comum à avaliação, a de que o governo está se sobrepondo à experiência do professor, que vem da sala de aula.

2   GATTI JUNIOR, Décio. *Op. cit.*, p. 127.

3   BOCCHINI, Maria Otilia. *Op. cit.*

ESCRAVO, AFRICANO, NEGRO E AFRODESCENDENTE

- a impressão não prejudique a legibilidade no verso da página;[4]

O projeto gráfico da capa, mesmo que 1990 já fosse produto da equipe editorial e não especificamente escolha do autor do livro didático, parece estar associado à concepção de história da obra ou do público alvo da coleção. As imagens que compõem as capas possuem coerência com as informações contidas nas Resenhas do Catálogo de Livros Didáticos para o Ensino Médio de História. Desta forma, Gilberto Cotrim ressalta conexões entre passado e presente, além de enfatizar o caráter seletivo do historiador; Antonio Pedro parte do princípio de um saber sedimentado que deve ser ensinado, o que de certa maneira corresponde à seleção de uma imagem célebre de Napoleão; e Mario Schmidt busca reconhecer o papel dos homens comuns e a interação de níveis de realidade.

O uso de recursos imagéticos como mapas, fotos, charges, desenhos, bem como uso de cores, configura outra característica interessante presente nos manuais didáticos. Existe no campo historiográfico uma discussão ampla sobre a importância histórica e pedagógica do trabalho com as imagens, que adquiriram por esses trabalhos o *status* de fonte. Peter Burke argumenta que o uso da iconografia e das produções cinematográficas permitem ao ensino "imaginar o passado de forma mais vivida".[5] Esse tipo de método exige que o professor questione a imagem como fonte, assim como o faria no caso do texto/documento. Logo, os alunos seriam levados a apreender a imagem como objeto de informação dotado de uma construção cultural, mas que, analisada criticamente, serve como representação do vivido.[6]

---

4   Edital de Convocação para Inscrição de obras a serem incluídas no Catálogo do PNLEM 2007, *Op. cit.,* p. 38.

5   BURKE, Peter. Introdução: O testemunho das imagens. In: BURKE, Peter. *Testemunha ocular*: história e imagem. Bauru, São Paulo: EDUSC, 2005, p. 17.

6   Sobre a importância da iconografia para a História ver: COLI, Jorge. A Pintura e o olhar sobre si: Victor Meirelles e a Invenção de uma História visual no século XIX brasileiro. In: FREITAS, Marcos Cezar. *Historiografia brasileira em perspectiva*. 4.ed. São Paulo: Contexto, 2001.; RIBEIRO, Renato Janine. Iracema ou a Fundação do Brasil. In: FREITAS, Marcos Cezar. *Historiografia brasileira em perspectiva*. 4.ed. São Paulo: Contexto, 2001.; FONSECA, Thaís Nívia de Lima e. *Op. cit.*

68 MÍRIAN CRISTINA DE MOURA GARRIDO

É possível afirmar que existem ganhos na qualidade, e uma perceptível preocupação com o uso das imagens que demonstra que autores e editoras estão atentos às inovações historiográficas[7] e à necessidade de cumprir requisitos do Edital de Convocação do PNLD. Dentre as exigências – classificatórias – para as imagens, o Edital do PNLEM 2007 determina que:

> - o texto e as ilustrações estejam dispostos de forma organizada, dentro de uma unidade visual; que o projeto gráfico esteja integrado ao conteúdo e não meramente ilustrativo;

> - as ilustrações auxiliem na compreensão e enriqueçam a leitura do texto, devendo reproduzir adequadamente a diversidade étnica da população brasileira, não expressando, induzindo ou reforçando preconceitos e estereótipos. Essas ilustrações devem ser adequadas à finalidade para as quais foram elaboradas e, dependendo do objetivo, devem ser claras, precisas, de fácil compreensão, podendo, no entanto, também intrigar, problematizar, convidar a pensar, despertar a curiosidade;

> - 6. [sic] a obra recorra a diferentes linguagens visuais; que as ilustrações de caráter científico indiquem a proporção dos objetos ou seres representados; que haja explicitação do uso de cores-fantasia, quando utilizadas; que os mapas tragam legenda dentro das convenções cartográficas, indiquem orientação e escala e apresentem limites definidos;

> - todas as ilustrações estejam acompanhadas dos respectivos créditos, assim como os gráficos e tabelas tragam os títulos, fonte e data;[8]

Essas determinações resultam em mudanças nos livros editados em 2005. Nota-se, por exemplo, forte presença de imagens acompanhadas de créditos, fontes e datas, algo raramente efetivado nos livros publicados na década de 1990. Impressiona também

---

7   GATTI JUNIOR, Décio. *Op. cit.*, p. 45.
8   Edital de Convocação para Inscrição de obras a serem incluídas no Catálogo do PNLEM 2007, *Op. cit.*, p. 38.

ESCRAVO, AFRICANO, NEGRO E AFRODESCENDENTE 69

o aumento desse recurso didático nos livros, principalmente o de Antonio Pedro, que, em 1997, trazia uma imagem como abertura de capítulo e, mais recentemente, incorporou-a entre seus elementos didáticos, embora ainda o faça em menor escala que Cotrim e Schmidt, mesmo se comparado com os livros de primeira geração desses autores. Possivelmente, como Antonio Pedro possuía o livro mais sóbrio, em 1990 sua obra da segunda geração é a que parece mais influenciada por essas orientações. Observa-se, por exemplo, que apenas em 2005 houve incorporação de cores, pois no livro da primeira geração era composto em preto e branco.

Surge em 2005 outra novidade no segmento do ensino médio. Trata-se da "Abertura de Unidade", presente no livro de Gilberto Cotrim, composta por resumo da unidade e ricamente ilustrada. Sobre Mario Schmidt, pode-se afirmar que é dos autores selecionados o que mais utiliza o recurso imagético nas duas gerações de livros selecionados. Contudo, por optar – resultado da editoração – por colocar os créditos apenas no final da obra (2005), acabou por prejudicar o acesso a essas informações, merecendo inclusive ressalvas na resenha do Catálogo de Livros Didáticos, que destaca também a ausência de unidades escalares, créditos e fontes nos mapas, tabelas e gráficos.[9]

O critério talvez mais central a ser seguido ("que o projeto gráfico esteja integrado ao conteúdo e não meramente ilustrativo") não foi contemplado nas obras publicadas em 2005, e assim como os livros da década de 1990, esses momentos de diálogo constituem exceções. Essa deficiência foi também criticada nas resenhas dos três autores selecionados, e a perspectiva de melhora desse critério não é a das mais promissoras, pois o item foi retirado dentre as exigências para o PNLD 2011 – não existente também no PNLD-Ensino Médio 2012 –, dos quais constam para a imagem os seguintes aspectos eliminatórios:

> Quanto às ilustrações, devem:

> I. ser adequadas às finalidades para as quais foram elaboradas;

---

9   História: Catálogo do Programa Nacional do Livro para o Ensino Médio: PNLEM 2008, *Op. cit.*, p. 102.

70 MÍRIAN CRISTINA DE MOURA GARRIDO

II. quando o objetivo for informar, devem ser claras, precisas e de fácil compreensão;

III. reproduzir adequadamente a diversidade étnica da população brasileira, a pluralidade social e cultural do país;

IV. no caso de ilustrações de caráter científico, indicar a proporção dos objetos ou seres representados;

V. estar acompanhadas dos respectivos créditos e da clara identificação dos locais de custódia (local onde estão acervos cuja imagem está sendo utilizada na publicação).

VI. trazer títulos, fontes e datas, no caso de gráficos e tabelas;

VII. no caso de mapas e imagens similares, apresentar legendas em conformidade com as convenções cartográficas.[10]

Todavia, há de se valorizar a permanência da exigência relativa à reprodução adequada da diversidade étnica da população. O tema "imagem do negro no livro didático" tem sido explorado com maior frequência nas pesquisas científicas. Um exemplo desses esforços é o desempenhado pelo Grupo de Pesquisas em Ensino de História orientado pelo Prof. Dr. Itamar Freitas da Universidade Federal do Sergipe – também avaliador do PNLD 2008 e 2011. Dentre suas orientações constam os graduados, já mencionados neste estudo, Olim e Menezes, ambos exploraram as representações gráficas em livros destinados ao segundo ciclo do ensino fundamental dos anos 2004 e 2005 – portanto, já na vigência do PNLD – com relação: às especificações técnicas utilizadas para diferenciar os negros dos demais elementos étnicos; a quais períodos esse segmento mais aparece; e às situações em que são representados. Para esses autores:

> a principal contribuição da ilustração para o livro didático de história é a sua capacidade de desencadear um processo discursivo através do estímulo visual, e uma vez

---

10   Edital de Convocação para Inscrição de obras a serem incluídas no Guia do PNLD 2011, *Op. cit.*, p. 39-40.

ESCRAVO, AFRICANO, NEGRO E AFRODESCENDENTE 71

que seja acompanhada de legenda ou guarde relação com algum texto próximo a ela, a ilustração contribui para o entendimento do texto e para a construção de conceitos.[11]

Algumas considerações efetivadas por Olim e Menezes são interessantes: substituição de litografias, nas quais o negro aparecia trabalhando ou sendo castigado, por retratos posados para o artista; substituição gradativa de pinturas para fotos com o passar do tempo histórico; o elemento branco é numericamente mais expressivo nos livros didáticos do que os demais grupos; a atividade associada ao negro de maior incidência é a relativa ao trabalho. Concluiu-se que as coleções analisadas buscam romper com a abordagem imagética tradicional, entretanto, a despeito desses esforços, esses livros ainda reproduzem estereótipos consagrados, legitimando então a continuidade de pesquisas sobre o tema.[12]

Tomando por base as considerações relativas à imagem, considera-se que os editais de convocação do PNLD significam melhoras técnicas e visuais nos livros didáticos. Por outro lado, a imagem ainda carece de maior exploração de seu uso para além da ilustração, o que poderia resultar na amplitude dos significados conceituais e pedagógicos que podem ser observados no uso da iconografia. Tais condições, aliadas a uma preocupação estética (envolvendo o uso de cores como componente facilitador da leitura), devem estar presentes na renovação dos livros didáticos.

Outro aspecto que sofreu mudanças após as orientações dos editais do PNLD's foi o Manual do Professor. Criado pela Editora Ática nos anos 1960, objetivando maior aceitação dos livros didáticos, o Manual do Professor fornecia a resolução das atividades do livro e os planejamentos anuais e bimestrais prontos para o professor.[13] Nos livros da primeira geração, essa seção destinada aos docentes era composta apenas de resposta dos exercícios propostos aos alunos ao longo do livro. O que se verifica nos livros da segunda geração é uma mudança drástica de objetivos a serem contemplados por essa seção. O Edital de Convocação do PNLEM 2007 traz as orientações para os Manuais do Professor – ainda chamado no

---

11 OLIM, Bárbara Barros de; MENEZES, Hermeson Alves de. *Op. cit.*, p. 2.
12 OLIM, Bárbara Barros de; MENEZES, Hermeson Alves de. *Op. cit.*
13 FONSECA, Selva Guimarães. *Caminhos da História Ensinada*. 5.ed. Campinas, SP: Papirus, 2001, p. 139.

MÍRIAN CRISTINA DE MOURA GARRIDO

edital de Livro do Professor – em dois momentos: primeiro, na seção de "Condições de Participação" no início do documento; segundo, dentre os "Critérios de qualificação geral das obras". De acordo com esses dois momentos, o Manual do Professor deve:

> [Condições de Participação] 3.1.1. A obra didática deverá estar acompanhada, obrigatoriamente, do respectivo livro do professor (conforme definido no Anexo I), o qual deve ter caráter próprio, e não deve ser uma cópia do livro do aluno, apenas com exercícios resolvidos.[14]

> [Critérios de Qualificação geral das obras] Quanto ao livro do professor, conforme explicitado no item 3.1.1 deste Edital, é fundamental que ele:

> - descreva a estrutura geral da obra, explicitando a articulação pretendida entre suas partes e/ou unidades e os objetivos específicos de cada uma delas;

> - oriente, com formulações claras e precisas, os manejos pretendidos ou desejáveis do material em sala de aula;

> - sugira atividades complementares, como projetos, pesquisas, jogos etc.;

> - forneça subsídios para a correção das atividades e exercícios propostos aos alunos;

> - discuta o processo de avaliação da aprendizagem e sugira instrumentos, técnicas e atividades;

> - informe e oriente o professor a respeito de conhecimentos atualizados e/ou especializados indispensáveis à adequada compreensão de aspectos específicos de uma determinada atividade ou mesmo de toda a proposta pedagógica da obra.[15]

Observa-se que a primeira citação faz parte da iniciativa do PNLD de eliminar o conceito de "Livro do Professor", comum até então no universo dos livros didáticos, no qual a simples resolução

---

14   Edital de Convocação para Inscrição de obras a serem incluídas no Catálogo do PNLEM 2007, *Op. cit.*, p. 2.

15   Edital de Convocação para Inscrição de obras a serem incluídas no Catálogo do PNLEM 2007, *Op. cit.*, p. 37-38.

ESCRAVO, AFRICANO, NEGRO E AFRODESCENDENTE 73

dos exercícios correspondia à mudança de categoria do livro. Não bastando demonstrar a necessidade de romper com a noção de "livro de resposta", comum até a década de 1990, o edital achou propício explicitar como deveria ser composto o Manual do Professor na sua nova concepção, de livro de auxílio à prática docente.

O Catálogo de Livros do PNLEM 2008 traz, entre os elementos das Resenhas, crítica ao conteúdo do Manual do Professor das obras. Cotrim, Schmidt e Pedro recebem diversas críticas, o que indica que a seção carece de melhor formulação para atender as exigências do edital de convocação. Dentre as mais graves ressaltam-se: as relacionadas à ausência de orientações de articulação dos conteúdos com outras áreas do conhecimento (Cotrim e Pedro); a ausência de discussão sobre avaliação (Pedro e Schmidt); grande parte das informações destina-se a orientações gerais e respostas às atividades propostas aos alunos (Pedro e Schmidt); não são fornecidas sugestões de leituras, ou de outras fontes que contribuam para a formação continuada do professor (Pedro e Schmidt).

Diante dos limites claros evidenciados pelas críticas aos Manuais do Professor nas Resenhas, o Edital de Convocação do PNLD 2008 parece informar melhor o que pretende encontrar nas orientações destinadas aos professores:

> [Condições de Participação] 3.1.1. A coleção didática deverá estar acompanhada, obrigatoriamente, do respectivo manual do professor, que não deve ser uma cópia do livro do aluno, com exercícios resolvidos. É necessário que ofereça orientação teórico-metodológica e de articulação dos conteúdos do livro entre si e com outras áreas do conhecimento; ofereça, também, discussão sobre a proposta de avaliação da aprendizagem, leituras e informações adicionais ao livro do aluno, bibliografia, bem como sugestões de leituras que contribuam para a formação e atualização do professor.[16]

> [Critérios de qualificação geral das obras] Quanto ao manual do professor, conforme explicitado no item 3.1.1 deste Edital, é fundamental que ele apresente orientações ao professor e explicite os pressupostos teórico-metodo-

---

16   Edital de Convocação para Inscrição de obras a serem incluídas no Guia do PNLD 2008, *Op. cit.*, p. 2.

74 MÍRIAN CRISTINA DE MOURA GARRIDO

lógicos, os quais, por sua vez, deverão ser coerentes com a apresentação dos conteúdos e com as atividades propostas no livro do aluno.[17]

O mais interessante, porém, ainda estaria por vir dentre as orientações do Edital do PNLD 2008. Dentro da parte destinada a discriminar as exigências para aprovação do livro didático na área específica, portanto, para História, o edital afirma que o autor do livro didático deve participar da elaboração do Manual do Professor. Tal determinação põe à prova a certeza de que o autor de livro didático é também autor da seção destinada aos docentes e, por conseguinte, provavelmente chegou-se a essa conclusão porque deve haver um descompasso entre o efetivado pelo livro do aluno e o descrito nas orientações ao professor.

O manual do professor é uma peça importante no esclarecimento das propostas do livro didático. Deverá conter orientações que explicitem os pressupostos teóricos, procurando a coerência entre estes pressupostos e a apresentação dos conteúdos no livro do aluno, e as atividades propostas.. *O manual do professor deve ser elaborado com a participação do autor do livro.* Deve estar clara a opção teórica e metodológica do autor, fornecer bibliografia diversificada e outros recursos que contribuam para a formação do professor, e, ainda, trazer orientação visando à articulação dos conteúdos do livro entre si e com outras áreas de conhecimento. Deve ainda apresentar potencialidades do livro didático, variedade de caminhos que podem ser seguidos a partir dos recursos apresentados no livro e trazer informações complementares às legendas das imagens constantes no livro, incentivando o professor a iniciar seus trabalhos – como mais uma opção – pelo debate destas. Além disso, é desejável que o manual estimule o professor a compreender a leitura docente como parte constitutiva das suas condições de trabalho e que seu local de atuação (cidade, bairro, sítio) deve e pode ser utilizado como fonte de recursos e materiais didáticos por meio dos seus museus, arquivos, praças, meio-ambiente, e toda a cultura material aí envolvida

---

17   Edital de Convocação para Inscrição de obras a serem incluídas no Guia do PNLD 2008, *Op. cit.*, p. 32.

ESCRAVO, AFRICANO, NEGRO E AFRODESCENDENTE 75

(jornais, roupas, objetos etc). Deve conter proposta e discussão sobre avaliação da aprendizagem e sugestões de atividades e de leituras para os alunos.[18]

Com relação às determinações expressas no Edital do PNLD 2011, as orientações gerais são bastante semelhantes às apresentadas nos anos anteriores. Entretanto, como não há mais critérios classificatórios, as orientações agora são exigências para aprovação, pois constituem o critério eliminatório. Existe apenas um grande diferencial no edital 2011 mantido também no edital de 2012. Segundo eles, será observado se o Manual "orienta o professor sobre as possibilidades oferecidas pela coleção didática para implantação do ensino da História da África, da cultura afro-brasileira e da História das nações indígenas".[19] Tal exigência parte do pressuposto de que houve incorporação de tais conteúdos nos livros didáticos do ensino fundamental e médio, o que, em parte, corresponde ao presente estado dos livros didáticos do nível fundamental. Apesar de não serem o objeto de análise do presente livro, pode-se afirmar que houve a introdução, em certas obras, de parte da História da África, por exemplo, principalmente no que tange aos períodos mais antigos, isto é, "antes da chegada dos europeus". Esses capítulos são incorporados nos volumes destinados às 5° e 6° séries.[20] Tal constatação já representa um ganho, afinal a exposição de conteúdos referentes à África Antiga contribui para a ampliação do conhecimento do continente, bem como pode vir auxiliar na noção de ancestralidade.

Dos livros didáticos analisados, destinados ao ensino médio, o único que possui um capítulo sobre "África Antiga" é o de auto-

---

18 Edital de Convocação para Inscrição de obras a serem incluídas no Guia do PNLD 2008, *Op. cit.*, p. 47 – grifos feitos pela pesquisadora.

19 Edital de Convocação para Inscrição de obras a serem incluídas no Guia do PNLD 2011, *Op. cit.*, p. 47; Edital de Convocação para Inscrição de obras no Programa Nacional do Livro Didático PNLD 2012 – Ensino Médio. *Op. cit.*, p. 30.

20 Dos livros a que a pesquisadora teve acesso (até o ano de 2011), possuem capítulos destinados à História da África e afro-brasileiros os seguintes autores: Alfredo Boulos Jr. (3 capítulos); Patrícia Ramos Braick e Myriam Becho Mota (1 capítulo); Projeto Araribá (1 capítulo); Nelson Piletti e Claudino Piletti (1 capítulo); Ricardo Dreguer e Eliete Toledo (1 capítulo); Leonel Itaussu Mello e Luís César Amad Costa (1 capítulo).

76 MÍRIAN CRISTINA DE MOURA GARRIDO

ria de Mario Schmidt[21] e, segundo o Catálogo de Livros do PNLEM 2008, o conteúdo sobre África está presente apenas em outras seis coleções aprovadas. Portanto, seria correto pressupor a existência de História da África, da cultura Afro-brasileira e da História das nações indígenas e exigir apenas que o Manual do Professor ofereça a possibilidade de trabalhar com tal conteúdo, sem exigir a incorporação do mesmo entre as normas do Edital de Convocação, inclusive para o ensino médio? Outras considerações a respeito da incorporação ou renovação de conteúdos no livro didático serão realizadas posteriormente.

Por último, ainda referente às caracterizações gerais dos livros didáticos, uma importante informação veio à tona durante a busca pelos livros a serem analisados. As diretrizes curriculares nacionais e estaduais para o ensino médio, romperam com o binômio ensino para vestibular *versus* ensino profissionalizante. Espera-se que o aluno que concluiu esse nível de ensino esteja apto para buscar as informações e interpretá-las (aprender a aprender) e, por isso, o ensino médio tem o caráter finalizador da aprendizagem geral.

Todavia, quando se passou a procurar nas escolas exemplares de livros didáticos selecionados para análise (entregues pelas editoras como parte da estratégia de marketing) foram encontrados dois exemplares do livro de Antonio Pedro. Um entregue aos alunos, identificado na capa com o selo do PNLEM 2008 e outro, sem tal identificação, mas com o símbolo do exemplar do professor e acompanhado de Caderno de Atividades, destinado ao auxílio do estudo pré-vestibular.[22]

A existência de dois livros diferentes publicados em anos subsequentes pela Editora FTD se confirmou com uma rápida olhada em *sites* especializados em vendas de livros. Portanto, acreditando que seus consumidores da rede particular mereciam uma melhor orientação para o ensino pré-vestibular, a editora tratou de lançar duas versões do mesmo livro. O exposto não parte do desejo de coi-

---

21 SCHMIDT, Mario Furley. *Op. cit.*, 2005.

22 Gilberto Cotrim apresenta questões para vestibular também, mas no final das unidades nos livros adquiridos pelo PNLEM 2008; além disso, a editora Saraiva/Atual possui outra coleção aprovada no PNLEM que, entre suas caracterizações no Catálogo do Programa, aparece como voltado ao ensino pré-vestibular: José Geraldo Vinci de Moraes. *História: Brasil e Geral.* 2.ed. São Paulo: Atual, 2005.

ESCRAVO, AFRICANO, NEGRO E AFRODESCENDENTE 77

bir que as editoras publiquem livros com orientação para o vestibular; o que se busca apontar é que a presença desse "suplemento" aponta para a noção dominante na qual os alunos das instituições particulares são os únicos que seguirão o estudo superior. A existência de dois livros supostamente iguais apenas diferenciados pela orientação do vestibular evidencia a possibilidade de estratégias a serem postas em prática pelas editoras.

Por fim, ressalta-se que apesar das mudanças encontradas nos livros didáticos ainda há espaço para permanências, as obras geralmente são muito semelhantes as edições de 1990, principalmente no que tange o conteúdo escrito do livro didático, essa linha de raciocínio será importante na argumentação posterior.

Considerações sobre o pós-abolição, o método e a História

Se no campo da Geografia o título de livro de Yves Lacoste *A Geografia: isso serve, em primeiro lugar, para fazer a guerra* se tornou famoso por sintetizar a possibilidade do emprego da ciência geográfica para objetivos "maiores" que o simples ensino básico, no campo da História pode-se fazer essa associação – com um objetivo maior – quando se pensa, por exemplo, na formação da Nação. Assim como evidenciado no capítulo 1, a partir das leituras de Elza Nadai,[23] Kátia Abud[24] e Circe Bittencourt,[25] a História está vinculada à legitimação da Nação e o mesmo se pode afirmar sobre as identidades que a compõem. Portanto, o estudo de determinados assuntos, como o período pós-abolição brasileiro e a forma como ele se efetiva, pode moldar ou influenciar a identidade dos indivíduos, isto é, na percepção de si mesmo. Como apregoa Roger Chartier,[26] as representações são percepções do social que acabam por definir estratégias e práticas que, por sua vez, influenciam escolhas e condutas dos indivíduos.

A construção da identidade tem sido alvo de pesquisas e parece ter conseguido respaldo nas políticas de promoção da igualdade. Histórica e culturalmente construída, a identidade é o que de-

---

23 NADAI, Elza. *Op. cit.*, 1993.
24 ABUD, Kátia. *Op. cit.*, 2006.
25 BITTENCOURT, Circe Maria Fernandes. *Op. cit.* 2008a; BITTENCOURT, Circe Maria Fernandes. *Op. cit.*, 2008b.
26 CHARTIER, Roger. *Op. cit.*, 1988.

78 MÍRIAN CRISTINA DE MOURA GARRIDO

termina como os indivíduos se imaginam e se representam.[27] Não se trata de forma alguma de identidades de origem, homogêneas e acabadas. Na verdade, os estudos sobre a construção da identidade indicam a formação plural desse "sentir-se", que é constituído pelos diversos fatores que influem sobre os indivíduos. Exemplificando essa pluralidade de identidade, Stuart Hall afirma que um negro jamaicano é diferente de um negro nascido em Martinica, pois as influências culturais e históricas são diferentes.[28] Quando se pensa na perspectiva da identidade, há de se compreender que o percurso do indivíduo cria realidades diferentes, mesmo que existam possíveis aproximações.

De posse dessas informações, ao eleger o pós-abolição como tema, partiu-se do pressuposto de que a representação deste conteúdo da História do Brasil, pautado na historiografia atual, na qual os negros assumiram papel decisivo em sua própria emancipação e sua posterior luta pela sobrevivência, poderá influir nas instituições de ensino em atitudes de valorização no alunado negro e de desmobilização entre os discentes – negros e brancos – de condutas racistas. Além disso, é parte das novas políticas públicas valorizar grupos até então apresentados como secundários, passivos, alheios a sua própria história, além de reforçar/indicar estratégias para desmobilizar condutas racistas.

A respeito dessa renovação historiográfica que tem por objeto a historiografia do negro no Brasil, vale apontar que, na década de 1990, houve um debate, em grande parte promovido por Jacob Gorender e Sidney Chalhoub, a respeito da legitimidade dessa renovação. Segundo Gorender, em decorrência dessa "nova face da escravidão brasileira", oriunda do Departamento de História da UNICAMP, "o foco das tendências reacionárias", ao dotar os escravos de uma subjetividade própria, na qual a negociação foi uma constante, também lhe atribuiu o fato de aceitar a escravatura. Ao contrário do que determina Jacob Gorender, nenhum dos historiadores expostos nesse trabalho ignora que a maioria dos negros escravizados no Brasil destinaram-se à zona rural, foram submetidos ao trabalho exaustivo e morreram sem nenhum tipo de concessão. Para estas informações, há uma vasta biblio-

---

27   HALL, Stuart. *Da Diáspora*: Identidades e mediações culturais. Belo Horizonte: UFMG, 2003, p. 345.

28   HALL, Stuart. "Identidade Cultural e Diáspora". *Revista do Patrimônio Histórico e Artístico Nacional*, n°2, 1996, p. 70.

ESCRAVO, AFRICANO, NEGRO E AFRODESCENDENTE 79

grafia da qual Gorender faz parte, bem como uma literatura didática que lhe faz jus. Entretanto, saber que essa realidade foi o "padrão" não torna ilegítimo o esforço de conhecer realidades/histórias que possam sair deste roteiro. Neste sentido, saber da existência da possibilidade de o escravo pôr em prática estratégias no mundo escravista não anula ou inverte a lógica do sistema escravista. A despeito do que preconizava o autor marxista em 1990, a "nova historiografia sobre o negro" de forma alguma responsabiliza os negros escravizados pela manutenção da escravidão. A preocupação desses autores, principalmente a de Chalhoub, consiste em fazer emergir histórias de homens que lutaram por sua emancipação e por sua sobrevivência num contexto que dificultava sua existência.[29]

Retornando à questão educacional, a luta da militância negra pela aprovação da Lei 10.639/2003 simboliza um ganho quando se pretende pôr em prática uma educação que valorize as lutas de grupos até então relegados ao segundo plano, além de possibilitar que os discentes – negros e brancos – tenham uma visão de História que supere elementos estereotipados por leituras tradicionais, viabilizando discussões que ponham em xeque a ideologia racista e as ações estigmatizantes.

Nas seções subsequentes, apresentam-se as argumentações expostas por autores de livros didáticos sobre o contexto anterior à abolição e o pós-abolição brasileiro, temas centrais para uma perspectiva de valorização do negro brasileiro. Apesar de já salientado na Introdução do trabalho, vale afirmar que o método utilizado é o da Análise do Conteúdo, ou seja, "por detrás do discurso aparente geralmente simbólico e polissêmico esconde-se um sentido que convém desvendar".[30] Portanto, os textos didáticos aqui analisados são vistos como meio de acesso ao discurso que se espera seja apreendido por seus leitores. Para o trabalho, o ator social, aquele que desenvolve a ação, é o autor do livro e a equipe editorial que o sustenta, que exterioriza o discurso que acredita ser válido.

Com o intuito de levar o leitor a compreender o que se pretende, deve-se explicar de que maneira esse método será utilizado. Primeiramente, buscar-se a *desmontagem dos textos*, fragmentando o corpo do texto para obter unidades lógicas; em seguida, essas unidades serão *confrontadas com outros referenciais bibliográficos*, com

---

29 GORENDER, Jacob. *Escravidão Reabilitada*. São Paulo: Ática, 1990.
30 BARDIN, Laurance. *Op. cit.*, p. 14

80 MÍRIAN CRISTINA DE MOURA GARRIDO

o intuito de permitir emergir novos significados. A lógica é a da desmontagem do texto inicial para possibilitar a formação de um segundo texto, um metatexto que, por sua vez, possibilitará apreender diversos sentidos do texto original.[31]

O objetivo do esforço é o da interpretação das leituras possíveis desses textos didáticos na busca da superação dos elementos/ leituras superficiais. Neste contexto, é permitido inclusive que o pesquisador possa inferir determinados momentos, com o objetivo de ir além do dito. Resumidamente, "A AD [Análise do Discurso] está assim interessada no texto não como objeto final de sua explicação, mas como unidade que lhe permite ter acesso ao discurso. O trabalho do analista é percorrer a via pela qual a ordem do discurso se materializa na estruturação do texto".[32]

Cabe, entretanto, uma ressalva. O analista do discurso busca as significações possíveis do texto ou de sua desestruturação; essas "interpretações", porém, podem ou não ser apropriadas pelos leitores de tais textos. Esse campo configura-se na apropriação e, portanto, envolve questões muito particulares, que dificilmente oferecem acesso ao pesquisador.

Esse espaço dedicado a explicações de ordem metodológica necessita também de uma breve exposição sobre o processo chamado transposição didática. O tema "transposição didática" tem se mostrado fonte de interesse para pesquisas no campo da educação, em especial no que tange à esfera da matemática. Referência básica sobre o assunto, Yves Chevallard[33] afirma a existência de um conteúdo do saber, resultado das pesquisas científicas, que, por ser considerado importante, ganha *status* de saber a ser ensinado, sofrendo então diversas transformações, culminando em objeto de ensino. Esse processo, no qual o conhecimento de origem científica transforma-se em conhecimento compatível com o ensino, denomina-se Transposição Didática.

A concepção de transposição didática rompe com uma noção tradicional de materiais didáticos, segundo a qual esses são resultados de simplificações de suas ciências de origem, isto é, vulga-

---

31 MORAES, Roque. *Uma tempestade de luz*: a compreensão possibilitada pela análise textual discursiva. *Ciência & Educação*, v.9, n.2, p. 191-211, 2003.

32 ORLANDI, Eni Pulccinelli. *Op. cit.*, 1996b, p. 60.

33 CHEVALLARD, Y., (1991). *La transposición didáctica: del saber sabio al saber enseñado*. Buenos Aires: Aique, 1991.

ESCRAVO, AFRICANO, NEGRO E AFRODESCENDENTE

rização da ciência. Cobram-se, dos materiais didáticos – fruto da ação de autores e editoras –, principalmente a partir da década de 1990, marcada pelas críticas ao ensino, a necessária coerência com sua ciência de referência – no que diz respeito a suas inovações e revisões. E as políticas públicas legitimam essa necessidade, como afirma o Edital do PNLEM 2007: "[a obra didática] nos conteúdos e procedimentos que mobiliza, deve apresentar-se como compatível e atualizada, seja em relação aos conhecimentos correspondentes nas ciências e saberes de referência".[34] Não cabe, entretanto, aos livros didáticos transformarem-se em manuais para formação de pequenos historiadores, por isso, a existência de uma didatização que respeite a tradição escolar. Em outros termos:

> considero que os textos – que apresentam a mescla dos conteúdos selecionados, com a organização textual, o(s) gênero(s) discursivo(s) utilizado(s), a elaboração didática realizada, as opções feitas quanto a exemplos, analogias, ilustrações, comparações, referências temporais e espaciais, entre outros aspectos – apresentam uma expressão do saber escolar que traz implícita a visão que os autores têm sobre o que e como ensinar, e também sobre os processos de aprendizagem e as expectativas quanto ao que consideram que deva ser aprendido [...] Pode-se dizer que os livros didáticos são assim, o resultado de uma transposição didática que, conforme Chevallard, corresponde à 'passagem do saber acadêmico ao saber ensinado e, portanto, à distância eventual, obrigatória que os separa...'.[35]

Posto isto, para chegar à escola, o saber científico sofre alterações que visam transformá-lo em saber ensinado. Esse processo inegavelmente ocorre ao longo da definição de diretrizes e normas curriculares, da elaboração dos materiais didáticos bem como da ação docente. Afinal, o uso do livro didático tem muitas vezes por mediador o professor, que decide os textos a serem lidos, os exercí-

---

34   Edital de Convocação para Inscrição de obras a serem incluídas no Catálogo do PNLEM 2007, *Op. cit.*, p. 33.

35   MONTEIRO, Ana Maria. Professores e livros didáticos: narrativas e leituras no ensino de história. In: ROCHA, Aparecida Bastos; REZNIK, Luís; MAGALHÃES, Marcelo de Souza (orgs.) *A História na Escola: autores, livros e leituras.* Rio de Janeiro: FGV, 2009, p. 188.

82 MÍRIAN CRISTINA DE MOURA GARRIDO

cios a serem realizados, os cortes ou introdução de novos conteúdos, ou seja, os professores podem influir na leitura de seus alunos por intermédio de sua própria leitura.[36] Considera-se que essa didatização é marcada por inúmeros elementos – orientações institucionais, contexto, práticas – e deve ser compreendida como resultado de negociações e não de imposição.[37]

As discussões sobre essas transformações do saber determinam que a escola não é mero espaço de repetição ou de transmissão de uma cultura formal. Ela é um espaço de socialização que, ao longo de sua existência, criou e segue transformando uma cultura que lhe é própria, o que André Chervel[38] denomina de "cultura escolar".[39] Pensar a escola somente como lugar de transmissão de cultura é negar os conflitos e dinâmicas em seu interior. Assim:

> A concepção de escola como puro e simples agente de transmissão de saberes elaborados fora dela está na origem da idéia, muito amplamente partilhada no mundo das ciências humanas e entre o grande público, segundo a qual ela é, por excelência, o lugar do conservadorismo, da inércia, da rotina. [...] seu verdadeiro papel está em outro lugar, e ao querer servir de reposição de alguns "saberes eruditos", ela se arriscaria a não cumprir sua missão.[40]

Por intermédio dessa concepção de escola como espaço autônomo, Chervel propõe a constituição de uma História das Disciplinas Escolares na qual a palavra disciplina deve revelar as finalidades do ensino proposto, constituído pelo conteúdo e prática criados no contexto do ensino. Desta forma, a função da disciplina escolar "consiste em cada caso em colocar um conteúdo de instrução a ser-

---

36   ROCHA, Helenice Aparecida Bastos. Livros didáticos de história: a diversidade de leitores e de usos. In: ROCHA, Aparecida Bastos; REZNIK, Luís; MAGALHÃES, Marcelo de Souza (orgs.) *A História na Escola*: autores, livros e leituras. Rio de Janeiro: FGV, 2009.

37   MONTEIRO, Ana Maria. *Op. cit.*, p. 189.

38   CHERVEL, André. *Op. cit.* "História das disciplinas escolares: reflexões sobre um campo de pesquisa." *Teoria & Educação.* n° 2. Porto Alegre, 1990, p. 177-229.

39   Ver também: JULIA, Dominique. "A Cultura Escolar como Objeto Histórico." *Revista Brasileira de História da Educação.* Jan/jun, n.1.,2001, p. 9-43.

40   CHERVEL, André. *Op. cit.*, p. 182.

ESCRAVO, AFRICANO, NEGRO E AFRODESCENDENTE 83

viço de uma finalidade educativa".[41] É por intermédio de uma análise dessas disciplinas que incorporam não só as "práticas docentes da aula, mas também as grandes finalidades que presidiram sua constituição e o fenômeno de aculturação de massa que ela determina"[42] que a história das disciplinas escolares passam a desempenhar papel importante na história da educação e na história cultural.

A escola seria digna da atenção da História Cultural uma vez que a cultura produzida em seu interior, por intermédio da prática, modifica a cultura da sociedade global. O livro didático é incorporado nessa relevância, pois torna-se o componente primordial dessa "disciplina escolar", inclusive, são os manuais de conteúdos e a exposição do professor que diferenciam a escola de outras modalidades de ensino, como o meio familiar, por exemplo.[43]

Alerta-se que a transposição didática e a concepção de cultura escolar também são contempladas nas preocupações do Edital de Convocação do PNLEM 2007. Dessa maneira, a correção e adequação conceituais das informações básicas devem ser apresentadas:

> Respeitando as conquistas e o modo próprio de construção do conhecimento de cada uma das ciências de referência, assim como as demandas próprias da escola, a obra didática deve mostrar-se atualizada em suas informações básicas, e, *respeitadas as condições da transposição didática*, em conformidade conceitual com essas mesmas ciências. [...] A adequação da obra didática aos objetivos do Ensino Médio supõe um complexo mecanismo de articulação entre, de um lado, os saberes socialmente construídos no processo do conhecimento científico e, de outro, os conteúdos e objetivos do ensino e da aprendizagem escolar. Os conhecimentos advindos da pesquisa dos especialistas não se opõem aos conteúdos que fazem parte do currículo escolar. Este, por sua vez, é uma parcela significativa do *saber escolar, que é construído no e para o espaço da escola*. A experiência e as representações de mundo e de história que são elaboradas pelos alunos e professores dão as possibilidades de uma re-elaboração contínua e criativa do conhecimento que é produzido pelos historiadores.[44]

---

41 CHERVEL, André. *Op. cit.*, p. 188.
42 CHERVEL, André. *Op. cit.*, p. 184.
43 CHERVEL, André. *Op. cit.*, p. 202.
44 Edital de Convocação para Inscrição de obras a serem incluídas no Ca-

84 MÍRIAN CRISTINA DE MOURA GARRIDO

Portanto, com as considerações traçadas até o momento, deseja-se que o leitor compreenda que as "comparações" ou arranjos efetivados ao longo desse capítulo, que confronta textos didáticos e textos científicos, de maneira alguma pressupõem a substituição simples de um por outro. Os livros didáticos devem acompanhar a evolução de suas ciências de referência, mas ao mesmo tempo devem obedecer a lógica inerente à *cultura escolar*, que se constitui nas práticas educacionais. O confronto entre esses saberes – acadêmico e escolar – objetivam identificar as leituras possíveis do processo de pós-abolição dentro do proposto pela análise do conteúdo, mas a definição da leitura e da transposição não competem ao pesquisador.

Deve-se ainda salientar que as referências bibliográficas utilizadas para o confronto com os textos didáticos estão fortemente ligadas à História Social, principalmente no que tange ao conceito de experiência de Edward Thompson. Para o autor "A classe acontece quando alguns homens, como resultado de experiências comuns (herdadas ou partilhadas), sentem e articulam a identidade de seus interesses entre si, e contra outros homens cujos interesses diferem (e geralmente se opõem) dos seus".[45]

No caso dos atores-históricos aqui estudados, assim como determina Thompson, suas experiências foram definidas "pelas relações de produção em que os homens nasceram – ou entraram involuntariamente".[46] O que não subentende uma consciência de classe, pois essa estaria em "termos culturais: encarnadas em tradições, sistemas de valores, idéias e formas institucionais".[47] Ressalte-se que a classe para Thompson se dá como algo que ocorre efetivamente nas relações humanas, podendo se formar a partir da experiência ou da consciência.

O capítulo que aborda o pós-abolição nos livros didáticos

Os dois livros didáticos selecionados, do autor Gilberto Cotrim, possuem argumentações semelhantes nos capítulos que abordam o pós-abolição. A diferença está na opção de apresentar todo

tálogo do PNLEM 2007, *Op. cit.*, p. 35-62 – grifos da pesquisadora.
45 THOMPSON, Edward. *Formação da classe operária*: a árvore da liberdade. 3.ed. vol.3. Rio de Janeiro: Paz & Terra, 1987, p. 10.
46 THOMPSON, Edward. *Op. cit.*, p. 10.
47 THOMPSON, Edward. *Op. cit.*, p. 10.

ESCRAVO, AFRICANO, NEGRO E AFRODESCENDENTE   85

o Segundo Reinado na década de 1990[48] e em livro didático mais recente apenas a Crise do Império.[49] No livro didático aprovado no PNLEM 2008, apesar de iniciar o capítulo argumentando sobre as conquistas dos negros na Constituição de 1988 – criminalização do racismo e legalização de quilombos – e de antever que pretende expor o "encerramento do regime monárquico" como fruto da "abolição, aliada a outros motivos de ordem interna e externa",[50] não inova em seu conteúdo.

O capítulo inicia expondo as pressões inglesas para pôr fim à escravidão, consequência de seu desenvolvimento industrial, e a seguir, discorre sobre os conflitos brasileiros na região platina. Após a apresentação desses "fatores externos" referentes à crise do Império, Cotrim aborda as "lutas pelo fim da escravidão", iniciando com citação de Hebert Klein e João José Reis, para abordar o auge do tráfico de escravos no XIX, os múltiplos setores sociais e econômicos que os escravos viviam, o escravo como posse não apenas de ricos fazendeiros, e as diversas formas de resistir à pressão a que era submetido.

De fato, o século XIX viu crescer o número de insurreições e estratégias dos negros para pôr fim às angústias da escravidão. Walter Fraga Filho, por exemplo, fala do medo que sentia a elite baiana do crescimento das revoltas que estavam sob a conivência do Imperador.[51] Cláudia Tessari reafirma a ação dos escravizados que se aproveitam desse contexto favorável e buscavam auxílio:

> no aparelho repressor e judiciário do Estado. Ao contrário daquilo que antes [do crescimento do abolicionismo] só acontecia em casos muito excepcionais, delegados de polícia, promotores e juízes procuravam agora cumprir a lei à risca e davam ganho de causa a escravos nos inquéritos e pleitos judiciais.[52]

---

48   COTRIM, Gilberto. *Op. cit.*, p. 328-344.

49   COTRIM, Gilberto. *Op. cit.*, 393-404

50   COTRIM, Gilberto. *Op. cit.* 2005, p. 393.

51   FRAGA FILHO, Walter. *Encruzilhadas da liberdade:* Histórias e trajetórias de escravos e libertos na Bahia, *1870-1910.* Doutorado em História, UNICAMP, 2004, p. 82. Sobre a relação simbólica e real dos ex-escravos o Império ver: CARVALHO, José Murilo de. *A Formação das Almas:* O Imaginário da República no Brasil. São Paulo: Companhia das Letras, 2001, p. 23-24.

52   TESSARI, Claudia Alessandra. *Tudinhas, Rosinhas e Chiquinhos.* O processo de emancipação dos escravos e os libertos no mercado de tra-

86 MÍRIAN CRISTINA DE MOURA GARRIDO

Em seguida, aparece algo que é marcante nos textos de Cotrim, as citações de autoridades, denominadas ou não, isto é, em alguns momentos nota-se que o autor busca eximir-se da responsabilidade de certas afirmativas, preferindo escrever desta forma: "Para alguns historiadores, a conjuntura internacional (destacando as pressões do governo inglês) também favoreceu a luta pela liberdade dos escravos no Brasil".[53]

Assim, monta-se o cenário. A campanha abolicionista, as pressões inglesas, as leis de 1871 (ou Ventre Livre) e 1885 (ou Sexagenário, como ficou conhecida) encontram fim no 13 de maio de 1888, reservando aos libertos três parágrafos para realizar as considerações sobre o que ocorreu após a emancipação. O capítulo é finalizado com a explicação para o fim do Segundo Reinado, resultado da perda do apoio dos fazendeiros, Igreja e Exército.

Mas há que se apontar a tentativa de enfatizar o negro em sua emancipação. Assim, o autor no parágrafo que precede o foco de análise questiona "quem fez a abolição?" (subtítulo), respondendo ter sido: obra de intelectuais, exigência do capitalismo industrial e dos próprios negros, pois, "Na prática do dia-a-dia ninguém lutou ou resistiu mais à escravidão do que os próprios negros".[54] O exposto por Cotrim de fato vem ao encontro de pesquisas recentes, como a de George Andrews, o qual afirma que os escravos souberam se aproveitar do contexto favorável propiciado pelo aumento do abolicionismo na sociedade, inclusive entre as camadas populares, utilizando dos meios judiciais, por exemplo, para alterar sua situação:

> [...] Na busca de novas formas de resistência menos arriscadas que aquela da rebelião aberta, os escravos começaram a perceber – e a tirar vantagem de – as oportunidades criadas pela expandida presença do Estado na regulamentação da escravidão, e pela atitude ambivalente da monarquia em relação à instituição [...] escravos nascidos no Brasil e africanos mais aculturados – tinham consciência de que a escravidão atravessava uma crise e vinha sendo seriamente questionada por um corpo crescente da opinião pública.[55]

---

balho. Piracicaba:*1870-1920*. Mestrado em História Econômica; UNICAMP, 2000, p. 47.

53   COTRIM, Gilberto. *Op. cit.*, 2005, p. 399.
54   COTRIM, Gilberto. *Op. cit.*, 1997, p. 341.
55   ANDREWS, George Reid. *Negros e brancos em São Paulo (1888-1988)*.

ESCRAVO, AFRICANO, NEGRO E AFRODESCENDENTE   87

Nesse ambiente, onde já se podia perceber que a instituição da escravidão estava com dias contados, os negros escravizados souberam achar diversos meios para obter a tão sonhada liberdade. Sidney Chalhoub, por exemplo, explora o crescente uso de brigas de herança como meio de burlar o cativeiro. Ao longo do século XIX, amplia-se a concessão da liberdade em testamentos, em troca de bons cuidados na velhice. Assim, a consumação da morte garante a liberdade, mesmo que contestada pelos herdeiros, pois havia ainda a possibilidade de recorrer à justiça. O autor ainda afirma que existia a possibilidade de movimentação nos espaços abertos por brigas entre herdeiros.[56]

Walter Fraga Filho, por sua vez, afirma que muitos escravos do Recôncavo Baiano souberam se aproveitar de brigas existentes entre senhores, recorrendo a um desafeto de seu senhor como testemunha de excessos. Além desses meios de enfrentamento direto, o Recôncavo ainda presenciou a necessidade dos antigos senhores em garantir a manutenção de sua mão-de-obra "concedendo" aos seus escravos inúmeras regalias, dentro do mundo escravista, tais como remuneração ao trabalho extra, cultivo de roçado próprio, trabalho na cidade para ganho próprio, ou mesmo melhores condições de sobrevivência como comida, roupa e dinheiro.[57]

Além disso, a eminente abolição da escravatura viu surgir ainda o chamado "fenômeno dos fazendeiros abolicionistas", como cunhou Robert Conrad, isto é, notando a progressiva conjuntura que encaminharia à emancipação, unido ao aumento das fugas, inúmeros senhores tentaram conservar seus escravos no trabalho ao conceder a emancipação e estabelecer salários e condições fixas.[58]

Retifica-se que as resistências dos negros escravizados foram inúmeras e ocorreram ao longo de todo o sistema escravista. Talvez a mais conhecida forma de resistência tenham sido os quilombos, amplamente estudados por Clóvis Moura.[59] Outros meios,

---

São Paulo: EDUSC, 1998, p. 62-70.

56   CHALHOUB, Sidney. *Visões da liberdade*. São Paulo: Companhia das Letras, 1990, p. 110-112.

57   FRAGA FILHO, Walter. *Op. cit.*, p. 29-30.

58   CONRAD, Robert. *Apud.* SCHWARCZ, Lilia Moritz. *Retrato em preto e negro*: jornais, escravos e cidadãos em São Paulo no final do século XIX. São Paulo: Companhia das Letras, 1987, p. 69.

59   MOURA, Clóvis. *Quilombos*: Resistência e escravismo. São Paulo: Áti-

88 MÍRIAN CRISTINA DE MOURA GARRIDO

porém, também existiram, tais como: assassinatos, suicídio, infanticídio, sabotagem.

Mario Schmidt possui a mesma estrutura e argumentação nas duas obras didáticas selecionadas[60]. O autor apresenta o pós-abolição em capítulo separado para os temas que acredita serem correlatos. Apesar de essa afirmação parecer um ganho, o capítulo que supostamente era dedicado a tratar sobre a abolição incorpora assuntos de diversas ordens, referentes às formas existentes de mão-de-obra no período. Desta forma, o capítulo traz considerações sobre escravidão e rebelião; imigração; colonato e parceira; comparação entre o capitalismo e o escravismo; além de possuir críticas à visão mítica da Princesa Isabel, a Redentora. O autor ainda faz referência às pressões inglesas para o fim da escravidão no Brasil e ironiza: "Os historiadores atuais ainda não chegaram a uma conclusão definitiva. Enquanto eles discutem, entre livros, documentos empoeirados, programas de computador, cafezinhos e xingamentos, vamos examinar as causas mais prováveis".[61]

Para Schmidt, as explicações que priorizam o viés econômico, como as pressões inglesas, foram motivadas pelo desejo em quebrar a economia açucareira que fazia concorrência com suas colônias das Antilhas; pela manutenção da mão-de-obra dentro da África; e pelo assalariamento dos ex-escravos brasileiros.

As argumentações que antecedem o pós-abolição referem-se às Leis de 1871 e de 1885 (Ventre Livre e Sexagenários, como ficaram conhecidas), afirmando que suas instituições resultam do desejo de tornar a abolição algo gradual, permitindo que os proprietários pudessem se adaptar. Afirma, ainda, o crescimento do abolicionismo e as pressões da opinião pública, embora não fique claro se a referência é relacionada à população mais pobre.

Como explicitado em Célia Azevedo, os anos que antecederam a Lei Áurea (1888) demonstravam a preocupação da elite que, desde o fim do tráfico de escravos, procurava uma solução para o "problema negro". Para tal grupo, haveria a possibilidade de futuramente congregar os negros à Nação, desde que houvesse meios para

---

ca, 1989.

60 SCHMIDT, Mario Furley. *Op. cit.*, 1997; SCHMIDT, Mario Furley. *Op. cit.*, 2005.

61 SCHMIDT, Mario Furley. *Op. cit.*, 2005, p. 439.

ESCRAVO, AFRICANO, NEGRO E AFRODESCENDENTE 89

incorporá-los à lógica da sociedade, isto é, ensinando a eles a educação para o trabalho e a educação moral. Esses dois instrumentos deveriam moldar o caráter debilitado da população negra, tornando viável sua incorporação, desde que devidamente *controlados*: "tratava-se de tornar ocupados os *desocupados* ou manter ocupados aqueles que se fossem alforriando, de modo a se instituir um controle estrito e cotidiano do Estado sobre suas vidas".[62] Azevedo confirma também o caráter procrastinador das leis abolicionistas, que possibilitaram que as elites agrárias tivessem tempo para procurar alternativas para uma futura ausência de mão-de-obra escrava. Desse modo, até mesmo o movimento abolicionista tinha suas limitações, uma vez que mesmo eles acreditavam nas relações raciais harmoniosas existentes no Brasil.

Ainda no livro da década de 1990 de Schmidt, nos dois parágrafos que antecedem a questão do período pós-abolição, afirma-se que as leis mencionadas foram insuficientes enquanto medidas, pois as revoltas dos negros aumentavam, bem como o medo de uma libertação que exigisse distribuição de riqueza. Nesse sentido, a Lei Áurea era um reflexo do contexto e uma forma de aumentar a popularidade da monarquia. O livro aprovado pelo PNLEM 2008 possui texto muito semelhante ao exposto até o momento, mas na obra mais recente o autor finaliza o texto afirmando o forte medo de uma rebelião social dos escravos como a que aconteceu no Haiti, onde os senhores foram mortos. A expressão "o velho fantasma do Haiti" é recorrente nessa obra, o que revela a adesão a outras formas de explicação da abolição também por causas sociais.

Por fim, a análise do capítulo apresentado por Schmidt leva a crer na existência de um grave problema entre os temas apresentados no capítulo. O subtítulo Capitalismo e Escravismo propõe ao leitor uma reflexão sobre qual a forma mais barata de exploração. Após considerações para ambas as formas de exploração do trabalho, Schmidt conduz o leitor a acreditar que a exploração do trabalhador assalariado é a pior, uma vez que o patrão está isento de outras responsabilidades além de um salário miserável.

---

62   AZEVEDO, Célia Maria Marinho de. *Onda negra, medo branco*: O negro no imaginário das elites do século XIX. Rio de Janeiro: Paz & Terra, 1987, p. 47-48, grifos da autora.

De fato, a exploração do trabalho assalariado que não possuía nenhuma regulação, constituiu-se em um das formas mais violentas da mais valia. Porém, apesar da continuidade da exploração econômica, a comparação entre as formas de relações é inviável, materializando-se em um grave anacronismo. Nada substitui a liberdade individual, o *status* de homem livre *versus* propriedade. Contudo, o autor avança ao abordar a Lei de Terras de 1850, pois permite aos alunos problematizar o limite do acesso à terra.

No que se refere à estrutura do capítulo que aborda o pós-abolição, Antonio Pedro faz o caminho inverso do efetivado por Gilberto Cotrim. Assim, se em 1997[63] destinava um capítulo para as considerações sobre o fim do Império, no livro didático aprovado no PNLEM 2008,[64] o autor optou por apresentar todo o conteúdo referente ao Segundo Reinado integrado em um capítulo. Entretanto, a diferença entre os livros é apenas a opção pela organização, pois a redação do texto permanece quase intocada, mantendo-se inclusive o nome de subtítulos, mesma situação de Mario Schmidt.

O conteúdo do capítulo começa com a sequência cronológica dos fatos que deram início ao Segundo Reinado e, dessa forma, recupera informações, já apresentadas no livro, referentes aos regentes brasileiros, seguido por considerações sobre a política no período, incluindo aqui uma crítica à violência no campo político. O próximo tema abordado circunscreve a economia do período, incluindo as pressões inglesas para o fim da escravidão, Tarifa Alves Branco, e as "experiências empresariais" de Mauá. Os conflitos brasileiros também são expostos e se observa uma forte preocupação com a narrativa da Guerra do Paraguai, incluindo exposição das principais batalhas travadas na guerra. Pode-se especular que este conteúdo é um indicador da postura conservadora de Antonio Pedro, pois rememora uma História dos grandes homens e grandes feitos, embora a Resenha de Antonio Pedro no Catálogo 2008 (item Metodologia da História) afirme o rompimento da obra com essa postura.

O que se segue são argumentações referentes à modernização do Brasil – leia-se industrialização, urbanização e trabalhador livre – e às contradições do país – neste caso o atraso é identificado pela sua mão-de-obra, como reforça o trecho abaixo:

---

63   PEDRO, Antonio. *Op. cit.*, 1997.

64   PEDRO, Antonio; LIMA, Lizânias de Souza e; CARVALHO, Yone de. *História do mundo ocidental*. São Paulo: FTD, 2005.

ESCRAVO, AFRICANO, NEGRO E AFRODESCENDENTE 91

> [...] a cafeicultura não podia mais contar com o trabalho escravo, pois o aumento da procura do produto exigia formas mais modernas de produção. [...] O trabalhador livre era a única solução viável. Não se poderiam reutilizar os homens livres que viviam no sertão, pois estes se dedicavam a uma economia de subsistência e não se adaptariam a novas formas de vida. A imigração seria a melhor alternativa [...].[65]

Aqui se reedita a tese da anomia apresentada nas análises de Florestan Fernandes, segundo as quais o caráter do liberto e descendentes teria sido marcado pela negação e despreparo à liberdade. Contudo, Andrews demonstrou em pesquisa que os imigrantes que para aqui se dirigiram também não tinham senão a experiência do campo.[66] Por fim, Pedro apresenta as considerações sobre a Abolição perpassando pela campanha abolicionista; pela simpatia do exército pela causa negra; pelas leis abolicionistas; pelas questões religiosas, finalizando com texto sobre a "cultura" no Brasil Império, identificada no Romantismo, partindo, portanto, da concepção de cultura letrada.

Em Pedro, repete-se o mesmo discurso existente em outros livros didáticos sobre o "significado da abolição":

> A abolição dos escravos negros foi pensada e promovida principalmente pelos brancos mais ilustrados, que viam nela uma forma de libertarem o peso que a escravidão representava para algumas atividades econômicas mais dinâmicas. Alguns negros ou mulatos, participantes do movimento abolicionista, também estavam envolvidos de uma forma ou de outra com os interesses do mundo do homem branco modernizado.[67]

Pedro não só retira os negros da posição de agentes de seu próprio destino como desconsidera a possibilidade de uma ação que seja coordenada pelos indivíduos mais pobres da sociedade. O uso da palavra "negros" para definir melhor a caracterização de escravos não foi impensada, pois, em conjunto com a palavra "brancos", como característica dos provedores do abolicionismo, vem reforçar a inca-

---

65   PEDRO, Antonio; LIMA, Lizânias de Souza e; CARVALHO, Yone de. *Op. cit.*, p. 339.

66   ANDREWS, George Reid. *Op. cit.*, p. 123.

67   PEDRO, Antonio. *Op. cit.* 1997, p. 253.

92   MÍRIAN CRISTINA DE MOURA GARRIDO

pacidade do escravo em alterar sua condição. Observa-se também que aqueles poucos "negros ou mulatos" que conseguiram ascender socialmente não são capazes de pensar na abolição enquanto preocupação social ou consciência humanitária, mas como base no interesse de outro grupo, o qual eles apenas almejam, o mundo branco e moderno, subentendendo esse mundo como o verdadeiramente civilizado. Aponta-se que a mesma explicação ainda se faz presente no livro aprovado pelo PNLD-EM 2008 de Antonio Pedro, página 343, subtítulo "O significado da abolição".

Seja em obras de 1997 seja de 2005, a Abolição da escravidão foi realizada por homens brancos, preocupados com a dinamização da economia do país. Essa visão é prevista no texto de Silvia Lara, que entende que a vitória das propostas abolicionistas-imigrantistas, no final do século XIX, acabou por criar uma imagem de "procuradores dos oprimidos", na qual o negro é excluído da luta por sua própria liberdade. Os traços dessa visão se tornaram ainda mais rígidos, de acordo com Lara, nas décadas de 60 e 70 do século passado, "na medida em que os debates se caracterizavam mais pelas discussões teóricas e conceituais do que propriamente históricas".[68]

Sidney Chalhoub também mostra a gênese da visão que vê a Abolição como dádiva dos brancos. Para ele, essa interpretação estava presente no discurso de um dos mais conhecidos abolicionistas de nossa História, Joaquim Nabuco. Para o abolicionista, deveria haver cuidado no processo de emancipação, pois os escravos eram bárbaros, selvagens, animais, possuídos por paixões sem limite, ou seja, os negros não deveriam nem poderiam se encarregar de sua emancipação, que deveria se materializar no campo parlamentar e jurídico.[69] Assim, para Nabuco, não era nas "fazendas ou quilombos do interior, nem nas ruas e praças das cidades, que se há de ganhar ou perder, a causa da liberdade".[70] Em veemente oposição ao que acreditava Nabuco, Chalhoub afirma:

> Mas acontece que a ótica da Nabuco [e de Antonio Pedro] é uma ilusão. Tanto o estudo das situações de compra e venda no primeiro capítulo quanto, agora, a análise dos

---

68   LARA, Silvia Humboldt. "Escravidão, cidadania e história do trabalho social no Brasil." *Projeto História*, São Paulo, n°16, fev/1998.p. 28.

69   Ver também: SCHWARCZ, Lilia Moritz. *Op. cit.* 1987, p. 37.

70   *Apud.* CHALHOUB, Sidney. *Op. cit.*, p. 173.

ESCRAVO, AFRICANO, NEGRO E AFRODESCENDENTE

processos cíveis mostram *que a liberdade era uma causa dos negros, uma luta que tinha significados especificamente populares* – no sentido que esses significados eram elaborações culturais próprias, forjadas na experiência do cativeiro. E tampouco se trata aqui de dar uma outra versão à luta imaginária de Zumbi contra Princesa, algo que esteve tão em voga no ano da graça de 1988; e isso mesmo que, por força de ênfase, meu argumento possa tender mais para Zumbi. O problema é que não estou a procura de heróis. Este capítulo mostrou, entre outras coisas, que o direito foi uma arena decisiva na luta pelo fim da escravidão, e não se justifica o desdém ou o mecanicismo que a historiografia habitualmente dispensa a esse tema. Nesse sentido, a atuação de pessoas como Perdigão Malheiro e Nabuco, assim como de um sem-número de curadores e juízes de vara simpáticos à causa da liberdade fez enorme diferença. Mas, por outro lado, e mesmo nesse jargão legal cujo ideal é anular a voz do escravo e falar por ele, vimos que *os negros conseguiram impor pelo menos em parte certos direitos adquiridos e consagrados pelo costume, assim como conseguiram mostrar o que entendiam como cativeiro justo ou pelo menos tolerável.*[71]

Gilberto Cotrim, pós-abolição

Abaixo se encontra o exposto por Cotrim em relação ao que aconteceu com os negros após a Lei Áurea:

[livro de 1997] Situação dos negros libertados [subtítulo]

Os negros tornaram-se realmente livres depois de 1888?

Depois de mais de três séculos de escravidão, não tinham recursos financeiros para trabalhar por conta própria, não tinham educação para buscar uma boa posição na sociedade, nem contavam com qualquer ajuda do governo.

Diante de tantos obstáculos, a maioria dos negros continuou desempenhando os mesmos papéis subalternos. Os antigos proprietários de escravos os tratavam da mesma maneira cruel e desumana. Grande parte da socieda-

---

71   CHALHOUB, Sidney. *Op. cit.*, p. 173 – grifos da pesquisadora.

94 MÍRIAN CRISTINA DE MOURA GARRIDO

de dos brancos tinha com eles atitudes de desdém, fruto de arraigado preconceito racial.[72]

[livro de 2005] A população negra depois da abolição [subtítulo]

Apesar da luta pela abolição, a situação social dos negros após sua conquista continuou extremamente difícil. Poucos tinham dinheiro para trabalhar por conta própria ou condições de obter um emprego melhor; tampouco recebiam ajuda do governo. Muitos continuaram nas mesmas fazendas em que trabalharam como escravos, e não eram tratados como cidadãos livres. [...][73]

Nota-se que os textos de Cotrim são compostos pelas mesmas informações com redações diferentes apenas. Portanto, observe a seguir um novo rearranjo (sentença = equivalente = sentença), baseado no texto anterior:

1) Os negros tornaram-se realmente livres depois de 1888? (1997) = Apesar da luta pela abolição, a situação social dos negros após sua conquista continuou extremamente difícil. (2005).

2) Depois de mais de três séculos de escravidão, não tinham recursos financeiros para trabalhar por conta própria, não tinham educação para buscar uma boa posição na sociedade, nem contavam com qualquer ajuda do governo. (1997) = Poucos tinham dinheiro para trabalhar por conta própria ou condições de obter um emprego melhor; tampouco recebiam ajuda do governo. (2005).

3) Diante de tantos obstáculos, a maioria dos negros continuou desempenhando os mesmos papéis subalternos. Os antigos proprietários de escravos os tratavam da mesma maneira cruel e desumana. (1997) = Muitos continuaram nas mesmas fazendas em que trabalharam como escravos, e não eram tratados como cidadãos livres. (2005).

Observa-se que o confronto de duas obras do mesmo autor permitiu emergir meios diferentes para apresentar informações semelhantes. A leitura dos textos acima apenas evidencia que, na obra aprovado pelo PNLEM 2008, o autor optou por uma redação mais branda do texto. Pode-se admitir que a intenção de Cotrim é a de criar uma linguagem mais ágil e próxima dos estudantes e, por que

---

72   COTRIM, Gilberto. *Op. cit.*, 1997, p. 342.
73   COTRIM, Gilberto. *Op. cit.*, 2005, p. 401.

ESCRAVO, AFRICANO, NEGRO E AFRODESCENDENTE   95

não, agradar os avaliadores e professores que farão a escolha dos livros. Entretanto, em termos práticos, a corda penderia mais para o lado dos avaliadores, pois o professorado tem se mantido fiel a Gilberto Cotrim. Presente no mercado editorial desde a década de 1980, ele obteve a marca de segundo livro didático mais comprado pelo PNLEM 2008 (556.503 livros), ficando atrás do primeiro mais vendido por uma diferença de 119.466 livros, um número razoavelmente pequeno. Afinal, a compra de livros se dá na proporção de milhares de exemplares.[74]

A partir dessa reordenação, deve-se encaminhar para o confronto com outras referências bibliográficas. É válido lembrar que o "rearranjo" apenas põe em evidência a não alteração das informações apresentadas por Gilberto Cotrim, mesmo após quase uma década, na qual as mudanças no campo historiográfico foram intensas. Acredita-se ainda que o autor tenha conhecimento dessas alterações e o recurso da citação de autoridade é uma maneira de garantir que estará isento de críticas, pois, afinal, as informações apresentadas estão referenciadas em historiadores acadêmicos consagrados, como é o caso de João José Reis, mencionado na obra mais recente.

O primeiro ponto levantado põe em pauta a efetivação ou não da liberdade dos ex-escravos. Essa discussão entra no campo do que seria ser livre numa sociedade do início do século XX, recém egressa de 300 anos de escravidão. Para a elite brasileira do período, ser livre provavelmente remonta às possibilidades que o dinheiro pode comprar, desde casas luxuosas ao direito irrestrito ao voto e participação na vida política do país, ou até mesmo o acesso aos melhores empregos. Para esses egressos da escravidão, a visão de liberdade provavelmente era outra:

> A liberdade pode ter representado para os escravos, em primeiro lugar, a esperança da autonomia de movimento e de maior segurança na constituição das relações afetivas. Não a liberdade de ir e vir de acordo com a oferta de empregos e o valor de salários, porém a possibilidade de escolher a quem servir ou de escolher a quem não servir.

---

74 Informação obtida junto ao COPED/FNDE (Coordenação de Produção e Distribuição – Fundo Nacional de Desenvolvimento da Educação). Vale ainda apontar que o terceiro lugar soma apenas 119.220 livros comprados pelo PNLEM, das autoras Gislane Campos Azevedo Seriacopi e Reinaldo Seriacopi.

[...] havia modos radicalmente distintos de conceber a vida em liberdade. Para os negros, não podia significar a necessidade de existir só para produzir dentro de determinadas condições [...][75]

Essas visões tão diferentes da condição de ser livre, ou o que se espera do que seja feito com a liberdade, resultou em grande dificuldade de diálogo entre as partes (elite e os chamados trabalhadores pobres nacionais). Algumas dessas dificuldades serão retomadas quando o trabalho abordar as considerações de Antonio Pedro para o mundo do pós-treze de maio. Além disso, vale retomar o conceito de experiência proposto por Edward Thompson, o qual permite compreender a formação de um grupo a partir do vivido, logo, colocando em lados opostos os ex-senhores e os ex-escravos, no que se refere às perspectivas de liberdade.

Silvia Lara, em argumentação semelhante à de Chalhoub, afirma que:

> Às vezes, ser livre significou poder viver longe da tutela e do teto senhorial ou poder ir e vir sem controle ou restrições; outras vezes, significou poder reconstituir laços familiares e mantê-los sem o perigo de ver um membro da família ser comercializado pelo senhor. Muitas vezes, a liberdade significou a possibilidade de não servir a mais ninguém, e, aqui, a palavra liberdade adquire dimensões econômicas, conectando-se á luta pelo acesso à terra[...][76]

No caso dos negros da região do Recôncavo baiano, ser livre está intimamente relacionado com a tentativa de impedir a continuidade da interferência senhorial em suas vidas, ao mesmo tempo em que se empenhavam em assegurar e ampliar antigos direitos adquiridos no tempo da escravidão, entre os quais, segundo Walter Filho, o acesso às roças de subsistência, que significam, naquele contexto, o meio de viver sobre si, sem a interferência de outrem.[77] Nota-se que o renomado autor de livro didático, Gilberto Cotrim, deixou passar despercebida a discrepância do que é ser livre para indivíduos tão diferentes, balizando a liberdade à condição social precária que ainda

---

75   CHALHOUB, Sidney. *Op. cit.*, p. 80.
76   LARA, Silvia Humboldt. *Op. cit.*, p. 28.
77   FRAGA FILHO, Walter. *Op. cit.*, p. 155.

ESCRAVO, AFRICANO, NEGRO E AFRODESCENDENTE 97

era reservada aos ex-escravos.

O segundo ponto observado põe em pauta as dificuldades vivenciadas pelos ex-escravos, que não tiveram garantidos meios para melhorar sua existência. De fato, concorda-se com o autor que o governo não viabilizou a integração desses indivíduos e, nesse sentido, para dar materialidade a seu discurso, Cotrim poderia ainda abordar a Lei de Terras de 1850 e os requisitos para a incorporação do indivíduo na vida política, que exigia uma renda mínima. Não se pode, entretanto, concordar com a opinião do autor sobre a inviabilidade de trabalhar por conta própria. É um discurso remanescente às discussões do contexto da escravidão. O que seria "trabalhar por conta própria" no momento da Lei Áurea? Seria ter um estabelecimento comercial ou industrial na cidade de São Paulo, ou encontrar meios de trabalhar sem um patrão, como um prestador de serviços, ocupação predominante entre os ex-escravos? Havia uma pluralidade de significados.

José Carlos Ferreira Santos,[78] por exemplo, apresenta o contexto da capital paulista nos anos de 1880 a 1915, demonstrando que, apesar da idéia consagrada de que a capital tornou-se reduto de imigrantes italianos e que esses constituíram a totalidade das experiências desse local, existia grande número de ex-escravos atuando no mesmo espaço, sendo que as funções executadas por esse grupo eram de extrema importância para o funcionamento das atividades paulistas.

Para evidenciar essa multiplicidade, Santos faz um interessante uso da iconografia, analisando as fotos oficiais tiradas no período, imagens essas que tinham como objetivo tornar a urbanização da cidade de São Paulo algo a ser rememorado na posteridade. Entretanto, como aponta o pesquisador, um olhar mais arguto sobre os diferentes planos das fotos permite notar a existência de indivíduos não esperados em tal cenário. É o caso dos trabalhadores negros urbanos atuando como carroceiros, lavadeiras, vendedores, entre outros.

O autor conclui que, apesar de indesejados pelo discurso oficial, no qual São Paulo era na verdade uma continuação da Itália em solo americano, esses trabalhadores foram fundamentais para a modernização, pois ocupavam funções essenciais naquele contexto, tal qual os trabalhadores estrangeiros, e conclui:

---

78   SANTOS, José Carlos Ferreira. *Nem tudo era Italiano*: São Paulo e pobreza *(1880-1915)*. São Paulo: AnnaBlume, 1998.

98 MÍRIAN CRISTINA DE MOURA GARRIDO

> Foi possível perceber que esses sujeitos [trabalhadores negros] experimentam dia a dia, em suas variadas maneiras de viver, diferentes situações e relações, tratando-as em sua consciência e cultura de diversas formas, mas sempre interagindo com a cidade de São Paulo e seus diferenciados grupos sociais. Influenciaram assim esse período importante da formação da atual fisionomia urbana e cultural de São Paulo, sendo mesmo importantes para o próprio funcionamento da modernidade da Paulicéia.[79]

A autonomia também era uma questão importante que demonstra as peculiaridades da escravidão urbana. Para afirmar a existência de escravos vivendo por conta própria na Corte, antes de 1888, Chalhoub cita Perdigão Malheiro, confirmando as possibilidades e arranjos conquistados e criados pelos escravos e posteriormente incorporados ou mantidos pelos ex-escravos:

> Ainda mais [...] A dificuldade em distinguir prontamente os negros escravos de livres tem a ver ainda com o modo de vida dos escravos urbanos: muitos vivem "sobre si", ou seja, moram longe do senhor e são responsáveis pelo próprio sustento; é comum que se apresentem ao senhor apenas para pagar o jornal combinado, ficando, portanto, 'quase que isentos da sujeição dominicial, quase livres'.[80]

O autor ainda argumenta que na Corte, por ser um meio urbano, permitir que seus escravos "de ganho" morassem em cortiços ou em casas de cômodos era uma forma de dar mobilidade a esse indivíduo, cabendo apenas a obrigação do pagamento do jornal combinado (parte do valor conseguido em seu trabalho). Essa liberdade parcial, entretanto, permitiu que muitos escravos passassem a ditar seu próprio modo de vida, tentando muitas vezes infiltrar-se entre os libertos. O que está em pauta é a percepção de viver sobre si, de liberdade, que não é a mesma da elite brasileira. Resumindo:

> Conseguir autorização para morar fora da casa do senhor, portanto, era algo que os escravos valorizavam – era um passo, pelo menos simbólico, no sentido da li-

---

79 SANTOS, José Carlos Ferreira. *Op. cit.*, *p. 178.*
80 CHALHOUB, Sidney. *Op. cit.*, p. 215.

ESCRAVO, AFRICANO, NEGRO E AFRODESCENDENTE 99

berdade [...] Sair da casa do senhor, ou do ex-senhor, era um desejo que talvez não tivesse muito a ver com a expectativa de melhores condições materiais de vida.[81]

Valorizava-se, portanto, o direito à escolha do que fazer para viver. Obviamente, já no ano de 1888, era visível que a interpretação do que deveria ser feito com a liberdade e, por conseguinte, como criar meios materiais para sobreviver e como ocupar o tempo fora do trabalho fossem pontos de divergência entre os ex-escravos e as forças policiais, amplamente referendadas na opinião da elite brasileira.

Para burlar essas forças contrárias, o uso de laços de solidariedade, como agremiações ou redes de amizade, poderia ser incluído entre as informações apresentadas pelos autores de livros didáticos, pois essas redes sinalizam a capacidade do próprio grupo em se organizar. Poder-se-ia, ainda, ampliar as discussões no que tange à organização dos Movimentos Negros, desde sua origem até as organizações atuais, possibilitando ao alunado associar o presente e o passado, algo tão em voga nas diretrizes para o ensino de História.

O terceiro e último ponto indicado no excerto de Cotrim permite, com uma leitura mais atenta, retirar diversos sentidos para as frases expostas:

A) Para o autor, muitos escravos permaneceram na mesma fazenda, logo, desempenhando os mesmo papéis subalternos. Tal visão inviabiliza que o leitor compreenda que, na verdade, mesmo durante o período escravista, os escravos souberam negociar melhores condições; além disso, impossibilita que o leitor compreenda que muitos permaneceram no mesmo local de cativo como forma de garantir que antigos privilégios fossem mantidos, como é o caso de poder trabalhar em roçado próprio dentro da fazenda.[82]

B) Na sequência, Cotrim afirma que os negros continuaram a ser tratados da mesma forma cruel e desumana que eram tratados anteriormente, ou seja, não eram tratados como cidadãos livres. É verdade que essa situação ocorreu, mas ela não foi igual para todos. Colocar essa condição como a condição geral reafirma, mesmo que nas entrelinhas, a noção de passividade e aceitação que deslegitima as buscas desse grupo em assumir seu próprio devir.

De fato, a permanência nas antigas fazendas, onde se passa-

---

81   CHALHOUB, Sidney. *Op. cit.*, p. 239.
82   FRAGA FILHO, Walter. *Op. cit.*, p 238-9.

ra o cativeiro, impunha aos ex-escravos a necessidade de acionarem estratégias que impedissem a continuidade dos antigos laços escravistas. A elite brasileira, como pode ser visto no estudo de Célia Azevedo,[83] teve grande dificuldade para compreender as ações colocadas em práticas por suas ex-propriedades e, de certa forma, para garantir que no campo do cotidiano a liberdade fosse considerada. Isso nem sempre foi uma tarefa fácil, mas não impossível como aparenta o discurso de Cotrim.

Ao mesmo tempo, permanecer na mesma propriedade onde se vivenciaram as experiências do cativeiro abria a possibilidade de se recorrer à proteção do antigo senhor. Essa relação, embora pareça uma contradição, é apenas aparente, porque:

> [...] a "proteção" era um campo de disputas e negociações entre ex-escravos e antigos senhores. O ex-escravo podia consentir tornar "protegido" do ex-senhor desde que isso implicasse em certas obrigações e respeito à condição de livres. Não ser submetido a castigos físicos ou a trabalhos excessivos e sem remuneração eram condições básicas das relações cotidianas de trabalho que emergiram no pós-abolição. Colocar-se na condição de "protegido" do ex-senhor poderoso podia ser uma estratégia para movimentar-se no mundo dos brancos. A relação de dependência com o ex-senhor foi o preço que muitos pagaram para continuar a ter acesso a um pedaço de terra para sobreviver e sustentar a família. Numa sociedade fundada em relações pessoais, a viabilização e ampliação da autonomia do indivíduo se faziam por meio de constantes alianças e negociações tanto a nível horizontal quanto vertical.[84]

Obviamente – e o próprio autor o aponta – nem todas as relações estabelecidas foram benéficas para ambos os lados. Existia em alguns casos a dificuldade do ex-senhor em compreender o novo *status* dos negros. Mesmo dentro do Recôncavo, onde a adoção dos trabalhadores nacionais negros foi feita em grande escala pós 1888, os casos de ex-escravos que denunciavam os abusos, não mais condizentes com sua situação de livre, eram significativos. Além disso, houve aqueles que, ao fixarem-se em um roçado, buscaram fazê-lo o

---

83 AZEVEDO, Célia Maria Marinho de. *Op. cit.*
84 FRAGA FILHO, Walter. *Op. cit.*, p 241.

ESCRAVO, AFRICANO, NEGRO E AFRODESCENDENTE   101

mais longe possível das Casas-grandes ou, até mesmo, em Engenhos abandonados por senhores desgostosos com a "situação lastimável" do país, buscando ficar fora do raio de atuação das elites rurais. A especialização do trabalhador, assim como nos grandes centros urbanos, foi também um meio facilitador para o trabalhador do Recôncavo, pois propiciava a ele um diferencial na hora de requerer determinados privilégios. [85]

George Andrews afirma que muitos fazendeiros reconheceram que a abolição havia alterado bastante as condições sobre as quais o trabalho seria realizado em suas fazendas. Neste momento, impunha--se a necessidade de negociar melhores condições com os ex-escravos. Entre essas condições, é interessante observar que os salários parecem ter sido aspectos de segunda ordem, já que se buscava, antes de tudo, estabelecer nesse "novo contrato" que as novas condições distanciaram-se ao máximo da antiga posição dos escravos. [86]

Tessari é mais enfática sobre a difícil situação dos negros pós-abolição:

> Se as bases assentadas para se organizar o trabalho antes do dia 13 de maio se davam sobre a estratégia da coerção física, depois desta data a mesma se "fortificou" passando a ser exercida não só a coerção física como também moral. O que fica evidenciado é que os donos do capital não estavam preparados ou não queriam oferecer melhores condições de salário, de trabalho ou de vida à mão-de-obra como meio de atraí-la ao trabalho. O que faziam era tentar coagi-la para mantê-la trabalhando. [87]

Possivelmente, a opção teórica da autora (presente em uma tese de História econômica), nitidamente marcada por uma análise marxista mais ortodoxa da História, inviabilizou que Claudia Tessari buscasse informações sobre a contrapartida dos negros em relação a essa coerção, mesmo erro cometido pelo autor de livros didáticos Gilberto Cotrim. Acredita-se neste trabalho que, como antes de 1888 e pós-emancipação, a vida do negro não foi um campo isento de dificuldades, mas também não deixou de contar com a criatividade dessa população para achar brechas nas quais pudesse se amparar

---

85   FRAGA FILHO, Walter. *Op. cit.*, p 245-250.
86   ANDREWS, George Reid. *Op. cit.*, p. 87.
87   TESSARI, Claudia Alessandra. *Op. cit.*, p. 66.

102 MÍRIAN CRISTINA DE MOURA GARRIDO

para amenizar seus problemas.

O mito da passividade do negro, notável no discurso de Gilberto Cotrim, está amplamente arraigado em nossa sociedade, mas extremamente combatido na historiografia que apresenta os negros como indivíduo capaz de ações autônomas. Podia-se nesse momento apresentar inúmeros exemplos de como a passividade não foi a única conduta dos negros escravizados, que esses souberam em muitos casos agir e intervir em seu destino, recusando-se, por exemplo, a permanecer no cativeiro quando acreditavam não ser mais justa a sua permanência.[88] Chalhoub, ao caracterizar a Corte entre as décadas de 1830 e 1870, desmobiliza a visão de que o cotidiano daquele lugar era encenado por indivíduos sem perspectiva de autonomia e liberdade, ou seja, passivos diante de sua realidade. Dessa forma:

> A cidade negra é o engendramento de um tecido de significados e práticas sociais que politiza o cotidiano dos sujeitos históricos num sentido específico – isto é, no sentido da transformação de eventos aparentemente corriqueiros no cotidiano das relações sociais na escravidão em acontecimentos políticos que fazem desmoronar a instituição do trabalho forçado. Castigos, alforrias, atos de compra e venda, licenças para que os negros vivam "sobre si", e outras ações comuns na escravidão se configuram em momento de crise, como atos que são percebidos pelas personagens históricas como potencialmente transformadores de suas vidas e da sociedade na qual participam. Em suma, a formação da cidade negra e o processo de luta dos negros no sentido de instituir a *política* – ou seja, a busca da liberdade – onde antes havia fundamentalmente a *rotina*.[89]

Mario Furley Schmidt, pós-abolição

Os textos de Schmidt que relatam o pós-abolição estão transcritos abaixo em mesma citação, sendo que o texto grifado é o que se incorporou em 2005:

[...] Pronto. Tinha acabado a escravidão. Na corte, de-

---

88 CHALHOUB, Sidney. *Op. cit.*, p. 51; 53; 65; 66.
89 CHALHOUB, Sidney. *Op. cit.*, p. 186 – grifos do autor.

ESCRAVO, AFRICANO, NEGRO E AFRODESCENDENTE   103

ram um baile comemorativo. Os negros só puderam entrar como criados. Depois da abolição, a data era comemorada ostensivamente pelas elites, com banquetes para senhores e senhoras bem vestidas, sem um único ex-escravo para discursar. A liberdade da fala ainda espera a sua lei Áurea...A lei não previa nenhuma proteção social. Não houve reforma agrária, não indenizaram os ex-cativos, e o governo sequer se preocupou em construir escolas. De escravos, os negros tornaram-se trabalhadores muito pobres (e poderia ser diferente, quando você deixa de ser um escravo e nada recebe para compensar o dano sofrido?), instalados numa sociedade cheia de preconceitos.[90]

Observa-se que as idéias que compõe o exposto por Schmidt não são alteradas. Mesmo distantes quase uma década, a opção do autor foi incorporar detalhes a seu argumento, que reforçam o tom impessoal e crítico do autor. Ao contrário de Gilberto Cotrim, Mario Schmidt ficou conhecido por ser o autor de livros didáticos de posição abertamente marxista ortodoxa e, provavelmente, mantém essa conduta a fim de manter-se fiel ao professorado que adota suas obras há anos.[91]

O texto de Schmidt busca evidenciar o conflito entre os grupos, mas como mantém uma leitura sobre a estrutura como um todo, não lhe é possível expressar percepções que singularizem o processo como estratégias e táticas de sobrevivência além da morte, do suicídio ou fuga, nem admitir outras formas de resistências que ocorram no cotidiano. Sua característica mais presente é a forma de denúncia da hipocrisia da sociedade da época.

De fato, a emancipação dos negros escravizados não foi acompanhada da indenização ou reparação aos mesmos, mas não se pode negar ou negligenciar a luta que esses indivíduos travaram no dia a dia para subverter uma ordem que não os incluía, como argumenta Carlos Santos. A observação do cotidiano paulistano (por intermédio de fotos), mostra que os negros disputavam espaços – no

---

90   SCHMIDT, Mario Furley. *Op. cit.*, 1997, p. 198; SCHMIDT, Mario Furley. *Op. cit.*, 2005, p. 453.

91   Leve-se em consideração que Schmidt ostenta em 2008 a marca de sétima coleção didática mais comprada pelo PNLEM (113.886 livros), de acordo com as informações do COPED/FNDE.

sentido presencial e no campo do trabalho –, espaços estes que pretendia excluí-los, subvertendo a ordem e impondo sua presença.[92] O exposto por Schmidt ignora também as especializações profissionais de muitos ex-escravos, utilizados quando se pretendia conquistar melhores condições de vida; ignora que mesmo antes da abolição da escravatura, regiões como o Recôncavo Baiano e a cidade do Rio de Janeiro, entre outras, eram compostas de disputas que permitiam determinada liberdade ao cativo na conquista de sua alforria, seja por trabalho extra na cidade, seja por horas de trabalho em roçado próprio, seja mesmo pela possibilidade de viver sobre si, sem a necessidade de dar satisfação ao seu senhor.

Mario Schmidt incorre num erro que não se limita ao campo dos livros didáticos. Silvia Lara[93] afirma que a teoria da "substituição" de mão-de-obra escrava para a imigrante silenciou a trajetória dos negros dentro da historiografia brasileira; de escravos, tornaram-se os chamados trabalhadores pobres nacionais, mas os esforços para reverter esse silêncio aparecem a partir da década de 1990. É válido salientar que a autora afirma ser errôneo tomar os acontecimentos de São Paulo como modelo para o restante do país, erro que parece ser procedente nos argumentos de Schmidt. Desta maneira, é necessário que as explicações sobre o pós-abolição contemplem as experiências de outras localidades. Em trabalhos recentes, como o de Claudia Tessari e Walter Fraga Filho, que buscam contextualizar o período em localidades diferentes, aponta-se para a seguinte assertiva: nas localidades onde as atividades econômicas não eram as mais dinâmicas do país e onde não houve uma intervenção direta do Estado para subsidiar a vinda de imigrantes, as elites tiveram que aprender a negociar com os ex-escravos, buscando dessa maneira manter suas atividades ativas.

Não se estenderá demasiadamente nas críticas a Mario Furley Schmidt porque parte das considerações realizadas para Cotrim também são válidas aqui.

---

92   SANTOS, José Carlos Ferreira. *Op. cit.*, p. 78-82.
93   LARA, Silvia Humboldt. *Op. cit.*, p. 25-38.

ESCRAVO, AFRICANO, NEGRO E AFRODESCENDENTE

Antonio Pedro, pós abolição

Abaixo consta a citação do livro de Antonio Pedro para as considerações sobre o pós-abolição:

> O significado da abolição [subtítulo]
>
> [...] O processo de abolição era irreversível, pois a escravidão era um pesado obstáculo às novas condições dinâmicas do capitalismo internacional. E, quando ela se deu, os negros "foram atirados a sua própria sorte".
>
> Na região do Nordeste, por exemplo, os negros não encontraram nem mesmo um pedaço de terra para iniciar uma cultura de subsistência. Ao procurar as cidades, encontraram um excedente populacional que deixava para eles pouco espaço para sobreviver. Por essa razão, ficaram marginalizados. No Sul [em 2005 substituído pela palavra Sudeste], num primeiro momento, os negros conseguiram sobreviver graças a uma economia de subsistência.
>
> De modo geral, os antigos escravos não foram integrados no mundo do consumo para dinamizar o mercado, como pensam alguns historiadores. Quando se empregavam, trabalhavam durante alguns dias, apenas o suficiente para a sobrevivência. Nada mais lógico, pois para eles o trabalho significava a lembrança de século de submissão e desgraça. Preferiram o ócio. Isso dificultou ainda mais sua integração social, pois ficaram à margem dos bens que a sociedade produzia.[...][94]

Percebe-se que nos autores anteriormente analisados não houve grande alteração na redação de seus textos, mas ao menos buscaram complementar informações ou esclarecer aquelas que antes não eram tão claras. Já no texto de Antonio Pedro, praticamente não existem alterações no período de uma década, com exceção de uma única palavra, no exemplar mais recente: Sul torna-se Sudeste.

---

94   PEDRO, Antonio. *Op. cit.*, 1997, p. 254; PEDRO, Antonio; LIMA, Lizânias de Souza e; CARVALHO, Yone de. *Op. cit.*, 2005, p. 344.

Além disso, partindo da informação que a obra de primeira geração era de autoria exclusiva de Pedro e que o livro da segunda geração conta com dois outros autores, Lizânias de Souza e Lima e Yone de Carvalho, torna-se ainda mais difícil compreender por que o livro didático não teve nenhuma alteração em assuntos tão em voga desde a década de 1990.

Pode-se especular que essa postura de Pedro foi percebida pelos docentes e refletiu-se na venda de sua obra, uma vez que dos autores aqui analisados Antonio Pedro teve o pior desempenho nas vendas ao PNLEM 2008, o 11° lugar (56.365 livros).[95] Para a melhor apreensão do exposto por Pedro, segue o desmembramento do excerto em núcleos de idéias:

1) O processo de abolição era irreversível, pois a escravidão era um pesado obstáculo às novas condições dinâmicas do capitalismo internacional.

2) E, quando ela se deu, os negros "foram atirados a sua própria sorte"

3) Na região do Nordeste, por exemplo, os negros não encontraram nem mesmo um pedaço de terra para iniciar uma cultura de subsistência.

4) Ao procurar as cidades, encontraram um excedente populacional que deixava para eles pouco espaço para sobreviver. Por essa razão, ficaram marginalizados.

5) No Sul [em 2005 substituído pela palavra Sudeste], num primeiro momento, os negros conseguiram sobreviver graças a uma economia de subsistência.

6) De modo geral, os antigos escravos não foram integrados no mundo do consumo para dinamizar o mercado, como pensam alguns historiadores. Quando se empregavam, trabalhavam durante alguns dias, apenas o suficiente para a sobrevivência. Nada mais lógico, pois para eles o trabalho significava a lembrança de século de submissão e desgraça. **Preferiram o ócio.** Isso dificultou ainda mais sua integração social, pois ficaram à margem dos bens que a sociedade produzia.

Observa-se que, embora façam parte do mesmo texto, cada tópico possui informação que independe da anterior, mas correlata de acordo com a lógica do autor. Para melhor organização das críticas que

---

95   Fonte COPED/FNDE (Coordenação de Produção e Distribuição – Fundo Nacional de Desenvolvimento da Educação).

ESCRAVO, AFRICANO, NEGRO E AFRODESCENDENTE

virão, essa subdivisão pode tornar mais claras as concepções impressas no texto e as idéias que podem advir subliminarmente das mesmas.

Com relação ao primeiro ponto, questiona-se se a imagem transmitida por tal afirmação inviabiliza ao alunado a noção de agente histórico. Afinal, de acordo com o explicitado, uma das interpretações possíveis é a de que não havia outro jeito, a conjuntura econômica mundial iria de qualquer maneira tornar inevitável a abolição da escravidão, mesmo que não houvesse abolicionistas, mesmo que não houvesse as inúmeras resistências dos negros escravizados. Sabe-se que a diretriz para o ensino de História parte do princípio de que a ciência pode possibilitar a noção de agente histórico na construção de alunos críticos e cidadãos, jargão tão conhecido do professorado.

Na continuidade, o autor afirma que "os negros foram atirados a própria sorte", ou seja, remonta ao já explicitado pelos outros dois autores analisados: o fato de não ter existido nenhum tipo de indenização ou reparação aos anos de escravismo. Nesse caso, concorda-se com o exposto pelo autor, mas acredita-se que tal afirmação deveria vir acompanhada de uma análise mais acurada da História, ou seja, explicitando as maneiras empregadas naquele contexto para excluir o elemento negro da sociedade, como, por exemplo, pela explicação da Lei de Terras.

O terceiro ponto discriminado relaciona o pós-abolição com o Nordeste. O exposto por Antonio Pedro parece ir na contramão do que ficou determinado pelo trabalho de Fraga Filho. O historiador estudou a região do Recôncavo, rica região açucareira da Bahia, e demonstrou que houve uma intensa negociação entre senhores e negros, mesmo antes da abolição, e que de uma forma geral houve uma ampla luta dos ex-escravos para conseguirem manter direitos adquiridos ao longo do cativeiro, luta essa que alcançou êxitos.[96]

Com relação ao quarto ponto, acredita-se que, ao contrário do exposto, as cidades muitas vezes possibilitavam uma mobilidade maior do que a encontrada na área rural. Basta pensar na dinâmica do emprego no meio urbano; afinal era possível empregar-se como mão-de-obra, tornar-se carroceiro, pedreiro, lavadeira, doméstica, entre outras tantas possibilidades como, por exemplo, buscar empregar-se em determinada especialização conquistada no período

---

96 FRAGA FILHO, Walter. *Op. cit.*

108 MÍRIAN CRISTINA DE MOURA GARRIDO

do cativeiro. O trabalho de Santos, no contexto de São Paulo, é singular para se pensar nas possibilidades que a cidade oferecia aos ex-escravos, muitas vezes maiores que as oferecidas pelo meio rural.[97] Na sequência, Antonio Pedro afirma que no Sudeste inicialmente houve a possibilidade de uma economia de subsistência para os ex-escravos. Por si só, a sentença já elimina a subsistência em outras áreas, como o Nordeste. Além disso, não está claro o que o autor determina por "economia de subsistência", mas considerou-se que a intenção do autor não se restringia apenas ao aspecto de economia rural, mas de empregos que permitissem a sobrevivência desses ex-escravos. De acordo com a historiografia recente, fica claro que as diferentes regiões brasileiras não se configuram em um quadro homogêneo sobre os acontecimentos pós-abolição. Cláudia Tessari, por exemplo, aponta que a coexistência da plantação de café e açúcar em Piracicaba gerava uma demanda grande de trabalhadores, sendo a mão-de-obra nacional direcionada para a última cultura. Assim, quando houve uma decadência da plantação de café piracicabana, os imigrantes foram direcionados para áreas próximas de mesmo plantio, sendo preservada a mão-de-obra dos negros nas plantações de açúcar. Nota-se que era política o direcionamento dos imigrantes para as regiões tidas como mais dinâmicas.[98]

Outro autor que complementa o exposto por Tessari, mas na tentativa de traçar um paralelo entre o contexto do Rio de Janeiro e de São Paulo, é George R. Andrews. Segundo o brasilianista, a cidade carioca incorporou rapidamente os trabalhadores negros nas suas indústrias, ao contrário do que acontecia na capital paulistana, não como resposta à incapacidade dos ex-escravos, mas pela grande disponibilidade da mão-de-obra européia, advinda da política do Estado. Assim comenta George Andrews:

> A industrialização – e a urbanização que a acompanhava – gerou empregos e outras oportunidades que, aos olhos da maioria dos trabalhadores brasileiros e europeus, eram superiores àquelas disponíveis no campo. Mas, como já vimos, essas oportunidades foram exploradas quase inteiramente pelos trabalhadores brancos, e de maneira desproporcional pelos imigrantes europeus. Tanto as explicações da época quanto as atuais para a exclusão dos

---

97   SANTOS, José Carlos Ferreira. *Op. cit.*
98   TESSARI, Claudia Alessandra. *Op. cit.*, p. 70-71.

ESCRAVO, AFRICANO, NEGRO E AFRODESCENDENTE

afro-brasileiros do mercado de trabalho industrial enfatizam sua incapacidade para trabalhar num ambiente fabril disciplinado. Entretanto, essa incapacidade não perece ter se estendido para o Rio de Janeiro, onde os afro-brasileiros compunham um componente importante da força de trabalho industrial. Por isso, a exclusão dos trabalhadores negros no primeiro estágio da industrialização paulista parece ter tido menos a ver com a suposta incapacidade dos negros do que com a política do Estado, que trabalhou para inundar o mercado de trabalho com trabalhadores europeus, enfraquecendo assim a posição de barganha, tanto dos trabalhadores negros quanto dos brancos, e permitindo que os empregadores demonstrassem a sua preferência pelos últimos.[99]

A extensa citação apresentada é válida para ilustrar os diferentes contextos com que tiveram que lidar os ex-escravos, como também é aproveitada para iniciar as críticas ao último ponto levantado da exposição de Antonio Pedro. Para o autor de livros didáticos, a *falta de disciplina para o trabalho* e a *opção pelo ócio* resultaram na marginalização do negro. Tal afirmativa vai na contramão de tudo que se acredita ser viável para a materialização da valorização dos afro-brasileiros e de sua cultura. Neste sentido, alguns trabalhos já citados apontam a superação desse mito do ócio. Carlos Santos afirma que havia já no século XIX, início do XX, a noção de que o elemento imigrante era mais laborioso, assíduo, disciplinado e, portanto, eficiente para o trabalho. Sobre os trabalhadores nacionais recaía a noção de resistente ao trabalho disciplinado, mas o historiador relembra que a resistência se dava também junto aos imigrantes.[100] O autor complementa que embora a imagem dos negros fosse de vagabundos e embriagados, estes indivíduos apareciam nas fotos – fonte do trabalho de Santos – trabalhando, como explicitado a seguir:

Percebe-se logo de início que aquela população da Várzea, descrita como "vivendo em uma promiscuidade nojosa, composta de negros vagabundos, de negras edemaciadas pela embriaguez habitual, de uma mestiçagem viciosa" [descrição de Washington Luís], quase sempre aparece carregando trouxas, cestos, tabuleiros e balaios;

---

99 ANDREWS, George Reid. *Op. cit.*, p. 151-152.
100 SANTOS, José Carlos Ferreira. *Op. cit.*, p. 59.

lavando roupas; tratando de cavalos; conduzindo carro-
ças; ou talvez esperando carregar mercadorias em frente
aos mercados.[101]

Terezinha Bernardo, na busca de compreender as visões existentes sobre a São Paulo do início do século XX, percebe que grupos
de imigrantes e de afrodescedentes, de acordo com sua posição ou
condição, guardam lembranças que caracterizam o mesmo espaço
de formas diferentes. Assim, para a mulher negra, trata-se de uma
cidade escura; para o homem negro, uma cidade desconhecida; para
a mulher branca imigrante, a cidade do progresso; e para homem
branco imigrante, São Paulo é a cidade do trabalho. O mais interessante nesse momento é observar que para o grupo branco, assim
como para a historiografia tradicional, os negros são indesejados e
muitas vezes invisíveis. A citação a seguir, por exemplo, mostra que
a entrevistada – branca imigrante – desconhecia o fato de que existiam negros morando no Bairro do Bexiga, como deveria ser comum
identificá-los como vadios. Assim:

> Eu gostava muito de ir à festa da Aquiropita, só que, às
> vezes, aparecia um bando de pretos, sabe como é, a gen-
> te não gostava. Você imagina que quando a Ione chegou
> da Itália e desceu no Porto de Santos ela perguntou: "Que
> esto, sone e bichos?". E lá na festa a gente achava eles meio
> bicho, seguravam suas crianças e andavam de cabeça baixa
> sem olhar para ninguém, era esquisito, ninguém gostava.[102]

Célia Azevedo observa que a ociosidade é uma questão de
ponto de vista. Levar a vida sob as condições que se deseja e não
pelas estabelecidas como um comportamento ideal – relacionado ao
trabalho regular – punha em lados opostos a visão da elite e dos ex-
-escravos a respeito do melhor modo de conduzir sua vida, o que gerava uma repressão sobre aquele que se desviava do padrão. Assim:

> [...] a repressão sistêmica sobre aqueles que não tinham
> um "modo certo de vida" – ou, visto de outro ângulo,
> aqueles que só se ocupavam consigo próprios, não se su-
> jeitando a uma disciplina de trabalho em espaço alheio –
> deveria engendrar, com o passar do tempo, uma mentali-

---

101   SANTOS, José Carlos Ferreira. *Op. cit.*, p. 97
102   BERNARDO, Teresinha. *Memória em branco e negro*: olhares sobre São
      Paulo. São Paulo: EDUC, Fundação Editora da UNESP, 1998, p. 86.

ESCRAVO, AFRICANO, NEGRO E AFRODESCENDENTE　　111

dade de trabalho ou "o amor do trabalho" na população. Tratava-se em suma de incorporar a população pobre ao modo de vida prescrito pelas elites dominantes.[103]

George Andrews também evidencia que a noção de *negro ocioso* já estava presente na sociedade do período pré-abolição, sendo que a solução para esse mal – de acordo com as elites – era a coerção, educando o indivíduo para o trabalho. Andrews, assim como Azevedo, argumenta que o ócio é na verdade fruto da divergência de visões sobre o trabalho. Nesse sentido, a busca de um trabalho em melhores condições poderia ser entendida pelo patrão como inclinação ao ócio.[104]

Percebe-se que a noção de vadiagem e de ociosidade está intimamente ligada à noção de liberdade. Trata-se de um mal entendido, visto que existem duas visões sobre cada uma dessas concepções. Entretanto, tornou-se oficial e, portanto, digno da historiografia, a visão das elites.

Sidney Chalhoub, ao apresentar o sentido de liberdade inserido nas análises de Fernando Henrique Cardoso, afirma que para o autor a liberdade é viver fora do cativeiro e a possibilidade de procurar melhor salário. Em oposição, para Chalhoub, liberdade significa "Não a liberdade de ir e vir de acordo com a oferta de empregos e o valor dos salários, porém a possibilidade de escolher a quem servir ou de escolher não servir a ninguém".[105]

Chalhoub ainda aborda outro interessante "problema de visão". Muitas vezes, os senhores alforriavam seus escravos na tentativa de mantê-los sob seu domínio – o já mencionado "fenômeno dos fazendeiros abolicionistas", citado por Lilia Schwarcz[106] –, pautado agora na relação de gratidão e não mais de posse. Entretanto, essas tentativas se frustram, pois os libertos ao terem sua liberdade concedida buscam fazer aquilo que desejam, mesmo que isso signifique deixar o senhor e procurar outro meio de sobreviver. Essa liberdade de escolha era interpretada pelo ex-senhor como ingratidão ou opção pela vagabundagem, pela ociosidade.[107]

103　AZEVEDO, Célia Maria Marinho de. *Op. cit.*, p. 48.
104　ANDREWS, George Reid. *Op. cit.*, p. 85.
105　CHALHOUB, Sidney. *Op. cit.*, p. 80.
106　SCHWARCZ, Lilia Moritz. *Op. cit.*, 1987, p. 69.
107　CHALHOUB, Sidney. *Op. cit.*, p. 132-135.

112   MÍRIAN CRISTINA DE MOURA GARRIDO

Cláudia Tessari, ao analisar o jornal *A Gazeta de Piracicaba,* percebe uma variedade de categorias de indesejáveis presentes no termo vadios. O uso de tal termo era feito em referência ao desemprego, ao subemprego, à recusa de trabalhadores pelos salários oferecidos ou à escolha da subsistência no lugar do trabalho assalariado.[108]

Walter Fraga Filho, ao apresentar a visão do Barão de Vila Viçosa sobre os acontecimentos pós-abolição, mostra como o exposto por Antonio Pedro ainda está pautado no imaginário das elites do século XIX:

> Em 24 de janeiro de 1889, ele recordou que, após a lei de 13 de maio, houve o que definiu de "perturbação geral do trabalho" em conseqüência da "desmoralização" e da fuga de escravos. Diante da notícia "que devia encher de regozijo todos os corações brasileiros", os "espíritos refletidos" foram tomados pelas mais tristes apreensões em relação ao futuro econômico da província. Passado o entusiasmo da lei, caíram em si diante da perda de braços e da falta de recursos para pagamento de salários. "Desde o dia 13 de maio ficou completamente desorganizado todo o trabalho. Os ex-escravos nada mais fizerão senão vadiar, sambar e embriagar-se". Segundo afirmou, grande parte deles abandonou as propriedade e foi para a cidade de Santo Amaro, sendo que os mais "preguiçosos" ficaram em suas casas sem se prestarem a qualquer serviço. *Na visão do barão os comportamentos dos libertos não passavam de atos impensados, resultante do desejo irrefletido de desfrutar da ociosidade, vadiação e embriaguez. Ele partia da noção de que os libertos não estavam preparados para a liberdade nem tampouco eram capazes de engendrar ações refletidas.*[109]

Fraga Filho argumenta que, no contexto do Recôncavo, antes de 1888, recusar ir ao trabalho era uma forma de pressionar a concessão da alforria; após o 13 de maio do referido ano, não trabalhar é meio de barganhar benefícios e não entrar em conflito direto com o ex-senhor.[110] Ou ainda, não trabalhar, para o ex-escravo, podia significar romper com

---

108   TESSARI, Claudia Alessandra. *Op. cit.,* p. 96-97.
109   FRAGA FILHO, Walter. *Op. cit.,* p. 122 – grifos da pesquisadora.
110   FRAGA FILHO, Walter. *Op. cit.,* p. 122.

ESCRAVO, AFRICANO, NEGRO E AFRODESCENDENTE   113

a lógica do cativeiro, para o ex-senhor era pura vadiagem.[111] Não ir ao trabalho da lavoura do ex-senhor pode expressar também um desejo de trabalhar apenas no roçado próprio, aumentando as possibilidades da produção.[112] Por fim, cabe argumentar que não trabalhar nas terras do ex-senhor significa ter tempo livre para empregar-se em outras formas de subsistir, como empregos temporários no centro urbano.[113]

Seções de atividades dos capítulos que abordam o pós-abolição

Se as discussões anteriores confirmam a não alteração do conteúdo escrito dos livros didáticos analisados, as seções destinadas às Atividades demonstram que há diferenças consideráveis entre os livros da primeira e da segunda geração. Assim como no caso do Manual do Professor existe um progresso nas Atividades no que tange à função e conteúdo. Mas vale lembrar que paira sobre o Manual do Professor a dúvida a respeito da participação ou não do autor do livro didático na sua elaboração, o que justifica a exigência presente no Edital do PNLD 2008 de que "O manual do professor deve ser elaborado com a participação do autor do livro",[114] logo, a mesma dúvida pode atingir outras seções do livro, como é o caso dos exercícios por eles propostos. Mesmo assim, visualizar essas alterações é um exercício útil quando se tem em mente que os livros didáticos cada vez mais são resultado do esforço do autor e de sua equipe editorial.

O livro da primeira geração de Gilberto Cotrim possui dois tópicos de atividades – *Monitorando o Estudo* e *Reflexão* – dispostos ao longo do capítulo e, geralmente, em mais de uma oportunidade por capítulo. Encontram-se também exercícios de vestibulares no final do livro, objetivando uma revisão geral do conteúdo da obra. A seção *Monitorando o Estudo* tem por função a memorização dos conteúdos abordados no capítulo e considerados mais importantes. O objetivo de memorização é claro, pois as respostas a tais perguntas não exigem reflexão, já que elas são encontradas ao longo do texto. A seção denominada *Reflexão* também parece não superar a revisão de conteúdo, mas há tentativas nesse sentido guiando o aluno para

---

111   FRAGA FILHO, Walter. *Op. cit.*, p. 133.
112   FRAGA FILHO, Walter. *Op. cit.*, p. 163.
113   FRAGA FILHO, Walter. *Op. cit.*, p. 228.
114   Edital de Convocação para Inscrição de obras a serem incluídas no Guia do PNLD 2008, *Op. cit.*, p. 47.

114 MÍRIAN CRISTINA DE MOURA GARRIDO

elaboração de textos ou comentário de determinados assuntos, ora de acordo com o conteúdo ora pautado em sua opinião.

Em 2005, os momentos destinados às atividades estão dispostos ao longo dos capítulos (seção *Monitorando*) e no final de cada capítulo (seção *Monitorando* e *Oficina da História*), além de exercícios de vestibulares no final das unidades. Observou-se que as atividades que compõe o *Monitorando* são semelhantes às da primeira geração; em geral, correspondem a questões que reforçam o conteúdo estudado, mas estão presentes em menor quantidade. Entretanto, a seção *Oficina da História* – que se divide em outros tópicos como: relacionando conteúdos; relacionando passado e presente; mudanças e permanências; desenvolvimento de atitudes; e integração disciplinar – muda o sentido até então empregado para as atividades. Longe de mero reduto de memorização e reprodução, essas atividades são situações privilegiadas para emergir conhecimentos prévios dos alunos, opiniões sobre novos conteúdos, bem como trazer à tona as realidades dos alunos e provocá-los a pensar na comparação passado e presente.

De posse dessas informações, a seguir citam-se dois exercícios referentes ao pós-abolição presentes nas obras de Cotrim:

[1997-Reflexão] Elabore um pequeno texto sobre o tema: A situação do negro após a abolição da escravatura.[115]

[2005-Oficina da História: Desenvolvendo Atitudes] Identifique no seu dia-a-dia, ao menos uma situação que confirme a seguinte frase: "Mais de um século depois da abolição da escravatura do Brasil, ainda pesa sobre os negros e seus descendentes uma série de problemas e discriminações sociais".[116]

O primeiro exercício limita o aluno ao conteúdo do livro, o que, de acordo com análise efetivada anteriormente, é falho; o segundo, apesar das críticas que podem ser feitas, inclusive com relação à redação do enunciado – afinal discriminações sociais não se encaixam no critério série de problemas? –, oferece ao aluno maiores chances de percepção do presente e amplitude de significados daquilo que aprendeu em relação ao passado.

---

115   COTRIM, Gilberto. *Op. cit.*, 1997, p. 344.
116   COTRIM, Gilberto. *Op. cit.*, 2005, p. 404.

ESCRAVO, AFRICANO, NEGRO E AFRODESCENDENTE 115

Mario Schmidt, na década de 1990, apresenta atividades no final do capítulo na seguinte ordem: texto complementar, com autores renomados, caso de Jacob Gorender no capítulo *Abolição*; trabalhando com o texto, cujas respostas são encontradas no texto complementar; exercícios de revisão e reflexões críticas. Numericamente, trata-se de uma grande quantidade de perguntas – 38 no capítulo analisado – em geral preocupados com a memorização do conteúdo abordado no capítulo. Mesmo na seção *Reflexões críticas* os temas que a compõem possuem discussões e respostas ao longo do capítulo. Existe no capítulo analisado cerca de seis perguntas diretamente relacionadas com o negro escravizado, abolição ou pós-abolição. Alguns podem ser instrumentos de debate dento da sala de aula, por exemplo:

> [Reflexões críticas] 2. A Abolição não foi acompanhada de uma reforma agrária. A situação atual dos negros é pior do que naquela época?

> 3. Existe racismo contra os negros aqui no Brasil?[117]

Outras, no entanto, são confusas e podem dificultar a compreensão do aluno, carecendo de melhor elaboração de seu enunciado:

> [Reflexões críticas] 4. Se os negros foram tão ativos na luta pela libertação, por que hoje eles "aceitam" (aceitam mesmo?) a discriminação racial e as péssimas condições de trabalho?[118]

O livro de segunda geração de Schmidt reduziu significativamente a quantidade de exercícios. Assim, estes aparecem no final de cada capítulo no tópico *Oficina da História*. No que tange ao capítulo *Abolição*, encontram-se 4 exercícios, sendo 2 deles readaptações de atividades existentes no livro de 1997. A diminuição de exercícios não configura por si só um demérito da obra mais recente, pois aparentemente a preocupação de tal seção não parece mais representar somente memorização, mas sim favorecer a reflexão do aluno, incluindo nesse sentido charge e gráfico como instrumento para tal intuito. Todavia, tais exercícios não contribuem para a comparação entre passado e presente, tampouco levam em consideração o universo do aluno, não existindo

---

117   SCHMIDT, Mario Furley. *Op. cit.*, 1997, p. 200.
118   SCHMIDT, Mario Furley. *Op. cit.*, 1997, p. 200.

116 MÍRIAN CRISTINA DE MOURA GARRIDO

exercícios no capítulo que favoreçam posicionamento ou observação do discente. Em 2005 também não existe um exercício que aborde diretamente o tema pós-abolição, a não ser o critério econômico desse processo, isto é, que, ao contrário do que acreditava a elite brasileira, a abolição não significou o colapso econômico esperado.

Com relação a Antonio Pedro, pode-se afirmar que o livro da primeira geração possui atividades no final de cada capítulo, objetivando com essas *Questões* – nome da seção – rememorar os principais assuntos estudados. Em geral, trata-se de 5 a 8 questões. Em 2005, a localização das atividades é a mesma, mas a quantidade aumenta, o que é natural, pois, além de abordar o texto principal do capítulo, há também questões referentes aos textos complementares, nesta obra utilizada amplamente como meio de garantir interdisciplinaridade. Existe também, ao findar das Unidades, exercícios especiais que se dedicam ao trabalho com textos, imagens e mapas. Essas *Atividades* – nome do tópico – são subdivididas de acordo com a função desejada. Portanto, existem exercícios que direcionam os discentes na formulação de: identificações; relações; comparações; explicações; produções de textos; interpretações de textos; entre outros menos frequentes. Porém, nota-se que não há preocupação com o conhecimento prévio do aluno ou atividades que estimulem a observação de seu cotidiano favorecendo uma possível relação passado presente. No geral, os exercícios das duas gerações objetivam revisão dos pontos mais importantes do capítulo, mas isso não significa inexistência de possíveis leituras distintas nas duas obras. Para exemplificar, citam-se abaixo três questões referentes à abolição e ao pós-abolição:

> [1997 Questões] 6. Por que podemos afirmar que a abolição não resolveu os problemas da população negra?[119]

> [2005 Atividades] 5. A abolição da escravatura relacionou-se diretamente com a expansão de atividades econômicas mais dinâmicas no país. Mostre como.

> 9. Explique por que a Inglaterra era favorável à abolição da escravatura no Brasil.[120]

Para responder as questões os leitores de Pedro deveriam re-

---

119   PEDRO, Antonio. *Op. cit.*, 1997, p. 257.
120   PEDRO, Antonio; LIMA, Lizânias de Souza e; CARVALHO, Yone de. *Op. cit.*, 2005, p. 347.

ESCRAVO, AFRICANO, NEGRO E AFRODESCENDENTE 117

correr ao conteúdo do livro. Dessa forma, o discente da década de 1990, em resposta à questão, teria reforçado em sua formação a idéia de ociosidade do negro. Afinal é essa explicação dada por Antonio Pedro para a marginalização do negro na sociedade, além de estar de acordo com a resposta presente no Livro do Professor:

> 6. Analfabetos, sem nenhum patrimônio, embrutecidos pela escravidão, eles tinham poucas chances de competir no mercado de trabalho com o imigrante ou de conseguir ganhar a sua subsistência com uma atividade econômica independente. Além disso, os ex-escravos e seus descendentes estavam marcados pelo estigma inferiorizante da cor e, portanto, sujeitos ao preconceito e à discriminação social.[121]

Por sua vez, o discente da última década teria, por intermédio do texto e das questões, reforçado a concepção de que o processo de abolição deveu-se a um avanço necessário para o desenvolvimento capitalista inglês e brasileiro. Essa abordagem, que leva em consideração o "entrave econômico da escravidão", possui amplo respaldo na literatura didática, mas ambas as explicações – primeira e segunda geração – não se configuram em instrumento de valorização da cultura negra brasileira.

Para o Edital de Convocação do PNLEM 2007:

> as *atividades* devem não apenas buscar a realização dos objetivos, mas também estar plenamente integradas aos conteúdos, possibilitando o desenvolvimento de diferentes habilidades, estimulando a observação, a investigação, a análise, a síntese, a criatividade, a comparação, a interpretação e a avaliação;[122]

Portanto, o expresso nessa breve análise e na resenha dos livros demonstra que esta é uma seção ainda a ser melhorada, visto que não há um trabalho que premie o desenvolvimento das diversas habilidades indicadas. No entanto, em comparação com os livros da década de 1990 de mesmos autores, existe uma evolução nos objetivos e formulações dessas atividades; as orientações ou exigências do Estado parecem ter sido um fator de influência nessa melhora.

---

121 PEDRO, Antonio. *Op. cit.*, 1997, Manual do Professor, p. 40.
122 Edital de Convocação para Inscrição de obras a serem incluídas no Catálogo do PNLEM 2007, *Op. cit.*, p. 66.

Por último, vale apontar que, a despeito do preconizado no Catálogo de Livros Didáticos que afirma a padronização das Resenhas, no que concerne às considerações sobre Atividades, o Catálogo não apresenta as informações sobre a obra de Cotrim. O mesmo erro, mas no tópico Texto Didático, ocorreu com o autor Mario Schmidt. Tal fato é um grave problema, pois dificulta a comparação das obras por parte dos docentes que devem selecionar o livro a ser utilizado.

O negro e o "restante" da História do Brasil, na visão de autores de livros didáticos

As imagens ou representações que recaíram sobre os escravizados e afrodescendentes no Brasil integram as mais diversas categorias. Como demonstrou o estudo de Lilia Moritz Schwarcz, autora que analisou periódicos que circulavam em São Paulo no século XIX, as representações dos negros modificaram-se concomitantemente ao período histórico. De forma geral, a pesquisa discrimina três principais períodos: de 1875 a 1885, no qual o negro vai de violento ao negro fiel. Nesse período, a fidelidade aparece como adjetivo conquistado pelo contato com a civilização, o famoso "negro de coração ou alma branca", entretanto permanece a associação desses indivíduos com o desconhecido, o suspeito; de 1885 a 1888, quando a própria denominação de preto transforma-se em negro e a associação da expressão alia-se ao aumento das fugas, culminando no negro como o elemento fugido – violento, vingativo, traiçoeiro, labioso, perigoso –; e de 1888 a 1900, período em que emergem "novos personagens"; trata-se do negro degenerado, envolvido com o alcoolismo; com comportamento de louco, desleal, dado aos atos carnais, exótico e pouco civilizado.[123] Muitas dessas imagens ainda são presentes na sociedade brasileira e, por conta dessa vinculação da figura do elemento negro a elas, as militâncias negras passaram a lutar pela reelaboração da imagem dos negros.

Dentro desse contexto, assim como se acredita ser importante uma explicação que valorize a luta do escravo por sua emancipação e a continuidade da mesma no pós-abolição, considera-se extremamente importante que o negro, como agente de seu próprio desti-

---

123 SCHWARCZ, Lilia Moritz. *Op. cit.*, 1987.

ESCRAVO, AFRICANO, NEGRO E AFRODESCENDENTE   119

no, seja abordado ao longo da História do país. Entretanto, a leitura dos livros didáticos de Cotrim, Schmidt e Pedro constata a pouca ou nenhuma menção aos negros após a abolição da escravidão. De escravos, para os autores de livros didáticos, os negros tornaram-se as categorias: pobres; sertanejos; operários. Até mesmo Mario Schmidt, que no capítulo 17[124] de seu livro mais recente, por exemplo, preocupou-se em ressaltar a inexistência de raças humanas e a criminizalização do racismo, após-abolição não teve a mesma preocupação em relação aos conteúdos da história brasileira. Dilui-se a desigualdade historicamente construída, o que viabiliza discursos recentes que afirmam que o problema no Brasil não é racial, mas social, como revela a discussão sobre "Apartheid Social", efetivado por Gilberto Cotrim.[125] A grande armadilha nesse sumiço do negro pós-escravidão constatado nos livros didáticos é o reforço da noção de que o Brasil é constituído por uma sociedade sem problemas raciais, que os diferentes segmentos foram incorporados construindo a então sociedade brasileira. Mais do que isso, a despeito das inúmeras discussões sobre pluralidade, o lugar do negro, ou afrodescendente, se a intenção é ser "politicamente correto", nos livros didáticos ainda é localizado sob o signo da escravidão.

Outras pesquisas recentes apontam também para esse sumiço do negro após o período escravista dentro dos conteúdos escolares. Para Hebe Matos e Martha Abreu, por exemplo, esse fenômeno constitui uma contradição, afinal, fala-se amplamente em pluralidade, mas o afrodescendente permanece associado à escravidão.[126]

O esforço empregado até o momento buscou demonstrar como livros didáticos de autores consagrados no mercado editorial apresentam o tema pós-abolição. Conclui-se que, apesar das avaliações do Estado para o nível médio – PNLEM 2008 –, as obras não tiveram mudanças significativas e isso reflete nas explicações que

---

124   SCHMIDT, Mario Furley. *Op. cit.*, 2005, p. 193.
125   COTRIM, Gilberto. *Op. cit.*, 2005, p. 577.
126   *Cf* MATTOS, Hebe; ABREU; Martha; DANTAS, Carolina Vianna; MO-RAES, Renata. Personagens negros nos livros didáticos: reflexões sobre a ação política dos afrodescendentes e as representações da cultura brasileira. In: ROCHA, Aparecida Bastos; REZNIK, Luís; MAGALHÃES, Marcelo de Souza (orgs.) *A História na Escola*: autores, livros e leituras. Rio de Janeiro: FGV, 2009, p. 309.

120 MÍRIAN CRISTINA DE MOURA GARRIDO

poderiam contribuir para a efetivação da Lei 11.645, que substituiu a 10.639, incorporando as nações indígenas em sua redação. Portanto, temas centrais para a valorização dos negros continuam a ser abordados de forma estereotipada, sem uma reflexão crítica que permita ao aluno compreender que existem pontos de vista diferentes sobre uma mesma questão e que essas visões diferentes influem no cotidiano dessas pessoas, no passado e no presente. Entretanto, embora nenhum dos livros didáticos analisados contemple de forma satisfatória a Lei 11.645, há de se ressaltar que tal fator não pressupõe uma homogeneidade das obras. Assim como em 1990, as obras compradas pelo Estado em 2005 possuem especificidades, resultado de sua autoria e editoração, logo, as possibilidades de uso desses livros são as mais diversas possíveis.

Nessa linha de raciocínio, Jaime e Carla Pinsky, ao analisar o ensino brasileiro em busca de uma "escola prazerosa e consequente", citam temas que poderiam ser selecionados por professores. A respeito da escravidão no Brasil os autores afirmam que sua presença se justifica no currículo, pois contribui para a "compreensão das bases da sociedade brasileira, a situação dos negros, a origem dos preconceitos (raciais, contra o trabalho braçal etc.), as relações sociais, com base no entendimento do fenômeno que marcou a sociedade brasileira, com conseqüências até hoje".[127] Aqui, acredita-se que o mesmo é válido para o pós-abolição. Desta forma, compreender que os negros escravizados eram capazes de aprender o contexto em que estavam inseridos, de aproveitar-se de ondas favoráveis e bolar estratégias para sua emancipação é fundamental para colocá-los como agentes de seu próprio devir e contribui para a constituição de um alunado que se compreenda ator social, como Jaime e Carla Pinsky afirmam:

> Nosso aluno, cada aluno, tem de se perceber como um ser social, alguém que vive em determinada época, num determinado país ou região, oriundo de determinada classe social, contemporâneo de determinados acontecimentos. Ele precisa saber que não poderá nunca se tornar um guerreiro medieval ou um faraó egípcio. Ele

---

127 PINSKY, Jaime; PINSKY, Carla Bassanezi. O que e como ensinar: por uma História prazerosa e conseqüente. In: KARNAL, Leandro. (org) *História na sala de aula*: conceitos, práticas e propostas. 5.ed. São Paulo: Contexto, 2008, p. 31.

é um homem de seu tempo, e isso é uma determinação histórica. Porém, dentro do seu tempo, dentro das limitações que lhe são determinadas, ele possui a liberdade de optar. Sua vida é feita de escolhas que ele, com grau maior ou menor de liberdade, pode fazer, como sujeito de sua própria história e, por conseguinte, da História Social de seu tempo.[128]

Opções teórico-metodológicas dos autores de livros didáticos

O historiador, quando realiza seu ofício, o faz pautado pelos conhecimentos acumulados pela ciência História. Por sua vez, cabe à historiografia o estudo das diversas formas de se fazer História, recuperadas na pesquisa e criadas pelo trabalho do historiador. Dentro desse contexto, as opções teórico-metodológicas do historiador contribuem para moldar sua produção historiográfica.

Interpretou-se, então, que se fosse possível traçar ou definir a opção teórica e metodológica dos autores de livros didáticos analisados, seria mais fácil compreender as opções efetivadas por eles na elaboração de seus livros. Tem-se em mente que a execução do livro não é um trabalho individual, afinal, desde que iniciaram as compras para o Programa Nacional do Livro Didático, houve uma modernização das empresas editoriais, por força da qual os grupos editoriais tornaram-se ainda mais presentes na elaboração da obra didática. Entretanto, acredita-se que o labor historiográfico coube ao autor do livro didático, mediado por sua equipe editorial. No caso de Antonio Pedro, essa situação é ainda mais acentuada, pois o editor de seu livro de 1997 é também seu co-autor em 2005, o Sr. Lizânias de Sousa e Lima.

Para obter tais informações, buscaram-se possíveis conteúdos introdutórios nos livros didáticos; discussões efetivadas no Manual do Professor; e formação profissional dos autores. Com relação ao uso dos possíveis elementos encontrados nas introduções das obras didáticas, alerta-se que de antemão sabia-se que não seria o local indicado para discussões metodológicas muito elaboradas cientificamente, entretanto, poderia ser um espaço capaz de fazer emergir indícios das opções efetivadas pelo autor ao longo da obra.

---

128   PINSKY, Jaime; PINSKY, Carla Bassanezi. *Op. cit.*, p. 28.

MÍRIAN CRISTINA DE MOURA GARRIDO

Gilberto Cotrim destina, nas duas obras analisadas, o primeiro capítulo para as explicações que considera necessárias para compreender a História e seu estudo. Como era de se esperar, o texto do livro da segunda geração é maior, mas não inova em seu conteúdo, ou seja, novas informações surgem para complementar as idéias expostas no livro da primeira geração. Recheado de citações como dos historiadores Fernand Braudel, Jacques Le Goff (3 menções) e Sandra Pesavento, o autor Gilberto Cotrim inaugura sua *Abertura de Unidade* com a seguinte afirmação: "A História estuda a vida humana através do tempo. Estuda o que homens e mulheres, de todas as idades, fizeram, pensaram ou sentiram como seres sociais".[129]

Segundo Cotrim, frase semelhante, presente em coleção voltada para o ensino fundamental, lhe custou a exclusão nas avaliações de 1999 para o PNLD pela ausência do gênero feminino.[130] Apesar de o autor argumentar que a palavra "homens" estava relacionada à noção de "humanidade", aparentemente, achou por bem reescrever o excerto antes que lhe custasse outra exclusão nas compras governamentais.

A leitura e a análise dos dois primeiros capítulos dos livros didáticos de Gilberto Cotrim revelam algumas informações importantes: crença do autor na possibilidade da relação entre o passado e o presente, não de forma determinista, embora não defina como se dá efetivamente; afirmação sobre a proximidade da ação do historiador ao seu próprio tempo; o caráter selecionador do historiador, o que torna a História atividade contínua.

O texto aborda ainda o uso de fontes escritas e não-escritas (destaca a história oral); os diversos significados que podem ser atribuídos à palavra história (ficção; vivido; conhecimento) e que não estão impossibilitados de associações; as concepções de tempo e a preocupação da sociedade atual com o cronológico, "que se traduz pela constante consulta aos relógios";[131] e finaliza com explicações sobre o calendário cristão e a periodização utilizada, à qual reconhece que cabem críticas.

---

129   COTRIM, Gilberto. *Op. cit.*, 2005, p. 10.
130   *Apud* CASSIANO, *Op. cit.*, p. 80.
131   COTRIM, Gilberto. *Op. cit.*, 2005, p. 13.

ESCRAVO, AFRICANO, NEGRO E AFRODESCENDENTE

Mario Schmidt apresenta capítulos introdutórios nos livros sobre América e Brasil, mas pode-se especular que o livro didático que trata os conteúdos de "Moderna e Contemporânea" não possui esse caráter, pois, cronologicamente, não está ligado ao "início" da História. Também não se encontrou nenhuma obra didática do autor referente ao período anterior ao Moderno destinado ao ensino médio. Ao contrário de Cotrim, que não definiu explicitamente sua concepção de História, Schmidt é taxativo ao relacionar o estudo da História como forma de aprender a intervir no presente, identificando qualquer indivíduo como capacitado para essa intervenção em seu destino, desde que tenha o domínio do conhecimento histórico. O autor ainda se posiciona contra o "método da decoreba", afirmando que tal esforço é contrário ao raciocínio e argumenta com o fato de a História Tradicional (identificada por ele como sucessão de datas e nomes que distanciam o indivíduo comum das decisões de seu destino) ser usada como forma de opressão, mas não apresenta claramente (leia-se metodologicamente) qual seria a opção oposta.

O livro didático aprovado no PNLEM 2008 de autoria de Schmidt não possui capítulo de introdução. O autor optou por incorporar discussões referentes ao método nos momentos que achou necessário, resultando em repetições de determinadas passagens e em dificuldades de acesso rápido às considerações do autor para o estudo da História. Como exemplo dessas repetições, para explicar a periodização adotada em seu livro – tradicional –, Schmidt teve que introduzir considerações em três momentos diferentes:

> Os historiadores costumam dividir o tempo em *períodos*. Cada período histórico guarda características especiais que o diferenciam de outros.[132]

> Cada historiador divide a história em períodos, de acordo com o que ele considera importante [...] Neste livro, pegamos a tesoura da análise histórica para recortar alguns pedaços [...] Os período não são isolados uns dos outros, como se estivessem dentro de gavetas fechadas.[133]

> O período que corresponde ao reinado de D.Pedro II no Brasil não pode ser visto como se fosse totalmente separado da Regência e do primeiro império, como se cada

---

132 SCHMIDT, Mario Furley. *Op. cit.*, 2005, p. 100 – grifos do autor.
133 SCHMIDT, Mario Furley. *Op. cit.*, 2005, p. 354.

124   MÍRIAN CRISTINA DE MOURA GARRIDO

etapa pudesse ser guardada na gaveta sem comunicação com outra [...] nós já vimos que os períodos são criações dos historiadores, que recortam o processo histórico de acordo com que ele, os historiadores, consideram importante (*releia a pág. 100*).[134]

Em contraste com os outros dois autores, Antonio Pedro não apresentou introdução em nenhum dos dois livros selecionados. Há apenas uma página de "Apresentação" no livro mais recente, onde afirma a realização de uma História Integrada, na qual hoje a História do mundo ocidental se efetiva pela globalização e com a expansão capitalista. Portanto, indica que o autor pode priorizar em sua análise a associação entre história e os aspectos econômicos.

Como visto, as informações presentes nessas introduções são pouco claras a respeito das opções teórico-metodológicas dos autores, mas constituem indícios dessas opções. Como planejado, um segundo esforço, então, objetivou lançar um olhar nas orientações aos professores. Nessa instância, algumas informações vêm à tona, mas sem representar muitas vezes uma explicação definida sobre as opções dos autores de livros didáticos.

Vale lembrar algumas considerações já expostas no começo do capítulo sobre os Manuais dos Professores. Vistos com desconfiança pelo PNLD quanto a sua autoria, este espaço dedicado ao professor deve, segundo o edital, superar o modelo "cópia do livro do aluno, apenas com exercícios resolvidos",[135] e servir como auxílio no exercício da docência. O Edital de Convocação do PNLEM 2007 exigia ainda: descrição da estrutura geral da obra e articulações entre partes ou unidades; orientações sobre o manejo do livro em sala de aula; sugestão de atividades complementares; subsídios à resolução das atividades do livro; discussão sobre avaliação; informações que auxiliem o professor quanto aos conhecimentos atualizados e/ou especializados necessários para a compreensão de exercícios ou de toda a proposta pedagógica.

De acordo com as resenhas do Catálogo de Livros Didáticos 2008, Cotrim e Schmidt conseguem atingir certo grau de aprovação quanto à elaboração de seus Manuais dirigidos ao professor, embora a

---

134   SCHMIDT, Mario Furley. *Op. cit.*, 2005, p. 367.
135   Edital de Convocação para Inscrição de obras a serem incluídas no Catálogo do PNLEM 2007, *Op. cit.*, p. 2.

ESCRAVO, AFRICANO, NEGRO E AFRODESCENDENTE 125

obra de Mario Schmidt tenha lacunas como: ausência de discussão sobre avaliação e de indicações de filmografia, discografia, sites, museus e bibliotecas que possam contribuir para formação continuada do professor. Por sua vez, Antonio Pedro e seus coautores pecam em diversos critérios estabelecidos pelo Edital 2007, destinando maior parte do Manual para responder atividades e não fornecendo: orientações sobre articulação do conteúdo e outras áreas de conhecimento; propostas de avaliações; sugestões de leituras; recursos para formação e atualização do professor. Pode-se ainda afirmar que, dos autores analisados, Pedro é o único que mantém um modelo de Planejamento para os 3 anos do ensino médio, assim como era prática na década de 1960.[136] A obra *História da civilização Ocidental* trouxe como auxílio ao professor as respostas ao exercício e um planejamento pronto.

Com relação à opção teórico-metodológica do autor e, por conseguinte, à opção que define conteúdo do livro didático, o Edital do PNLEM 2007 apresenta determinações em quatro momentos, levando em consideração orientações gerais e específicas para área de História. Em geral, as exigências circunscrevem a necessidade de eleger uma opção teórica, ou mais, desde que se explique a articulação entre elas. Além disso, essas informações podem ser apresentadas de forma explícita ou implícita, sendo que a escolha teórico-metodológica e a coerência com essa opção tem por objetivo propiciar ao aluno a apropriação do conhecimento. A seguir, achou-se apropriado citar as duas principais orientações encontradas a respeito dessa questão metodológica:

> [Anexo 1: Princípios e critérios comuns às obras didáticas avaliadas]
>
> · **Coerência e pertinência metodológicas**
>
> Na base de qualquer proposta científico-pedagógica está um conjunto de escolhas teórico-metodológicas, responsável pela coerência interna da obra e por sua posição relativa no confronto com outras propostas ou com outras possibilidades. Nesse sentido, será excluída a obra que:
>
> · não explicite suas escolhas teórico-metodológicas;

---

136   FONSECA, Selva Guimarães. *Op. cit.*, 2001, p. 139.

MÍRIAN CRISTINA DE MOURA GARRIDO

- caso recorra a diferentes opções metodológicas, apresente-as de forma desarticulada, não evidenciando a compatibilidade entre elas;

- apresente incoerência entre as opções declaradas e a proposta efetivamente formulada;

- não alerte sobre riscos na realização das atividades propostas e não recomende claramente os cuidados para preveni-los;

- não contribua, por meio das opções efetuadas, para:

- a consecução dos objetivos da educação em geral, do Ensino Médio, da área de conhecimento e da disciplina;

- o desenvolvimento de capacidades básicas do pensamento autônomo e crítico (como a compreensão, a memorização, a análise, a síntese, a formulação de hipóteses, o planejamento, a argumentação), adequadas ao aprendizado de diferentes objetos de conhecimento;

- a percepção das relações entre o conhecimento e suas funções na sociedade e na vida prática.[137]

Quanto às determinações específicas para o componente curricular História, encontram-se as seguintes informações:

[Critérios Eliminatórios: 1.Correção dos conceitos e informações básicas] Os pressupostos teórico-metodológicos, seja em relação à História, seja em relação ao ensino/ aprendizagem, embasam e orientam o trabalho com a História e com as práticas de ensino. Conseqüentemente, devem estar presentes, explícita ou implicitamente, na elaboração das obras didáticas. [...] A opção teórica mais global (como as concepções de sociedade, de mundo, de natureza), porém, não será um indicador de critério na análise das obras. O respeito às opções teóricas dos autores, como de resto de qualquer interlocutor, é um

---

137   Edital de Convocação para Inscrição de obras a serem incluídas no Catálogo do PNLEM 2007, *Op. cit.*, p. 36.

ESCRAVO, AFRICANO, NEGRO E AFRODESCENDENTE

princípio respeitado. O que caracteriza, de fato, uma boa obra didática de História é sua *coerência e adequação metodológicas [...]* É importante que o autor da obra didática explicite suas propostas metodológicas e, principalmente, que seja coerente com elas. Não é suficiente enunciar, de maneira até sofisticada, proposições metodológicas tentadoras e, no decorrer da exposição, continuar com as velhas fórmulas de descrever os processos históricos e listar atividades sem criatividade e pouco instigantes para a consecução dos objetivos educacionais. Ou, o que é pior, anunciar um método e praticar o inverso.[138]

Portanto, mesmo que implícito ou explicito, buscar-se-á identificar quais são as opções teóricas dos autores de livros didáticos analisados e se essas opções podem explicar as diferenças encontradas entre uma obra e outra, agora tendo como fonte os manuais do professor dos livros aprovados no PNLEM 2008.

Gilberto Cotrim afirma a postura do autor como um filtro composto por escolhas e, por conseguinte, uma História "permeada de intencionalidades que se manifestam, por exemplo, nas escolhas e formas de tratamento dos textos e da iconografia; na ênfase sobre determinadas questões e até mesmo nas lacunas inevitáveis".[139] A posição do autor é muito mais claramente respondida nos livros destinados ao ensino fundamental, nos quais afirma: "Diante da multiplicidade que, atualmente, alarga o campo dos estudos históricos, esta coleção privilegiou a *abordagem da vida pública nas esferas política, social e econômica, na história do Brasil e do mundo ocidental*".[140] Em seguida, Cotrim observa conhecer as críticas "contundentes", expressão por ele utilizada, com relação a esse método – não denominado por ele – de fazer a história, mas afirma que sua obra não está relacionada a essa crítica, pois sua visão política não resulta no estudo dos "grandes personagens e feitos" e a visão econômica não resulta em "sequência universalizante de meios de produção". Portanto, para ele seu trabalho fugiria do positivismo e do marxismo ortodo-

---

138   Edital de Convocação para Inscrição de obras a serem incluídas no Catálogo do PNLEM 2007, *Op. cit.*, p. 63-64 – grifos do documento.

139   COTRIM, Gilberto. *Op. cit.*, 2005, Manual do Professor, p. 7.

140   COTRIM, Gilberto. *Saber e fazer história: Pré História, Primeiras Civilizações e Antiguidade Clássica*. Vol.1. 2.ed. São Paulo: Editora Saraiva, 2002, Manual do Professor, p. 6, grifos do autor.

128 MÍRIAN CRISTINA DE MOURA GARRIDO

xo. Essa conduta é também observada no manual do professor dos livros distribuídos em 2008. Dessa forma:

> a abordagem tem como foco principal a vida pública, mas também inserimos aspectos da vida privada de épocas e sociedades. Procuramos, ainda, na elaboração dos capítulos, utilizar fontes de natureza variada: documentos escritos e iconográficos; públicos e privados; bibliografia já clássica e contribuições mais recentes da historiografia.[141]

Utilizar a historiografia tradicional ou clássica, como se queira chamar, e incluir momentos de contribuição da historiografia mais recente é característica marcante de todos os autores de livros didáticos aqui analisados. Acredita-se inclusive que ela se estende a outros autores. Como Cotrim, Mario Schmidt afirma que "em nosso livro, dentro do limite de seu escopo, esforçamo-nos para incorporar as novas tendências historiográficas, o novo pensamento na área da história das mentalidades, do cotidiano, dos marginais, da leitura [...]".[142] No caso de Antonio Pedro, por exemplo, houve incorporação de 80 textos complementares ao longo da obra, com a função interdisciplinar e de incorporação da historiografia recente; além disso, teriam a função de propiciar importante contato com autores renomados.

Como observado nas informações *Metodologia da História* do Catálogo de Livros PNLEM 2008 os avaliadores do Programa Nacional do Livro Didático afirmam a incorporação da renovação historiográfica – temas e objetos –, mas realizam ressalvas quanto a essa renovação nas obras de Cotrim e Pedro, pois esta se dá de forma parcial e desigual ao longo da obra.

Sobre Cotrim, pesa a alegação de que sua renovação é apresentada em quadros laterais – que se acredita acontecer com os outros dois autores -, o que não se aplica aos conteúdos relacionados à Idade Moderna, Brasil Colônia e Brasil até 1950, segundo a resenha, períodos contemplados com renovação historiográfica. Com caráter ilustrativo, pode-se afirmar que a comparação dos livros publicados em 1997 e 2005 permite observar, por exemplo, diferentes explicações sobre a escravidão indígena. Se em 1997 o assunto é pouco ex-

---

141   COTRIM, Gilberto. *Op. cit.*, 2005, Manual do Professor, p. 9.
142   SCHMIDT, Mario Furley. *Op. cit.*, 2005, Manual do Professor, p. 12.

ESCRAVO, AFRICANO, NEGRO E AFRODESCENDENTE 129

plorado apenas afirmando que "o colonizador insistiu em escravizar o índio, procurando aproveitá-lo, agora, na empresa açucareira. Entretanto, a escravização do índio não era tão conveniente ao sistema colonial mercantilista. À coroa portuguesa interessava uma solução mais lucrativa, ou seja, o uso de mão-de-obra africana";[143] em 2005, o autor aborda a escravização indígena nos séculos XVI e XVII,[144] contudo as explicações não excedem uma página.

No que diz respeito às considerações da resenha com relação a Antonio Pedro – e coautores – duas informações sobressaem no tópico Metodologia da História, do Catálogo de Livros do PN-LEM 2008. De acordo com os avaliadores, existe na obra uma preocupação crítica à noção de herói, o que leva a ênfase nos sujeitos coletivos inseridos em seu contexto, além da informação de uma renovação historiográfica efetivada parcialmente. A leitura do livro didático publicado em 2005 reafirma essas informações, indicando inclusive que atos políticos e econômicos ainda são os pilares das explicações, em coerência com o proposto pela obra que estuda o Ocidente a partir do capitalismo. É nesse sentido, de limite de inovações, que no subtítulo "A América antes de Colombo e Cabral"[145] os autores fazem um inflamado alerta sobre a necessidade de romper com as explicações dos povos americanos na base das "rápidas pinceladas", termo presente na obra, mas não parecem superar o mesmo problema. Afinal, dedicaram breves duas páginas a menções sobre exemplos de cultura e técnicas, sem a preocupação de escolher ao menos uma dessas civilizações que citam para destiná--la a explicações mais detalhadas.

De volta à análise dos manuais dirigidos aos professores, Mario Schmidt mantém em 2005 a mesma linha de argumentação presente nas obras da primeira geração, isto é, publicadas na década de 1990. Posiciona-se veementemente contrário à "História Tradicional" – identificada por ele como decoreba, exaltação de heróis, sucessão de datas e nomes – e afirma que de seu esforço apresenta-se:

> Um livro que, ao mesmo tempo em que resgata as *vozes esquecidas* da História (trabalhadores, mulheres, feiticei-

---

143   COTRIM, Gilberto. *Op. cit.*, 1997, p. 183.
144   COTRIM, Gilberto. *Op. cit.*, 2005, p. 198.
145   PEDRO, Antonio; LIMA, Lizânias de Souza e; CARVALHO, Yone de. *Op. cit.*, 2005, p. 176-178.

ras, marginais, artistas, etc.), não cai no viés positivista e autoritário da imposição da *verdade absoluta* do autor. Acreditamos que mais importante que conhecer os fatos históricos é aprender a pensar historicamente. Propomos um ensino voltado para a reflexão crítica, para a autoconscientização do ser que conquista direitos de cidadania para estimular nele o crescimento da autonomia do pensamento.[146]

A criticidade para Schmidt está na tentativa constante de relacionar o conteúdo histórico ao presente; desta maneira, a formação do aluno-cidadão resultaria deste esforço. Alerta-se que essa relação presente *x* passado é marcadamente a preocupação constante nos exercícios que compõem a obra de Cotrim em 2005, em oposição direta ao apresentado por Antonio Pedro no Manual do Professor:

> Embora seja louvável a introdução de novos temas no Ensino Fundamental e no Ensino Médio, aproximando-os mais da pesquisa acadêmica, não se pode abrir mão do objetivo de proporcionar ao aluno uma cultura histórica geral. Essa cultura histórica supõe(m) assimilação de informações básicas, ligadas aos temas abrangentes já sedimentados no saber escolar.[147]

Portanto, enquanto Schmidt posiciona-se radicalmente contrário a uma História tradicionalmente abordada no ensino, Antonio Pedro defende-a exatamente por sua condição de conteúdo sedimentado, uma cultura histórica, excluindo outros assuntos desse importante rol cultural. Desse saber sedimentado, o autor menciona a Revolução Francesa, a Expansão Marítima, a Reforma Religiosa e o Renascimento. Trata-se de temas tradicionais do saber escolar e que, de acordo com Antonio Pedro, justificados, pois, "o pesquisador sempre se propõe a dar conta de problemas específicos. É obrigado a fazer recortes tanto no que se refere aos problemas como às fontes".[148] De fato, é natural que cada profissional faça escolhas condizentes com suas preocupações,

---

146 SCHMIDT, Mario Furley. *Op. cit.*, 2005, p. 4 – Manual do Professor, grifos do autor.

147 PEDRO, Antonio; LIMA, Lizânias de Souza e; CARVALHO, Yone de. *Op. cit.*, 2005, p. 4 – Manual do Professor.

148 PEDRO, Antonio; LIMA, Lizânias de Souza e; CARVALHO, Yone de. *Op. cit.*, 2005, p. 3 – Manual do Professor.

ESCRAVO, AFRICANO, NEGRO E AFRODESCENDENTE 131

portanto, insiste-se que, para a execução da Lei 11.645, é necessário conscientizar os agentes envolvidos na escola da importância do estudo da História da África, dos afrodescendentes e das nações indígenas. Em oposição ao que Pedro e seus coautores consideram primordial no estudo de História para o ensino médio, Mario Schmidt argumenta:

> Nossa proposta é questionar esse tipo de visão [no qual a abolição é entendida como boa vontade da princesa Isabel]. O processo histórico é muito rico, resultado do entrecruzamento de diferentes sujeitos históricos que respondem de maneira diferenciada aos desafios de seu tempo. Assim, por exemplo, o processo abolicionista se apresenta mais complexo quando levamos em conta os diferentes movimentos abolicionistas (dos **moderados** aos chamados **radicais**), as múltiplas estratégias e táticas de resistência dos escravos (das fugas e quilombos às pequenas resistências cotidianas, as resistências culturais, etc.), as pressões inglesas, as reações dos fazendeiros às modificações econômicas, as novas idéias de **modernidade** e de **civilização**. Em resumo: o culto que a HT tradicional prestou ao **herói,** ao **grande vulto**, limitava a compreensão histórica por dois motivos: não percebia a imensa complexidade do fenômeno histórico e ignorava a ação fundamental dos **excluídos,** isto é, dos trabalhadores, das mulheres, dos idosos, etc.[149]

Vale apontar que algumas orientações constam nos manuais dos três autores. Assim, se preocuparam em afirmar o caráter seletivo do historiador e do professor; a inexistência de uma verdade absoluta dentro da ciência História; o livro didático como instrumento de auxílio que de forma alguma pressupõe substituição do professor ou roteiro de aulas; e a tentativa de incorporar a historiografia recente, em geral, efetivada como textos complementares.

Com relação à atuação profissional, todos os três autores de livros didáticos possuem experiência no ensino básico e, no caso de Cotrim e Schmidt, a origem de seus livros está relacionada à elaboração de apostilas por eles utilizadas em suas aulas. No que diz respeito à formação profissional, Cotrim é o que possui experiências mais diversificadas – graduação em História, Direito, Filoso-

---

149 SCHMIDT, Mario Furley. *Op. cit.*, 2005, p. 5 – Manual do Professor, grifos do autor.

132 MÍRIAN CRISTINA DE MOURA GARRIDO

fia, e mestrado em Educação, Arte e História da Cultura, sendo os dois últimos cursados após 1997 – e de acordo com as informações obtidas, dedica-se apenas à feitura de seus livros ou ao contexto que envolve esse setor. Ocupou inclusive o cargo de presidente da Associação Brasileira de Autores de Livro Educativo – ABRALE. Antonio Pedro possui sua carreira mais vinculada à universidade, o que de certa forma justifica uma formação centrada na área de História, inclusive com Doutorado em História Social pela Universidade de São Paulo e Pós-Doutorado pela Pontifícia Universidade Católica em conjunto com a *Columbia University*. Ademais, é o único autor analisado que mantém seu currículo na plataforma Lattes, instrumento amplamente utilizado no mundo acadêmico, e atua como docente da Pontifícia Universidade Católica de São Paulo. Há de se acrescentar que o autor de livro didático possui obras acadêmicas bastante utilizadas em universidades, como é o caso de *Imperialismo Sedutor*, publicado pela Companhia das Letras. Porém, para suas publicações científicas, o autor usa seu nome completo, Antonio Pedro Tota. Os coautores de Pedro também possuem títulos de Mestres, Lima em História Social e Carvalho em História Medieval. Ao que tudo indica, Schmidt não possui formação comprovada, como mencionado no capítulo 1, mas o autor alega ter feito graduação em História na Alemanha Oriental, além dos cursos de engenharia e filosofia iniciados – mas não concluídos – na Universidade Federal do Rio de Janeiro.

O esforço para compreender qual a opção teórico-metodológica dos autores de livros didáticos analisados não tem a intenção de rotulá-los, mesmo porque o exposto até o momento mostra a inviabilidade de tal rotulação. Entretanto, algumas considerações podem ser apontadas. Mario Schmidt possui a postura mais bem definida, pois ele se aproxima da análise marxista, embora não reduzida aos modos de produção. Segundo autor, essa conduta seria fruto da noção de existência de um destino prefixado e por ele não compartilhada,[150] mas não inova na apresentação de conteúdos como, por exemplo, a respeito da periodização. Além disso, apesar de priorizar os "excluídos", quando teve em mãos a oportunidade de falar dos ex-escravos após-abolição, optou por criticar a elite. Possivelmente, essa postura mais crítica, que lhe causou polêmicas

---

150   SCHMIDT, Mario Furley. *Op. cit.*,*Op. cit.* 2005, Manual do Professor, p. 7.

ESCRAVO, AFRICANO, NEGRO E AFRODESCENDENTE 133

midiáticas, foi possibilitada por sua vinculação a uma editora menos conhecida, que só entrou no rol das oito maiores empresas editorias de didáticos do Brasil em 2002.[151] Gilberto Cotrim e Antonio Pedro possuem estruturas mais conhecidas, ligadas à História Social e à tentativa de introduzir novos conhecimentos, representantes da História francesa. Entretanto, alerta-se: são apenas tentativas e, em geral, efetivadas em textos complementares.

Cotrim e Pedro fazem parte do catálogo de editoras consagradas no mercado de didáticos, Saraiva e FTD, respectivamente; logo, pode-se concluir que não inovar nos conteúdos ou abordagem faz parte da estratégia da editora, todavia, essa informação fica restrita apenas às editoras. Tal fator é ainda mais provável no caso de Gilberto Cotrim, pois a Editora Saraiva, também proprietária da Editora Atual, possui outras duas coleções aprovadas no PNLEM 2008. Portanto, pode ter sido parte da estratégia comercial garantir a venda de Cotrim e inovar nas outras coleções. Se essa foi a intenção, pode-se afirmar que obteve sucesso, pois coube a Cotrim o segundo lugar nas compras do PNLEM 2008, contra o décimo terceiro lugar de José Geraldo Vinci de Moraes (34.779 livros) e décimo quinto lugar de Maria Thereza Didier de Moraes e Antonio Paulo de Morais Rezende (12.750 livros),[152] também autores do catálogo da Saraiva/Atual. Essas informações foram obtidas junto ao Coped/ FNDE (Coordenação e Distribuição do Fundo Nacional de Desenvolvimento da Educação) e por mim sistematizados.

Das discussões efetivadas neste capítulo, conclui-se que o exposto por autores de livros didáticos a respeito do pós-abolição não apresenta uma redação que valorize o segmento negro da sociedade, mesmo levando em consideração as diferenças entre as concepções de História dos autores analisados; os autores descumprem, dessa forma, o que foi previsto pela Lei 10.639/03. Apesar de avaliados pelo Programa Nacional do Livro Didático para o Ensino Médio, os livros didáticos ainda estão compostos pelos mesmos conteúdos escritos que lhes davam corpo há uma década, portanto, não contemplam as discussões recentes. Todavia, não se pode negar que houve modificações em outros conteúdos do livro, como no que se

---

151   CASSIANO, Célia Cristina de Figueiredo. *Op. cit.*
152   Informações obtidas junto ao COPED/FNDE (Coordenação de Produção e Distribuição – Fundo Nacional de Desenvolvimento da Educação).

refere ao Manual do Professor, Atividades, textos complementares e imagens – mesmo com todas as críticas feitas – além de uma notável melhora material desses livros.

CAPÍTULO III

História, Educação e Identidade:
por um ensino-aprendizagem
possível

Quando se discute a História enquanto disciplina, diversos aspectos devem ser levados em consideração. Muitos deles já foram abordados neste trabalho, mas outros ainda carecem de uma maior atenção. Objetiva-se com este terceiro e último capítulo, discutir e analisar as possibilidades de uma educação que valorize a questão da identidade; essas discussões novamente referir-se-ão às políticas públicas e aos livros didáticos. Mas antes que tais discussões se iniciem vale ter em mente a seguinte afirmativa de Suzanne Citron: "A escola pouco aprende que a história que ensina não é "o" passado, mas um modo de ver o passado".

Mas, antes, levanta-se uma questão: O que faz o professor de História quando está na sala de aula? A pergunta parece simples, mas na verdade não é. O professor deve iniciar o ano letivo com o primeiro capítulo do livro didático que adota e finalizar o mesmo ano no último capítulo do referido livro? Deve preocupar-se com os conteúdos que estão em voga nos exames vestibulares e direcionar os conteúdos para aprovação dos alunos nas melhores universidades? Quando no setor privado, deve submeter-se aos programas sem alteração, por conta das pressões de coordenadores, diretores e do dono da instituição? Ou, ainda, quando a escola possui parceria com os "famosos" sistemas apostilados, o professor deve guiar-se pelas apostilas? Afinal, como exigir que o aluno compre o material didático se o professor não o utiliza na íntegra?

Ensinar História está intimamente ligado ao que se pretende com ensino de qualidade. Por essa via, cada professor, no controle de seu ofício, sabe o que é melhor para seu aluno, levando em conside-

136 MÍRIAN CRISTINA DE MOURA GARRIDO

ração o que condiz com sua realidade e necessidade. Entende-se que "Saber cortar ou adicionar é uma das habilidades mais desejáveis no magistério de História".[1]

Além de "desejáveis", como afirma Leandro Karnal, os textos normativos enfatizam a "desobrigação" de um currículo mínimo em todos os componentes curriculares. Assim como determina o artigo 22 das Diretrizes de Bases da Educação – Lei 9394/96 –, os Parâmetros Curriculares Nacionais para Ensino Médio e as Orientações Educacionais Complementares aos Parâmetros (PCN+), a educação está ligada à formação indispensável para o exercício da cidadania e a capacidade de progredir no trabalho e estudos posteriores. Ou ainda:

> O objetivo do ensino de História no ensino médio é o desenvolvimento de competências e habilidades cognitivas que conduzam à apropriação, por parte dos alunos, de um instrumental conceitual – criado e recriado constantemente pela disciplina científica –, que lhes permita analisar e interpretar as situações concretas da realidade vivida e construir novos conceitos ou conhecimentos. Ao mesmo tempo, esse instrumental conceitual permite a problematização de aspectos da realidade e a definição de eixos temáticos que orientam os recortes programáticos, bem como, apontam para novas possibilidades de criação de situações de aprendizagem. [...] Tendo em vista a impossibilidade de estudarmos o conteúdo total da história humana, e conscientes de que toda organização de conteúdos programáticos opera por seleção, baseada em noções cultural e historicamente estabelecidas.[2]

Assim como o exposto é claro quanto à necessidade de seleção dos conteúdos, incentivando inclusive o trabalho com eixos temáticos, a mesma preocupação deve recair sobre as escolhas dos tais "conceitos estruturantes" da ciência, termo utilizado no documento. Toda seleção é fruto de escolhas, nesse caso efetivadas por docentes de História, que são permeadas pelas experiências e/ou influências que agem sobre esses professores.

---

1   KARNAL, Leandro. História Moderna: a História Moderna na sala de aula. In: KARNAL, Leandro. (org) *História na sala de aula*: conceitos, práticas e propostas. 5.ed. São Paulo: Contexto, 2008, p. 130.

2   BRASIL. *PCN+ Ensino Médio. Orientações Educacionais Complementares ao Parâmetro Curriculares Nacionais. Op. cit.*, p. 77.

ESCRAVO, AFRICANO, NEGRO E AFRODESCENDENTE 137

Inegavelmente, o Decreto da Lei 10.639/03 ressoou nas instituições de ensino, mas tempos depois, será que a lei ainda causa ou reflete algum impacto dentro das escolas? Ou será que a instituição do 20 de novembro como parte do calendário escolar transformou o tema "África e afrodescendente" em simples celebração anual? Ou, ainda, novas demandas, como as famigeradas apostilas da Proposta Curricular de São Paulo, distribuídas aos professores desde 2008, relegaram ao esquecimento a importância da efetivação da lei?

Não haveria tempo hábil e espaço suficiente neste trabalho para responder tais questões, mas elas são importantes para a reflexão sobre o cenário educacional e, direta ou indiretamente, estão relacionadas às análises deste trabalho.

No início do esforço empreendido, determinou-se a importância da Lei 10.639/03, conquista do Movimento Negro para uma educação que valorize a constituição da identidade positiva entre os discentes negros e desmobilize atitudes preconceituosas entre os demais discentes e docentes. A militância negra sempre considerou a educação como instrumento de conscientização, valorização e inclusão social[3]. Portanto, para que a escola se transforme em espaço de valorização, ao invés de discriminação, lutou-se pela introdução da História da África e dos afrodescendentes nos currículos educacionais.

Todavia, para que de fato essa educação almejada se concretize, dois fatores precisam existir: a) os professores devem optar por discutir esse conteúdo em suas aulas; e b) os professores devem ter acesso a esses conteúdos. Levando em consideração que o livro didático é a principal política pública para a educação e que os valores astronômicos despendidos nas compras governamentais são indícios desse fato, os conteúdos sobre História da África e dos afro-brasileiros devem estar presentes nos livros didáticos.

Somam-se a esse cenário as avaliações do Programa Nacional de Livros Didáticos, níveis fundamental e médio, e a repercussão delas sobre a mídia e pesquisas acadêmicas:

> [Para as avaliadoras de História:] de um cenário marcado pelo predomínio de obras que veiculam, de modo

---

3 GONÇALVES, Luiz Alberto Oliveira; SILVA, Petronilha Beatriz Gonçalves e. Movimento Negro e Educação. Revista Brasileira de Educação, 2000, no. 15, p.134-158.

explícito ou implícito, todo tipo de estereótipo e/ou preconceitos, para um quadro em que predominam cuidados evidentes, por parte de autores e editores, em relação aos critérios de exclusão de uma obra didática[4]

[Para as pesquisas acadêmicas] De qualquer modo, o efeito [das reprovações expostas pelo MEC] sobre a produção didática nacional parece ter sido benéfico, pois as editoras nos anos seguintes demonstraram estar preocupadas em assegurar a qualidade de suas obras e cumprir todos os itens da avaliação, mesmo porque não poderiam perder este rico mercado; por maiores que sejam as pressões e mesmo que o governo pague pouco e exija muita qualidade, as editoras ainda não pensavam em abandonar seu principal cliente[5]

[Para a mídia] o governo retirou das salas de aulas obras obsoletas, preconceituosas e com erros graves[6]

Retomando citações já utilizadas, fica evidente o poder do Estado sobre as produções didáticas, ou seja, na reformulação dos produtos das empresas editoriais. Todavia, como exposto no capítulo 2, os livros didáticos de ensino médio analisados são marcados por permanências e mudanças. Faz parte do quadro de permanências a pouca informação e renovação de conteúdos referentes à História africana e do afrodescendente, indicando os prováveis limites na reformulação dos didáticos ou deficiência do poder do Estado.

O livro didático destinado ao ensino médio, ao que tudo indica, ainda possui forte influência dos exames de admissão das universidades e, provavelmente, por conta disso, pouco inovam na incorporação de conteúdos. Vitória Silva, em seu doutoramento, também identificou em suas fontes – livros didáticos do ensino médio – o caráter enciclopédico do ensino da disciplina História, bem como a tradição de privilegiar conteúdos da história da Europa Ocidental,

---

4   MIRANDA, Sonia Regina; LUCA, Tânia Regina de. *Op. cit.,* 2004, p. 127.

5   GATTI JUNIOR, Décio. *Op. cit.,* p. 232. Ver também: MEDEIROS, Ângela Cordeiro; ALMEIDA, Eduardo Ribeiro de. "História e Cultura afro-brasileira: possibilidades e impossibilidades na aplicação da Lei 10.639/2003". *Revista Agora*, Vitória, n.5, 2007, p. 9.

6   MORAES, Rita. A ira dos Excluídos. Revista IstoÉ, 01 julho 2008. *Apud,* CASSIANO, Célia Cristina de Figueiredo. *Op. cit.,* 2007, p. 79.

ESCRAVO, AFRICANO, NEGRO E AFRODESCENDENTE 139

em detrimento, inclusive, da História Nacional.[7] Talvez a reformulação do Exame Nacional do Ensino Médio (ENEM), no que tange às novas diretrizes para a formulação das provas, e o fato de ter se tornado um processo unificado de seleção para as universidades federais, possa contribuir para o rompido da literatura consagrada nos exames de admissão universitária.

Acrescente-se a esse cenário a formação universitária defasada, já que disciplinas sobre África apareceram, com maior frequência nas grades curriculares, muito recentemente. Para ilustrar as dificuldades dos docentes, no que se refere à recente introdução de disciplinas exclusivas para o estudo da História da África, recorreu-se a um breve levantamento das grades curriculares das três maiores universidades particulares que atuam na região do Vale do Paraíba. Trata-se de universidades particulares que formam a mão de obra docente de uma importante região do país. Das três instituições de ensino superior, uma ainda não possui disciplina para História da África – ressalta-se que essa instituição possui *campus* em outras localidades do Estado de São Paulo –; a segunda incorporou a disciplina em 2008, destinando 60 horas para seu estudo; e a terceira, incorporou em 2004 a disciplina História da África concomitante ao estudo da Ásia, destinando para a história dos dois continentes apenas 136 horas. Além do recente e pouco tempo reservado ao estudo da História da África, outro fenômeno pôde ser observado: as constantes reformulações das grades curriculares, a fim de diminuir o período total do curso, em geral finalizado em três anos. Nota-se que a obrigatoriedade do ensino de História da África acabou por pressionar a incorporação da disciplina, mas tal fator não elimina os limites impostos pela formação dos docentes já pertencentes ao cenário educacional.

Esse quadro expressa, então, a indiferença ou a dificuldade em introduzir novos temas nesse nível de ensino? Para responder a questão, voltar-se-á para a relação entre as empresas editoriais e os programas de compra de livros.

---

7   SILVA, Vitória Rodrigues. *Op. cit.*, p. 137.

Os editais de convocação do PNLD, orientações relacionadas à valorização do negro e rompimento com preconceitos

Como exposto em outros momentos desse trabalho, o Edital de Convocação do PNLD é o instrumento pelo qual ficam definidas as exigências a serem cumpridas pelas editoras e obras didáticas que desejam negociar com o Estado. Assim como define as condutas dos livros didáticos e de suas editoras, o edital define também os critérios de análise do livro didático. Logo, como todo concurso público regido por um edital, a exclusão de uma obra didática só se faz quando esta descumpre alguma exigência eliminatória presente no edital de convocação. Caso a editora interprete que não houve justificativas cabíveis de eliminação de sua obra, ela pode recorrer judicialmente.

Elementos de qualificação existiam até o PNLD 2008, mas, como faz parte das políticas de avaliação a não hierarquização das obras aprovadas, não há critérios de qualificação em 2011. Alerta-se, porém, que alguns desses elementos migraram para os critérios eliminatórios. É nesse sentido que orientações sobre estrutura editorial, projeto gráfico e manual do professor, que eram de ordem qualificatória em 2007, tornar-se-ão eliminatórios em 2011, evidenciando a necessidade de manter determinadas exigências, provavelmente ainda carentes de reformulações.

Desta forma, o Edital de Convocação do PNLD, em geral lançado dois anos antes da circulação do livro na escola (ex: Edital 2012 foi lançado em 04 de dezembro de 2009, mas os livros chegarão às escolas no ano de 2012), constitui instrumento privilegiado para a cobrança de mudanças nos livros didáticos, pois a exclusão de uma obra na avaliação do PNLD só é justificada judicialmente quando comprovado desacordo entre a obra e o estabelecido pelo edital.

Tendo por base essas considerações, busca-se a seguir articular o texto dos Editais de Convocação dos PNLD's 2007, 2008, 2011 e 2012 – sendo o primeiro e último destinados ao ensino médio e os dois centrais ao ensino fundamental – e as reais perspectivas de incorporação do apregoado na Lei 10.639. Para tanto, buscaram-se, no texto normativo, instruções que pudessem ter relação com a cobrança de conteúdos de valorização do negro e da história africana. Os quatro editais analisados mencionam a necessidade de as obras obedecerem a preceitos legais e jurídicos incluídos nesse sentido:

ESCRAVO, AFRICANO, NEGRO E AFRODESCENDENTE

Constituição Federal, Estatuto da Criança e do Adolescente, Lei de Diretrizes e Bases da Educação Nacional, **Lei nº 10.639/2003**, Diretrizes Curriculares Nacionais do Ensino Médio, Resoluções e Pareceres do Conselho Nacional de Educação, em especial, o Parecer CEB nº15/2000, de 04/07/2000, o Parecer CNE/CP nº 003/2004, de 10/03/2004 e Resolução nº 1, de 17 de junho de 2004.[8]

Contudo, a simples menção da lei não viabiliza por si só um parâmetro avaliativo para os pareceristas responsáveis pela avaliação pedagógica. Posto isso, partiu-se à procura de instruções que contribuíssem para a efetivação da valorização da cultura negra, isto é, efetivação da Lei 10.639, mesmo que não houvesse essa correlação explícita no texto do documento. Buscaram-se, por exemplo, orientações que trouxessem em seu corpo as palavras: cor, preconceito, estereótipo, afrodescendente e África.

Dentro das instruções comuns a todas as obras analisadas (válidas a todas as disciplinas) e específicas de História dos editais de 2007 e 2008, no que diz respeito a instruções sobre a valorização étnico-racial, preconceito e discriminação, encontram-se seis itens em 2007 e nove itens relacionados a esses aspectos em 2008. Desses itens, dois chamam maior atenção: 1) os critérios de qualificação comuns a todas as disciplinas e 2) os critérios de exclusão da obra de História. As citações a seguir correspondem às instruções dos editais por ordem de publicação:

> [Critérios de qualificação comuns às disciplinas 2007] Quanto à construção de uma sociedade cidadã, espera-se que a obra didática aborde criticamente as questões de sexo e gênero, de relações étnico-raciais e de classes sociais, denunciando toda forma de violência na sociedade e promovendo positivamente as minorias sociais.[9]

> [Critérios de exclusão de História] não veicular, nos textos e nas ilustrações, *preconceitos* que levem a *discriminações* de qualquer tipo (origem, etnia, gênero, religião, idade ou quaisquer outras formas e discriminação) [...]

---

8   Edital de Convocação para Inscrição de obras a serem incluídas no Catálogo do PNLEM 2007, *Op. cit.*,p. 35 – grifos da pesquisadora.

9   Edital de Convocação para Inscrição de obras a serem incluídas no Catálogo do PNLEM 2007, *Op. cit.*,p. 37.

MÍRIAN CRISTINA DE MOURA GARRIDO

estimular o *convívio social e o reconhecimento da diferença*, abordando a diversidade da experiência humana e a pluralidade social, com respeito e interesse;[10]

[Critérios de qualificação comuns às disciplinas 2008]
São os seguintes os critérios de qualificação:

· Quanto à *construção de uma sociedade cidadã*, espera-se que o livro didático:

1) promova positivamente a imagem da mulher, considerando sua participação em diferentes trabalhos e profissões e espaços de poder, reforçando, assim, sua visibilidade;

2) aborde a temática de gênero, da não violência contra a mulher, visando à construção de uma sociedade não sexista, justa e igualitária;

3) promova positivamente a imagem de afrodescendentes e descendentes das etnias indígenas brasileiras, considerando sua participação em diferentes trabalhos e profissões e espaços de poder;

4) promova positivamente a cultura afrobrasileira e dos povos indígenas brasileiros, dando visibilidade aos seus valores, tradições, organizações e saberes sóciocientíficos;

5) aborde a temática das relações étnico-raciais, do preconceito, da discriminação racial e da violência correlata, visando à construção de uma sociedade anti-racista, justa e igualitária.[11]

[Critérios de exclusão de História] não veicular, nos textos e nas ilustrações, *preconceitos* que levem a *discriminações* de qualquer tipo (origem, etnia, gênero, religião, idade ou quaisquer outras formas de discriminação); [...] estimular o *convívio social e o reconhecimento da diferença*, abordando a diversidade da experiência humana e a pluralidade social, com respeito e interesse; [...] esti-

---

10   Edital de Convocação para Inscrição de obras a serem incluídas no Catálogo do PNLEM 2007, *Op. cit.,*p. 66-67- grifos do documento;

11   Edital de Convocação para Inscrição de obras a serem incluídas no Guia do PNLD 2008, *Op. cit.,* p. 32 – grifos do documento.

ESCRAVO, AFRICANO, NEGRO E AFRODESCENDENTE 143

mular ações afirmativas em relação a questões de gênero, orientação sexual e etnias.[12]

A preocupação com o reforço de estereótipos já se faz presente no edital do PNLEM 2007, porém, o texto do edital de convocação do PNLD 2008 é mais objetivo e favorece nitidamente – ver itens 3 e 4 do texto – a necessidade de conteúdos que promovam positivamente os afrodescendentes, embora não estabeleça se essa atitude se dará com introdução ou renovação de conteúdos, ficando esse aspecto aberto a interpretações. Contudo, observa-se que as determinações foram mais bem elaboradas para o edital 2008 e constam como caráter de qualificação. No que circunscreve às exigências eliminatórias, houve acréscimo apenas da necessidade de estimular ações afirmativas em relação a gênero, orientação sexual e etnias. No edital 2008, destaca-se o crescimento do cuidado com a questão de gênero. Ao que tudo indica, os chamados "excluídos da história" ganhariam um novo aliado, o PNLD.

No Edital de Convocação PNLD 2011, existem cinco momentos em que se observa preocupação com preconceito, discriminação e promoção positiva dos afrodescendentes. Assim como no edital 2008, constam nesse último instruções sobre a promoção positiva da imagem e cultura do afrodescendente e das etnias indígenas brasileiras, acrescentando apenas a seguinte informação: "considerando seus direitos e sua participação em diferentes processos históricos que marcaram a construção do Brasil, valorizando as diferenças culturais em nossa sociedade multicultural".[13]

Ressaltar a necessidade de um trabalho contínuo com esses "novos elementos" e não algo a ser feito pontualmente – na semana do índio, da consciência negra ou em alguns poucos períodos da História – constitui um importante avanço para o alargamento do conhecimento sobre essa história, até então, secundária nos currículos escolares. Porém, o esforço pode ter seu objetivo limitado, pois, até 2008, essas orientações figuravam entre os elementos qualificatórios e, em 2011, quando não há mais essa categoria, mas apenas exigências eliminatórias, tais orientações deixaram de ter o peso de

---

12   Edital de Convocação para Inscrição de obras a serem incluídas no Guia do PNLD 2008, *Op. cit.*, p. 48 – grifos do documento.

13   Edital de Convocação para Inscrição de obras a serem incluídas no Guia do PNLD 2011, *Op. cit.*, p. 35.

144 MÍRIAN CRISTINA DE MOURA GARRIDO

determinações e passaram a ser orientações menores, uma vez que não migraram para os elementos eliminatórios, transformando-se apenas em texto introdutório, uma espécie de conduta que seria valorizada, mas não exigida.

Segundo o documento, "as obras didáticas devem representar a sociedade na qual se inserem **procurando**"[14] valorizar e promover positivamente a imagem e cultura da mulher, do afrodescendente e das nações indígenas. Portanto, como se trata de concurso público, o avaliador perde o respaldo do edital se quiser excluir ou classificar mal um livro por conta da ausência dessa postura de valorização – seja da mulher, do negro ou dos indígenas –, pois o edital apenas indica que tal obra deve procurar abordar o tema, mas não classifica a ausência com alguma penalidade. Quanto aos critérios cabíveis de eliminação, constam no edital do PNLD 2011 as seguintes instruções:

> [serão excluídas obras que] veicularem estereótipos e preconceitos de condição social, regional, étnico-racial, de gênero, de orientação sexual, de idade ou de linguagem, assim como qualquer outra forma de discriminação ou de violação de direitos;[15]

> [quanto às ilustrações devem] reproduzir adequadamente a diversidade étnica da população brasileira, a pluralidade social e cultural do país;[16]

> [será observado se a obra] Estimula o convívio social e o reconhecimento da diferença, abordando a diversidade da experiência humana e a pluralidade social, com respeito e interesse.[17]

> [será observado se o Manual do Professor] orienta o professor sobre as possibilidades oferecidas pela coleção didática para a implantação do ensino de História da

---

14 Edital de Convocação para Inscrição de obras a serem incluídas no Guia do PNLD 2011, *Op. cit.*, p. 35 – grifos da pesquisadora.

15 Edital de Convocação para Inscrição de obras a serem incluídas no Guia do PNLD 2011, *Op. cit.*, p. 37.

16 Edital de Convocação para Inscrição de obras a serem incluídas no Guia do PNLD 2011, *Op. cit.*, p. 40.

17 Edital de Convocação para Inscrição de obras a serem incluídas no Guia do PNLD 2011, *Op. cit.*, p. 47.

ESCRAVO, AFRICANO, NEGRO E AFRODESCENDENTE

África, da cultura afro-brasileira e da História das nações indígenas;[18]

Todas as três primeiras orientações eliminatórias são importantes quando se objetiva livrar os livros didáticos de estereótipos que não contribuem para a formação do cidadão e sua visão crítica da história, tendo por princípio a diversidade de experiências dos indivíduos históricos. Ressalte-se no entanto que, embora sejam fundamentais, essas orientações ainda não caminham para uma perspectiva de introdução de conteúdos não consagrados na literatura didática, como é o caso da literatura sobre os negros brasileiros pós--abolição. Pode-se ainda argumentar que, aqui, o considerado diferente se alargou, diminuindo, por conseguinte, a atenção à questão da discriminação racial.[19]

A situação é agravada no Edital de Convocação do PNLD - EM 2012 (no qual constam cinco itens relacionados a estereótipos, discriminação e diversidade), pois não consta em seu texto nem mesmo a sugestão de tal atitude de valorização, presente em 2011. Couberam apenas as seguintes determinações – eliminatórias e idênticas ao texto do edital 2011 p. 37 e 40 – referentes ao assunto:

> [serão excluídas obras que] (1) veicularem estereótipos e preconceitos de condição social, regional, étnico-racial, de gênero, de orientação sexual, de idade ou de linguagem, assim como qualquer outra forma de discriminação ou de violação de direitos;[20]

> [as ilustrações devem] (3) retratar adequadamente a diversidade étnica da população brasileira, a pluralidade social e cultural do país;[21]

O documento parte do princípio que é habilidade da Área das Ciências Humanas e suas tecnologias "(2) reconhecer e aceitar diferenças, mantendo e/ou transformando a própria identidade, per-

---

18   Edital de Convocação para Inscrição de obras a serem incluídas no Guia do PNLD 2011, *Op. cit.,* p. 47.

19   Sobre o problema de se utilizar o multicultural indiscriminadamente ver: MATOS, Hebe Maria. *Op. cit.,* 2003.

20   Edital de Convocação para Inscrição de obras no Programa Nacional do Livro Didático PNLD 2012 – Ensino Médio. *Op. cit.,* p. 19.

21   Edital de Convocação para Inscrição de obras no Programa Nacional do Livro Didático PNLD 2012 – Ensino Médio. *Op. cit.,* p. 20.

146 MÍRIAN CRISTINA DE MOURA GARRIDO

cebendo-se como sujeito social construtor da história"[22] e designa então, entre seu critérios eliminatórios para História, as duas exigências que se seguem:

[será observado se a obra] (17) está isenta de estereótipos, caricaturas e/ou simplificações explicativas que comprometam a noção de sujeito histórico e/ou induzam à formação de preconceitos de quaisquer natureza;[23]

[será observado se o manual do professor] orienta o professor sobre as possibilidades oferecidas pela coleção didática para a implantação do ensino de História da África, da cultura afro-brasileira e da História das nações indígenas.[24]

Como exposto, a preocupação com o rompimento de estereótipos e preconceitos permaneceu no texto do documento e são questões importantes que devem ser valorizadas na renovação dos livros didáticos. Todavia, no que corresponde à incorporação de conteúdos, não há avanços, e o alargamento do considerado diferente (condição social, regional, étnico-racial, gênero, orientação sexual, idade ou linguagem) acaba por diminuir a atenção que poderia ser dada aos conteúdos da história do negro africano e brasileiro e sua valorização.

As duas orientações sobre o manual do professor presentes nos editais 2011 e 2012 são as que mais chamam atenção nessas edições do PNLD. De acordo com o documento, o avaliador irá observar – caráter eliminatório – se o manual do professor orienta sobre as possibilidades oferecidas para a implantação de história da África, do afrodescendente e das nações indígenas, ou seja, o manual deve indicar quais são as possibilidades de efetivação da Lei 11.645. Porém, a exigência parte do pressuposto de que houve a incorporação desses conteúdos nos livros didáticos e, em parte, quando se trata do ensino fundamental, no qual o processo de avaliação tem sido executado há mais tempo (desde 1997), essa incorporação parece

---

22   Edital de Convocação para Inscrição de obras no Programa Nacional do Livro Didático PNLD 2012 – Ensino Médio. *Op. cit.*, p. 25.
23   Edital de Convocação para Inscrição de obras no Programa Nacional do Livro Didático PNLD 2012 – Ensino Médio. *Op. cit.*, p. 30.
24   Edital de Convocação para Inscrição de obras no Programa Nacional do Livro Didático PNLD 2012 – Ensino Médio. *Op. cit.*, p. 30.

ESCRAVO, AFRICANO, NEGRO E AFRODESCENDENTE   147

ocorrer gradativamente. A História da África, por exemplo, já se faz presente em diversas coleções de ensino fundamental, em especial em relação aos fatos ocorridos no período que antecede 1450.

Contudo, pelos entraves que já foram elencados, essa incorporação e atualização de conteúdos não ocorreu no ensino médio, e o próprio Catálogo de Livros Didáticos do PNLEM 2008 (livros avaliados no Edital PNLD-EM 2007) aponta que dos aprovados (19 coleções) apenas 7 coleções possuíam ao menos 1 capítulo sobre África.

Ao analisar livros do ensino médio, percebe-se que o negro ainda é estudado apenas enquanto escravo e marginalizado da História, praticamente desaparecendo depois do 13 de maio de 1888. Portanto, o ideal seria que o Edital de Convocação do PNLD determinasse a existência da História da África, de conteúdos de valorização do afrodescendente e das nações indígenas e cobrasse apenas que o manual do professor oriente sobre as possibilidades de se trabalhar com esses conteúdos. Quando o edital se omite na cobrança da incorporação de conteúdos e apenas afirma a necessidade de o manual do professor instruir o professor sobre as "possibilidades da implantação da História da África e dos afro-descentes", as perspectivas apontam para o limite da renovação dos livros do ensino médio.

Os guias de livros didáticos, orientação ao professor e perspectivas sobre o trabalho com a Lei 10.639

O guia de livros didáticos pode ser considerado a função final do corpo docente que avalia os livros adquiridos pelo Estado. Síntese das avaliações, o guia assume a função de ser "produzido especificamente com o objetivo de auxiliá-los [professores] nessa relevante tarefa!",[25] a de escolher o livro didático a ser usado nos próximo três anos. Portanto, sua estrutura e conteúdo devem facilitar a escolha do professor ao apresentar o resumo das pontencialidades, qualidades e limites dos livros didáticos aprovados pelo PNLD.

As breves explicações dadas no parágrafo anterior não esgotam a complexidade do processo que origina os Guias de Livros Didáticos. Para elucidar melhor o percurso de elaboração do documento, deve-se ter em mente que cada obra didática aprovada

---

25   História: Catálogo do Programa Nacional do Livro para o Ensino Médio: PNLEM 2008, *Op. cit.*, p. 7.

148 MÍRIAN CRISTINA DE MOURA GARRIDO

contou com o parecer avaliativo de dois pareceristas, sendo que a resenha final – presente no guia – é composta pelas informações obtidas nesses dois pareceres que, intermediadas por um terceiro indivíduo, responsável pela união dos pareceres, gera uma versão única da resenha. Segundo o próprio guia do PNLD-EM 2008, há também a colaboração de professores que atuam e possuem larga experiência no ensino médio como primeiros leitores e críticos do texto do guia, alterado então de acordo com as considerações desse grupo.[26] A complexidade da constituição dos Guias e sua relevância enquanto perspectiva de compreensão do abrangente processo que envolve o Programa Nacional do Livro Didático não fugiu à atenção das pesquisas acadêmicas mais recentes e, nesse sentido, o presente tópico conta com as contribuições da pesquisa de Yara Alvim.[27]

Além das contribuições acadêmicas, a seção utiliza, com *status* de fonte, os Guias de livros didáticos do PNLD-EM 2008, PNLD 2008 e PNLD 2011. Assim como o efetivado com os Editais de Convocação do PNLD, busca-se, por intermédio desses documentos, vislumbrar as políticas direcionadas à introdução ou renovação de conteúdos relativos à África e aos afro-brasileiros.

Assim como nos Editais de Convocação dos PNLD's existe no texto do Guia de livro Didático 2007 – denominado também Catálogo de Livro Didático somente nesta edição –, a advertência sobre a necessidade de as coleções didáticas observarem os preceitos legais e jurídicos inerentes ao âmbito educacional abre as informações sobre os critérios eliminatórios o seguinte texto:

> Todas as obras deverão observar os preceitos legais e jurídicos (Constituição Federal, Estatuto da Criança e do Adolescente, Lei de Diretrizes e Bases da Educação Nacional, Lei n° 10.639/2003, Diretrizes Curriculares Nacionais do Ensino Médio, Resoluções e Pareceres do Conselho Nacional de Educação, em especial, o Parecer CEB n°15/2000, de 04/07/2000, o Parecer CNE/CP n° 003/2004, de 10/03/2004 e Resolução n° 1, de 17 de junho de 2004) e ainda serão sumariamente eliminadas se

---

26   História: Catálogo do Programa Nacional do Livro para o Ensino Médio: PNLEM 2008, *Op. cit.*, p. 8.

27   ALVIM, Yara Cristina. *O livro didático na batalha de idéias*: vozes e saber histórico no processo de avaliação do PNLD. Dissertação em Educação, Universidade Federal de Juiz de Fora, 2010.

ESCRAVO, AFRICANO, NEGRO E AFRODESCENDENTE   149

não observarem os seguintes critérios:

- correção e adequação conceituais e correção das informações básicas;

- coerência e pertinência metodológicas;

- preceitos éticos.[28]

Preocupação essa reiterada no Guia 2008 – obras do ensino fundamental convocadas pelo Edital PNLD 2008:

> [Conhecimentos históricos] Este aspecto avalia se a coleção desenvolve e utiliza corretamente conceitos, imagens e informações da área de História, se apresenta referências fundamentais de tempo e espaço para que o aluno se localize em relação a sua e a outras sociedades e se incorpora novas temáticas, como a da cultura afro-brasileira.[29]

E transformada em "bandeira avaliativa" no Guia 2011, no qual constam entre os princípios da avaliação:

> O respeito à legislação que rege o Ensino público nacional. A legislação básica e as diretrizes que orientam o funcionamento do ensino devem ser rigorosamente observadas por uma coleção didática. No caso da História, *particular destaque, neste momento atual, deve ser dado ao cumprimento da Lei 11.645*, que dispõe sobre a obrigatoriedade de as coleções didáticas conterem informações e orientações quanto ao tratamento da História da África, História das populações indígenas, bem como reflexões acerca da situação dos afrodescendentes e indígenas no Brasil contemporâneo.[30]

O Guia mais recente ultrapassa a menção da necessidade da lei entre o corpo do texto introdutório e destina tópico especial para discussão de como a temática africana, afro-brasileira e indígena se apresenta nas obras analisadas e aprovadas. Ele também destina um

---

28   História: Catálogo do Programa Nacional do Livro para o Ensino Médio: PNLEM 2008, *Op. cit.*, p. 13- grifos da pesquisadora.

29   Brasil. Ministério da Educação. *Guia de livros didáticos PNLD 2008: História* — Brasília: Ministério da Educação, 2007, p. 13.

30   Secretaria de Educação Básica. *Guia de livros didáticos: PNLD 2011: História*. – Brasília: Ministério da Educação, 2010, p. 10 – grifos da pesquisadora.

150   MÍRIAN CRISTINA DE MOURA GARRIDO

parágrafo exclusivo sobre essas temáticas em todas as resenhas dos livros aprovados. O documento parte do pressuposto da relevância do tema inclusive porque "uma descrição de como as temáticas africana e indígena são contempladas ao longo da coleção [foi] aspecto fortemente enfatizado pelos professores [que atuam no ensino médio] que leram as resenhas em primeira mão".[31] O discurso por trás do guia revela a intenção de ressaltar a importância que a Lei 11.645 teria entre as políticas públicas e o âmbito escolar.

Levando em consideração apenas o apresentado nas resenhas presentes nos guias de livros didáticos, o pesquisador encontra os seguintes números: PNLD-EM 2008 foram 19 obras didáticas aprovadas, das quais, segundo o guia, 7 possuem História da África; PNLD 2008 foram 19 coleções aprovadas, sendo que destas se apresentam 7 com introdução da História da África e/ou dos afrodescendentes; e com relação ao PNLD 2011, das 16 coleções aprovadas, 15 incorporam a História da África e/ou do afrodescendentes. O progresso que os números sugerem é fantástico, contudo, uma observação mais acurada do documento revela informações que apontam os limites desse entusiasmo. É sobre esses limites que o trabalho se ocupa a seguir.

O Catálogo de Livros Didáticos do PNLEM 2008 – assim denominado na época de sua publicação – afirma, no corpo das resenhas das obras aprovadas, que sete coleções contemplam História da África e/ou dos afrodescendentes, porém, algumas críticas e dúvidas podem ser levantadas.

Primeiramente, quando se estabelece História da África, acredita-se que o estudo deve partir dos fenômenos endógenos, sem, é claro, omissão dos processos exteriores ao continente. De forma mais clara, pode-se citar o exemplo da *descolonização* do continente africano. Para configurar o conteúdo relativo a esse processo como História da África, é necessário que o estudo seja conduzido pela perspectiva dos processos de emancipação ocorridos no continente, concomitante ao contexto europeu. Porém, o que se vê nos livros didáticos é o predomínio da visão eurocêntrica sobre o processo de emancipação, ou mais apropriadamente, processo de descolonização, visão consagrada na literatura didática. Esse é o caso de 2 dos livros indicados como partícipes da introdução da História da Áfri-

---

31   Guia de livros didáticos: PNLD 2011: História, *Op. cit.*, p. 13.

ESCRAVO, AFRICANO, NEGRO E AFRODESCENDENTE

ca: *História das cavernas ao terceiro milênio*, da Editora Moderna, e *História Geral e Brasil*, da Editora Atual. O interessante é que, em caso semelhante, no qual a obra se pauta numa África vista da Europa, estudada exclusivamente na descolonização, a resenha tomou o cuidado de alertar que se trata de "abordagem cronológica, eurocêntrica e descritiva da obra, que raramente incorpora a renovação historiográfica".[32]

Um segundo ponto a ser levado à discussão é a omissão da presença de História da África Antiga no livro *Nova História Crítica* do autor Mario Schmidt, da Editora Nova Geração, em outros momentos da resenha que não apenas no sumário. Uma leitura seletiva do guia, que tenha por objeto os dois momentos mais centrais da resenha – síntese avaliativa e recomendações ao professor – acabaria por prejudicar as informações obtidas sobre a obra.

O terceiro ponto importante diz respeito à obra *História: trabalho, cultura e poder*, da Editora Base. Embora o guia afirme que "o primeiro volume enfoca as relações do Oriente e Ocidente, destacando Europa, Ásia e África, o segundo estuda as sociedades americanas e o terceiro, a sociedade brasileira",[33] ressalta o fato de a "obra não possibilita[r] a reflexão que inclua o debate historiográfico mais recente, o que se torna mais grave nas áreas de História do Brasil e História da África",[34] o que indica que o conteúdo não satisfaz a renovação historiográfica que se deseja efetivar no ensino de história. Outra obra que mereceu ressalvas quanto à incorporação de novos temas foi *Nova História Integrada*, da Editora CDE, na qual "destaca-se a efetivação de uma renovação historiográfica que incorporou novos temas, fontes e abordagens, como História econômica, relações de gênero e racismo [...] destaca-se o capítulo sobre África, com problematização de seus elementos conceituais e históricos".[35] O Guia alerta, porém, que na mesma obra "não se observa o cuidado em oferecer oportunidades para que o aluno desenvolva a capacida-

---

32 História: Catálogo do Programa Nacional do Livro para o Ensino Médio: PNLEM 2008, *Op. cit.*, p. 115.

33 História: Catálogo do Programa Nacional do Livro para o Ensino Médio: PNLEM 2008, *Op. cit.*, p. 89.

34 História: Catálogo do Programa Nacional do Livro para o Ensino Médio: PNLEM 2008, *Op. cit.*, p. 89.

35 História: Catálogo do Programa Nacional do Livro para o Ensino Médio: PNLEM 2008, *Op. cit.*, p. 105-108.

152 MÍRIAN CRISTINA DE MOURA GARRIDO

de de refletir sobre a diversidade das experiências humanas, assim como temas relativos a direitos, inclusão e exclusão social e identidades sociais determinadas".[36] Desse modo, as citações evidenciam que as tentativas de renovações encontram limites inclusive numa questão pilar nos estudos sobre história e cultura afrodescendente, relativo às diversidade das experiências humanas e à inclusão e exclusão social e étnica.

Das 7 obras indicadas como aquelas que incorporaram História da África, apenas 2 não possuem nenhum tipo de ressalva ou crítica, por parte do guia e da análise efetivada pela pesquisadora. É nesse sentido que o documento ressalta:

> [livro *História*, da Editora Ática] Destaca-se, especialmente, a incorporação da História da África, reforçando-se os novos olhares lançados à História da escravidão e das relações raciais nas Américas, no passado e no presente [...] Na História do Brasil, a defesa do princípio multicultural traduz-se na atenção concedida à História dos afrodescendentes e à dos povos indígenas, o que contribui para apresentá-los como sujeitos históricos autônomos e para legitimar suas demandas por identidade própria.[37]

> [livro *História moderna e contemporânea*, da Editora Ática] Privilegia a História Geral, mas estabelece diálogos freqüentes com as Histórias do Brasil, da América Hispânica, da África e da Ásia.[38]

Para findar as considerações sobre o guia PNLD-EM 2008, é necessário mencionar um caso especial, que envolve Gilberto Cotrim, autor do livro *História Global: Brasil e Geral*, da editora Saraiva. Em sua resenha consta a seguinte informação: "Por fim, ele [professor] deve observar o desequilíbrio entre os conteúdos selecionados, particularmente a ausência de conteúdos específicos sobre América hispânica e África".[39] A presença desse excerto na resenha de Co-

---

36 História: Catálogo do Programa Nacional do Livro para o Ensino Médio: PNLEM 2008, *Op. cit.*, p. 107.

37 História: Catálogo do Programa Nacional do Livro para o Ensino Médio: PNLEM 2008, *Op. cit.*, p. 47-48.

38 História: Catálogo do Programa Nacional do Livro para o Ensino Médio: PNLEM 2008, *Op. cit.*, p. 82.

39 História: Catálogo do Programa Nacional do Livro para o Ensino Médio: PNLEM 2008, *Op. cit.*, p. 81.

ESCRAVO, AFRICANO, NEGRO E AFRODESCENDENTE 153

trim e ausência da mesma informação nos demais autores que não incorporaram conteúdo sobre África e América hispânica, dá a entender que o erro é uma exclusividade da obra *História Global: Brasil e Geral*. É sabido que o guia de livros didáticos não tem a intenção deliberada de prejudicar ou auxiliar nenhuma das obras aprovadas, mas o complexo processo de elaboração da resenha final, bem como as diferentes visões historiográficas e, por essa via, diferentes preocupações que circundam cada um dos avaliadores do PNLD, pode resultar em destaques, ressalvas ou omissões que acabam por direcionar a leitura possível do Guia.

A subjetividade que permeia os textos dos pareceres e das resenhas publicadas nos guias está intimamente ligada aos lugares profissionais de cada avaliador.[40] A historiadora Yara Alvim obteve acesso a quatro pareceres direcionados a uma mesma obra aprovada no PNLD 2005 e PNLD 2008 e constatou a existência de qualificações diferentes da mesma obra, resultado das visões diferentes de cada avaliador. Ou seja: "Com base na análise percebemos que a diferença de olhar sobre as fontes históricas [um dos quesitos avaliados e que constam na apreciação do avaliador] presentes nas fichas individuais estão relacionadas, em grande medida, aos distintos enfoques privilegiados por cada avaliador".[41]

De acordo com a pesquisa de Alvim, as diferenças de opiniões sobre as obras, expressas nos pareceres, são reelaboradas por uma terceira voz, um mediador que dialoga com os dois pareceres e elabora a ficha consolidada pelo guia. Esta terceira voz pode operar por junção ou sobreposição das opiniões expressas nos pareceres, mas não o faz de forma aleatória. Para a historiadora "a construção da avaliação final gerou um sentido muito bem demarcado à coleção, a qual esteve associada a uma proposta tradicional – sob o ponto de vista histórico e pedagógico –, mas marcada por inovações, ainda que de maneira marginal".[42]

Nessa mesma linha de argumentação, constata-se que, das 7 coleções indicadas pelo Guia do PNLD 2008 como contendo História da África e/ou do afrodescendente, 4 coleções possuem ressalvas quanto à efetivação desses conteúdos. Segundo o guia nessas cole-

---

40   ALVIM, Yara Cristina. *Op cit.*, p. 6.
41   ALVIM, Yara Cristina. *Op cit.*, p. 82.
42   ALVIM, Yara Cristina. *Op cit.*, p. 108-109.

154   MÍRIAN CRISTINA DE MOURA GARRIDO

ções, as limitações originam-se da ausência de temas importantes como inserção do negro na sociedade ou pouco conteúdo relativo à história do negro e do indígena.

Semelhante análise pode ser extraída do Guia PNLD 2011. Apesar do elevado número de obras que aparecem como renovadas, por conta da introdução da historiografia da África e do afrodescendente (15 coleções), 9 foram alvo de ressalvas quanto a esses conteúdos e, dessas, 8 receberam ressalvas no que diz respeito à necessidade de o professor complementar tais assuntos, ora porque a obra apresenta lacunas, ora porque a historiografia adotada pela coleção não se assenta em opção historiográfica mais recente. De acordo com o texto do documento, 62% das obras aprovadas trabalham a temática indígena e africana com caráter informativo, isto é, buscam fornecer uma erudição histórica, reforçando a noção de História como conhecimento do passado, e apenas 38% trabalham na perspectiva crítico-reflexiva, que significa estabelecer uma problematização complexa entre o passado e presente.[43]

Apesar dos limites evidenciados pelas resenhas, o expressivo número de coleções indicadas como contendo História da África e do afrodescendente indica à pesquisadora que o guia 2011 revela tentativas de renovação e incorporação de conteúdos. Além disso, aponta que, possivelmente, observar as possibilidades de renovação/incorporação de conteúdos relativos à Lei 11.645 pode ter sido uma diretriz imposta aos avaliadores, mesmo que em seguida indicasse os limites dessas renovações.

As fichas avaliativas são indícios dessa diretriz, pois, se comparados Edital de Convocação e Ficha Avaliativa – presentes no Guia de livro didático como anexo –, apenas a Ficha PNLD 2011 apresenta a questão de número 62, que concerne ao respeito à legislação, às diretrizes e às normas oficiais relativas ao ensino fundamental, na qual também consta o critério único com seguinte enunciado:

> Contempla conteúdos referentes à 'História e Cultura Afro-brasileira e indígena', conforme disposto no Art.26-A da Lei n°9.394, de 20 de dezembro de 1996, modificada pela Lei n°10.639, de 9 de janeiro de 2003, e pela Lei n°11.645, de 19 de março de 2008. (argumente e exemplifique).[44]

---

43   Guia de livros didáticos: PNLD 2011: História, *Op. cit.*, p. 23-24.
44   Guia de livros didáticos: PNLD 2011: História, *Op. cit.*, p. 120.

ESCRAVO, AFRICANO, NEGRO E AFRODESCENDENTE 155

Ou seja, mesmo que os editais anteriores já exigissem respeito a LDB e suas alterações, somente a Ficha Avaliativa de 2011 incorporou a instrução. Novamente a análise direciona-se para a subjetividade da confecção do Guia de livros didáticos.

Sobre o Guia 2011, vale ainda mencionar que 11 das 16 coleções aprovadas são obras novas ou indicam ter passado por revisão, por conta da incorporação de coautores ou de introdução das expressões *novo* ou *reedição* no título. A comparação das coleções aprovadas e apresentadas nos diferentes Guias indicam também o estreitamento cada vez mais acentuado do número de editoras aprovadas nos sucessivos PNLD′s. Se em 2008, para o ensino médio, existiam 11 editoras pleiteando a preferência nas compras governamentais destinadas ao livro didático, em 2011 há apenas 5, levando-se em consideração que algumas editoras fazem parte de um mesmo grupo, embora mantenha selos diferentes, caso da Scipione e Ática.

No Edital de Convocação 2011, subentende-se também que haverá a manutenção da centralização de obras concorrentes em poucas editoras. Isto se evidencia na criação das normas e definição de prazos diferenciados para as editoras – então identificadas como titulares de direito autoral, mas no, edital 2012, indicadas apenas como editor – que apresentarem 64 volumes ou mais.[45] Por isso, levando em consideração o aparecimento de obras novas ou reeditadas, a citação a seguir condiz com as considerações até aqui traçadas:

> Alguns resultados da avaliação já são perceptíveis. Observa-se que, no decorrer do processo, vem diminuindo o número de obras de História excluídas e, em contrapartida, várias outras coleções surgiram, algumas delas produzidas por novos autores e mesmo editoras, o que aponta para um processo de renovação da produção didática. No plano gráfico, é patente a melhora do projeto editoria, formato, impressão e qualidade do material empregado na feitura dos livros.[46]

---

45   Edital de Convocação para Inscrição de obras a serem incluídas no Guia do PNLD 2011, *Op. cit.*, p. 1-2.

46   LUCA, Tânia Regina de. O debate em torno dos livros didáticos de História. In: MALATIAN, Teresa; DAVID, Célia M. *Pedagogia cidadã: cadernos de formação: História.* 2.ed. São Paulo: UNESP, Pró-Reitoria de Graduação, Faculdade de História, Direito e Serviço Social, Campus

156   MÍRIAN CRISTINA DE MOURA GARRIDO

Portanto, mesmo com as inúmeras ressalvas efetivadas sobre os guias, pode-se afirmar que, se os editais de convocação dos PNLD's não são promissores quanto à incorporação da História da África e dos afro-brasileiros, os guias indicam um caminho oposto, reservando destaque à necessidade de incorporação da Lei 11.645 – atualização da Lei 10.639 – e direcionando o leitor a crer que houve renovações entre as coleções aprovadas. O que se justifica para o segundo ciclo do ensino fundamental, ou seja, 5º ao 8º ano (recém denominados 6º ao 9º ano), no qual a experiência avaliativa completou com o PNLD 2011 sua quinta avaliação. Nesse processo, é impossível não observar os efeitos dentro do mercado de livros didáticos, pressionando autores e editores a se adaptarem às exigências das políticas públicas vigentes. Mas não se pode afirmar que esse seja o mesmo cenário para o nível médio. Entretanto, as indicações do Guia 2011 servem de consolo para esse nível de ensino também. Assim:

> A Lei 10.639, que atualiza a LDB e institui a obrigatoriedade de tratamento da temática afro-brasileira nas escolas, data de 2003. Bem antes disso o campo da historiografia já vinha se dedicando a revisões interpretativas acerca da História da África, das questões relativas à escravidão e à situação dos afrodescendentes no Brasil. Em 2008 aquela lei seria atualizada por uma nova lei – a 11.645 – que estabeleceria a obrigatoriedade de tratamento também das questões relativas à História e cultura indígenas. Contudo, sabemos que, a despeito da inovação processada pelos efeitos dos movimentos sociais e pelo crescimento da pesquisa histórica, a didatização de tais conteúdos e sua incorporação ao saber histórico escolar é algo que não se resolve em um curto espaço de tempo nem tampouco é espontâneo. Antes disso, pressupõe um cuidadoso processo – e tempo – de reorganização das bases de saber e de formação do professor.[47]

Portanto, pode-se considerar que a renovação dos livros didáticos (ensino fundamental e médio) insere-se num processo gradual no qual devem agir positivamente as sucessivas avaliações do PNLD. Por enquanto, o que se observa nas obras didáticas de ensino médio é alteração de conteúdos pontuais para "cumprir" o papel des-

---

Franca, 2006, p. 119-120.
47   Guia de livros didáticos: PNLD 2011: História, *Op. cit.*, p. 22-23.

ESCRAVO, AFRICANO, NEGRO E AFRODESCENDENTE

sas lacunas, isto é, conteúdos já existentes ganham nova roupagem para ocupar espaço dessas renovações inexistentes. É nesse sentido que, nos anos 1990, o Egito era situado no Oriente e agora passou a frequentar o continente africano; e que a Revolta de Malês, que era assunto para texto complementar, tornou-se texto principal. Contudo, eles aparecem sem alteração ou ampliação das explicações, como no caso dos três autores analisados no segundo capítulo. Embora todas essas novas interpretações auxiliem para a superação do silêncio dos africanos e afrodescendentes na História, eles não indicam a ruptura com a tradição historiográfica presentificada na literatura didática; tampouco representam a incorporação de novos conteúdos. No entanto, quando se trata do universo de livros didáticos, não há uma única versão da história a ser apreendida. É nesse sentido que, dos autores analisados, ao menos um buscou inserir capítulo sobre a África Antiga e reflexão sobre a produção cultural do Brasil, enquanto espaço de socialização de negros e brancos; portanto, de uma cultura afro-brasileira.[48]

Para finalizar essas questões, vale ressaltar que a presença elevada das discussões sobre a efetivação da Lei 11.645 nos Guias de livros didáticos representa forte pressão sobre as empresas editoriais. Obviamente, essa pressão tomaria o caráter de imposição, se presente entre as determinações dos editais, mas possuem lógica, caso se observem os constantes jogos de disputas entre editoras e governo, marcados por negociações de ambos os lados. Influenciado por esses "jogos de forças", o mais recente decreto regulador do Programa Nacional de Livros Didáticos, o Decreto n° 7.084 de 27 de janeiro de 2010, estabelece inclusive o direito de as editoras executarem mudanças nos livros didáticos reprovados nas avaliações do PNLD, possibilitando, depois dessa correção, que a coleção volte a pleitear as compras governamentais, como consta na citação a seguir:

> Art. 20 As obras avaliadas pedagogicamente, de acordo com os critérios estabelecidos em edital, receberão pareceres elaborados pelas equipes técnicas, que indicarão:
>
> I - a aprovação da obra;

---

48   SCHMIDT, Mario F. *Op. cit.*, 2005, p. 71-79; p. 202-205.

II - a aprovação da obra condicionada à correção de falhas pontuais, que, a critério dos pareceristas, não comprometam o conteúdo ou conjunto da obra; ou

III - a reprovação da obra.

§ 1º Na hipótese do inciso II do **caput**, o titular de direito autoral ou de edição poderá reapresentar a obra corrigida no prazo de quinze dias a contar da publicação do resultado da avaliação pedagógica, para conferência e eventual aprovação, caso as falhas apontadas no parecer tenham sido devidamente sanadas.

§ 2º Não se enquadram como falhas pontuais a supressão ou substituição de trechos extensos, a correção de unidades ou capítulos, a revisão global da obra, a adequação dos exercícios ou atividades dirigidas, entre outras que demandem a reformulação e não simples correção da obra.

§ 3º O parecer indicativo de reprovação da obra poderá ser objeto de recurso fundamentado por parte do titular de direito autoral ou de edição, no prazo de dez dias a contar da publicação do resultado da avaliação pedagógica, vedados pedidos genéricos de revisão da avaliação.

§ 4º O recurso deverá ser dirigido à Secretaria de Educação Básica do Ministério da Educação, que proferirá decisão no prazo de trinta dias.

§ 5º Para análise dos recursos, a Secretaria de Educação Básica do Ministério da Educação poderá contar com auxílio de equipes revisoras formadas por três avaliadores integrantes das equipes técnicas de que trata o § 1º do art. 14, que não tenham participado da avaliação inicial da obra.

§ 6º. A equipe revisora ficará encarregada de analisar o recurso e emitir manifestação exclusivamente sobre a procedência ou improcedência do recurso, vedada a reavaliação integral da obra. [49]

A possibilidade de corrigir erros nas coleções reprovadas não

---

49   Decreto nº 7.084 de 27 de janeiro de 2010 – grifos da pesquisadora.

ESCRAVO, AFRICANO, NEGRO E AFRODESCENDENTE 159

traduz, ao ver da pesquisadora, um problema ou retrocesso; na verdade, elas vêm apenas confirmar as constantes negociações e adaptações que marcam o Programa Nacional do Livro Didático.

Livros Paradidáticos, mercado editorial e políticas públicas: representações e possibilidades diante da Lei 10.639

As décadas de 1970 e 80, no que se refere aos produtos editoriais didáticos, foram marcadas por dois fenômenos: a renovação do livro didático, na busca de contemplar as mudanças efetivadas por novas propostas curriculares educacionais, e o "lançamento de novas coleções de livros visando atingir um leitor médio. Os livros destas coleções, denominados paradidáticos, tornaram-se um novo campo para as publicações acadêmicas",[50] restritos até então ao seleto mundo universitário.

Diante da inexistência de definição exata para o termo paradidático, optou-se por identificá-lo com livros que possuem conteúdo científico ou literário, adaptado ao ensino e utilizado por ele. Segundo Munakata:

> Livros paradidáticos talvez sejam isso: livros que, sem apresentar características próprias dos didáticos (seriação, conteúdo segundo um currículo oficial ou não etc.), são adotados no processo de ensino e aprendizagem nas escolas, seja como material de consulta do professor, seja como material de pesquisa e de apoio às atividades do educando, *por causa da carência existente em relação a esses materiais.*[51]

Objetos de grande alcance no meio educacional e de alta rentabilidade para as empresas editoriais, o gênero paradidático, em especial no contexto contemporâneo, tem sido pouco explorado pelas pesquisas acadêmicas. Contudo, o presente trabalho acredita na potencialidade de estudos sobre o tema e busca, a seguir, traçar um panorama das contribuições do gênero para a renovação da história escolar e sua participação nas políticas públicas atuais.

---

50   FONSECA, Selva Guimarães. *Op. cit.*, 1993, p. 145.
51   MUNAKATA, Kazumi. *Op. cit.*, 1997. Texto obtido via internet, sem indicação de páginas.

160   MÍRIAN CRISTINA DE MOURA GARRIDO

Dentro da função de "socializar o chamado saber erudito",[52] os paradidáticos passam, na década de 1980, pela ampliação numérica e tipológica de publicações. Em geral, observa-se que, ao menos no campo da disciplina histórica, essas publicações podem ser dividas em dois tipos: as que se destinam a apresentar períodos históricos resumidamente, portanto "meros desdobramentos dos livros didáticos"; e os livros que abordam temas específicos, inerentes às especificidades de seus autores e, concomitantemente, influenciados também pelo alargamento das pesquisas acadêmicas, no que se refere aos temas e ao corpo documental.[53]

Segundo editores,[54] o gênero surgiu e se fortaleceu porque procura atender às exigências do mercado consumidor, mas constitui-se também em meio de sobrevivência para autores, grande negócio para as editoras e uma contribuição para a formação do alunado. Quanto às características que definem maior aceitação por parte das empresas de materiais didáticos, os depoimentos dos editores são taxativos "Não importa se o livro é de *tendência x ou y*, mas suas vendas [...] o importante é agradar o leitor, socializar o conhecimento e torna-lo um excelente negócio".[55]

A Editora Brasiliense, com a coleção *Primeiros Passos*, em 1979, foi a pioneira no gênero paradidático, seguida por iniciativa semelhante da coleção *Tudo é História*.[56] Com escrita simples e atraente, muitas vezes escrito por docentes/pesquisadores universitários, o gênero paradidático alcançou vasto mercado, que incluía a princípio o ensino fundamental e médio – principalmente – das instituições particulares e alunos de graduação, que procuravam no gênero uma leitura básica de pesquisas acadêmicas.

Todavia, a clientela do paradidático tem se reconfigurado, pois "o acesso à cultura e à informação e o incentivo à formação do hábito de leitura nos alunos, nos professores e na população são os principais objetivos do Programa Nacional Biblioteca da Escola – PNBE".[57] Ou seja, o hábito de leitura tornou-se preocu-

---

52   FONSECA, Selva Guimarães. *Op. cit.*, 1993, p. 146; 2003, p. 54.
53   FONSECA, Selva Guimarães. *Op. cit.,* 1993, p. 146; 2003, p. 54.
54   *Cf.* FONSECA, Selva Guimarães. *Op. cit.*, 1993, p. 146-7.
55   FONSECA, Selva Guimarães. *Op. cit.*, 1993, p. 147.
56   FONSECA, Selva Guimarães. *Op. cit.*, 1993, p. 145.
57   *Fundo Nacional de Desenvolvimento da Eudcação*. Disponível em: <http://www.fnde.gov.br/> Acesso em: 01 ago 09.

ESCRAVO, AFRICANO, NEGRO E AFRODESCENDENTE 161

pação do governo federal desde 1997, quando se criou o PNBE e se iniciaram as compras de títulos "incluindo obras clássicas e modernas da literatura brasileira, enciclopédias, atlas, globos terrestres, dicionários, livros sobre a história do Brasil e sua formação econômica e um Atlas Histórico Brasil 500 Anos"[58] para serem distribuídos as escolas públicas.

O Programa ocupa, dentre as políticas públicas, a função de reverter a tendência histórica brasileira de restrição à cultura letrada, viabilizando melhores possibilidades de acesso a essa cultura aos estudantes de escolas públicas do país. A ação governamental estaria inserida numa perspectiva de política de formação de leitores na busca da democratização das fontes de informação, do hábito da leitura de alunos e professores.[59]

Executado pelo Fundo Nacional de Desenvolvimento da Educação (FNDE), em parceria com a Secretaria de Educação Básica (SEB), e com recursos financeiros do Orçamento Geral da União, o Programa Nacional Biblioteca da Escola possui uma estrutura de funcionamento similar ao do Programa Nacional do Livro Didático (PNLD). Portanto, o processo de aquisição de livros se inicia com a publicação do Edital de Convocação, no qual se estabelecem as normas para inscrição e avaliação das obras a serem adquiridas, seguida pela avaliação e seleção das obras para o PNBE, executadas por professores universitários e profissionais de múltiplas experiências, incluindo professores com experiência no ensino básico. Seguem-se o controle de qualidade pelo Instituto de Pesquisas Tecnológicas (IPT); a negociação das obras junto às editoras; a compra e a distribuição realizada pela Empresa Brasileira de Correios e Telégrafos (ECT).[60]

O universo de ações do PNBE compreende: a constituição de bibliotecas dentro do espaço escolar – englobando todo o ensino básico –; o envio de livros de referência aos professores e outras iniciativas para estimular a leitura, como, por exemplo, a ação "Leitura

---

58   *Fundo Nacional de Desenvolvimento da Educação. Op. cit.*
59   Brasil. Ministério da Educação. *Programa Nacional Biblioteca da Escola (PNBE): leitura e bibliotecas nas escolas públicas brasileiras.* Secretaria de Educação Básica, Coordenação-Geral de Materiais Didáticos; elaboração Andréa Berenblum e Jane Paiva. – Brasília: Ministério da Educação, 2008, p. 5.
60   *Fundo Nacional de Desenvolvimento da Educação. Op. cit.*

162   MÍRIAN CRISTINA DE MOURA GARRIDO

na Minha Casa", criado em 2001 e ampliado nos anos posteriores, a fim de distribuir livros (literatura geral) para que os alunos levassem para casa, possibilitando a troca de livros entre os discentes e viabilizando também o acesso da família do discente a essas obras.

No que tange ao Ensino Médio, a criação do PNBEM – Programa Nacional Biblioteca da Escola para o Ensino Médio – data de 03 de abril 2007, Resolução 005, mas vale ressaltar que, assim como o que ocorreu no PNLD, devido às reestruturações internas da Secretaria de Educação Básica, as ações voltadas à formação de acervos literários, referência, pesquisa ou apoio à prática educativa, foram unificados na sigla PNBE em todos os níveis de ensino, portanto, fundamental e médio.[61]

Para além da distribuição de acervo, o Ministério da Educação tem buscado tornar o acesso à cultura letrada algo concreto dentro das instituições escolares públicas e, por isso, depois de críticas quanto à real efetivação das intenções do PNBE, realizou uma pesquisa intitulada Avaliação Diagnóstica do Programa Nacional Biblioteca da Escola, com auxílio da UNESCO. O objetivo de tal pesquisa foi avaliar a eficiência dos investimentos efetivados pelo PNBE e estimular, entre gestores e professores, a criação de novas apreensões da formação de leitores, a fim de que a biblioteca se integrasse ao "projeto político-pedagógico das escolas, transformando-a em um espaço de convivência, de debate, de reflexão e de fomento à leitura".[62]

O compromisso das políticas públicas com a formação de uma sociedade leitora tem estado presente nos discursos oficiais. Prova dessa crescente relevância é a publicação em 2006 do Plano Nacional do Livro e Leitura, documento que dá a base para programas, projetos e ações a serem desenvolvidas no país, no âmbito de ministérios, governos estaduais e municipais, e dos demais interessados na difusão da leitura. Ressaltando a experiência positiva das políticas públicas direcionadas à formação do domínio da escrita e da leitura – tais como PNLD e PNBE –, o documento parece indicar a necessidade da continuidade e ampliação de políticas que revertam a restrição à cultura letrada.[63]

---

61   *Cf.* Decreto 7.084 de 27 de janeiro de 2010.
62   Brasil. Ministério da Educação. *Programa Nacional Biblioteca da Escola (PNBE): leitura e bibliotecas nas escolas públicas brasileiras. Op. cit.*, p. 6.
63   *PNLL.* Disponível em: <www.pnll.gov.br> Acesso em 01 jun 2010.

ESCRAVO, AFRICANO, NEGRO E AFRODESCENDENTE 163

Infelizmente, não haveria tempo hábil para pormenorizar as ações do PNBE ou do PNLL. Contudo, as informações trazidas aqui são importantes e apontam a validade de programas como o PNBE; mas, além da relevância, as cifras despendidas com tais programas também devem tornar-se conhecidas. Segundo o Fundo Nacional de Desenvolvimento da Educação – FNDE – foram gastos em 2008: R$ 661.411.920,87 (PNLD) e R$ 221.540.849,41 (PNLEM). Para a ampliação e formação de bibliotecas – PNBE – as cifras chegaram a: R$ 9.044.930,30 (educação infantil); R$ 17.336.024,72 (ensino fundamental); e R$ 38.902.804,00 (ensino médio). Portanto, somente para o ensino médio as empresas editoriais lucraram R$260.443.653,41 milhões de reais em um ano, sendo que, das editoras que mais lucraram com o PNBE (ensino médio), três também estão no rol das editoras que mais participaram das compras do PNLD de 2002 a 2006. São elas: Editora Nacional (incorporada à Editora IBEP na década de 1980); Editora Moderna (pertencente ao grupo espanhol Santilhana); e a Editora Ática (ligada à Editora Scipione, pertencente ao grupo Abril).

É interessante observar que dos livros destinados à escolha dos professores para o componente curricular História, como consta no Diário Oficial da União de 15 de novembro de 2007, seção 1, folha 26, cinco pertencem às editoras Ática/Scipione, um à Editora Moderna, num total de 6 livros paradidáticos, metade dos livros disponíveis para História. Os outros seis livros paradidáticos de História estão distribuídos da seguinte forma entre as editoras: quatro livros da Editora Atual (pertencente à Editora Saraiva, que segundo o FNDE vendeu 74.184 livros pelo valor de R$ 286.597,52); um livro da Editora SM (que, de acordo com o FNDE, vendeu 24.728 livros pelo valor de R$ 127.596,48); e um livro da Editora Unesp (não consta na relação de compras do FNDE). Cabe indicar que, embora conste no parágrafo os valores pagos às editoras, não houve acesso à relação valor / título adquirido.

Diante dessas informações, ou seja, da existência de um segmento editorial que busca suprir as necessidades da formação do alunado com paradidático e de um programa governamental que investe na compra desse gênero – PNBE –, o trabalho seguinte consistiu em realizar um levantamento dos livros paradidáticos publicados, e ainda disponíveis, que pudessem dar conta de construir uma educação que valorize o negro como agente histórico. Portanto, se-

164   MÍRIAN CRISTINA DE MOURA GARRIDO

riam livros que poderiam auxiliar a atividade docente na efetivação da Lei 10.639/03. Uma ressalva merece ser feita: como nem todos os livros levantados foram manuseados pela pesquisadora, partiu-se do princípio de que o conteúdo pode conduzir a uma leitura interessante para a valorização da História da África e do afro-brasileiro; mas, se de fato possuem, não se pode responder. Tal fato, porém, não deslegitima o esforço, pois trata-se de um empreendimento ilustrativo; além disso, deve-se considerar também que a *apropriação*[64] do leitor está fora do alcance do pesquisador.

O levantamento os títulos de paradidáticos cujo nome ou conteúdo possibilitam a efetivação da Lei 10.639/2003 somou um total de 61 livros. O mais antigo publicado em 1983 e reeditado em 2003, como ocorreu com a maior parte dos livros cuja primeira edição é anterior a 1998. Esses paradidáticos ainda disponíveis no mercado, podem ser divididos em dois grupos: o primeiro grupo está ligado às publicações encontradas entre 1986 e 2000; geralmente, correspondem à escravidão enquanto categoria de trabalho e em menor escala abordam o tema rebeliões; o segundo grupo é formado por livros paradidáticos, publicados entre 2000 e 2009, que possuem uma preocupação mais acentuada com o negro enquanto questão social. Embora entre esses livros ainda existam títulos que demonstrem se ocupar com a questão escravista, eles são encontrados em menor quantidade.

Outro fenômeno que pode ser verificado é a reedição de obras do primeiro grupo, que tinham por preocupação a categoria trabalho e rebeliões, e por isso não estão inseridas nas preocupações evidenciadas em obras mais recentes. Ou seja, são reedições de paradidáticos que não visam a discussão crítica das relações étnico-raciais. Acredita-se que a reedição desses paradidáticos busca escoar uma literatura referente à escravidão, Brasil e África já existente, enquanto projetos elaborados com base na discussão e historiografia recentes são criados pelas editoras.

Com exceção do livro de Alfredo Boulos Jr, obra *Os africanos e seus descendentes no Brasil* publicado em 2002 pela editora FTD, a partir de 2004 – um ano após o decreto da Lei 10.639 – os livros paradidáticos publicados se ocupam em explicar a África, suas relações com o Brasil e a herança dos afro-brasileiros. Portanto, a inexistência

---

64   CHARTIER, Roger. *Op. cit.*, 1988.

ESCRAVO, AFRICANO, NEGRO E AFRODESCENDENTE 165

do tema "África e afrodescendentes" nos livros didáticos de ensino médio, contemplados nas compras do PNLD's, não está relacionada à falta de informação sobre esses conteúdos. Possivelmente, essa inexistência está vinculada a uma estratégia editorial, na qual as editoras lucram com as compras governamentais duas vezes, no PNLD e no PNBE.

Pode-se supor que, entre a data de publicação da Lei 10.639/03 e a exigência concreta de tal lei no Edital, há uma lacuna temporal. Tal lacuna, que certamente se deve à ausência de uma literatura sobre África e afro-brasileiro por parte do público leitor de livros didáticos, pôde ser suprida pelo segmento de paradidáticos. Isso significa, para as empresas editorias, um período necessário à readaptação de suas obras didáticas, enquanto lucram com essa brecha temporal por intermédio de livros paradidáticos. O que está em jogo é a lógica da relação editoras e Estado, na qual as editoras buscam deliberadamente o lucro e as políticas públicas devem utilizar-se dos recursos de que dispõem para dar base à educação que pretendem efetivar.

Um indício desse fator é o livro paradidático de Marina de Mello e Souza, *África e Brasil africano*, contemplado com o Prêmio Jabuti 2007 e presente na lista dos paradidáticos que poderiam ser selecionados pelos professores para o componente curricular História no PNBE 2008. Trata-se de um paradidático que contempla em seu conteúdo escrito e iconográfico as exigências da Lei 10.639. Composto por seis capítulos, o livro busca explicar as características físicas do continente; as sociedades africanas e suas relações comerciais; a escravização dos africanos no Brasil e, por conseguinte, as características do negro na sociedade brasileira; finalizando com discussão sobre o continente africano depois do tráfico e depois da colonização do século XIX. Observa-se que o conteúdo abrange diversos períodos da História da África, permitindo que o aluno compreenda o continente como capaz de realizar seu próprio processo histórico, desestruturando a noção dominante de História da África como apêndice da História da Europa. Sobre a importância do assunto em sala de aula, a apresentação do livro paradidático de Souza preconiza:

> Abordar conteúdos que trazem para a sala de aula a história da África e do Brasil africano é fazer cumprir nossos grandes objetivos como educadores: levar à reflexão sobre a discriminação racial; valorizar a diversidade

étnica; gerar debate; estimular valores e comportamentos de respeito, solidariedade e tolerância. E é também a oportunidade de levantar a bandeira de combate ao racismo e às discriminações que atingem em particular a população negra, afro-brasileira ou afrodescendente.[65]

Portanto, o exemplo do livro paradidático de Marina de Mello e Souza faz crer que em 2008 a editora Ática, embora apresente de forma muito tímida a renovação historiográfica de seus livros didáticos adquiridos pelo PNLD, levou a público uma obra paradidática de referência, no que diz respeito ao determinado pela Lei 10.639, lucrando também com as compras do PNBE.

Chamam a atenção também os vencedores mais recentes do Premio Jabuti na categoria *Didático e Paradidático*. Os paradidáticos vencedores das edições 2007, 2009 e 2010 estão envoltos na temática "história e cultura africana e afro-brasileira". São eles: a já citada obra de Marina de Mello e Souza, *África e Brasil africano* (premiado em 2007); o livro *História e cultura africana e Afro-brasileira* de Nei Lopes (edição 2009); e o paradidático *Uma História da Cultura Afro-Brasileira* dos autores Walter Fraga Filho e Wlamyra de Albuquerque (Jabuti 2010).

Segundo Munakata, áreas como as da História, que lidam com temas atuais, estão propícias ao aparecimento de paradidáticos para suprir necessidades momentâneas, e este parece ser o caso dos paradidáticos premiados citados no parágrafo anterior. Contudo, se no período da publicação da tese de Kazumi Munakata, o contexto de mercado e de produção de paradidáticos levava o historiador a crer que se tratava de uma literatura "enlatada" – palavra usada em seu texto – ou de caráter jornalístico, o mesmo não se constata nas produções recentes. Considera-se que de fato trata-se de um produto de mais rápida elaboração e que depende de menor capital, se comparado ao livro didático. Porém, as recentes publicações superaram o caráter rudimentar antes atribuído ao gênero.[66]

Diante da pouca renovação do conteúdo dos livros didáticos e na tentativa de identificar materiais pedagógicos que possam auxiliar os docentes em sala de aula, apontam-se a seguir algumas

---

65 SOUZA, Marina de Mello e. África e Brasil africano. São Paulo: Ática, 2006, p. 7.

66 MUNAKATA, Kazumi. *Op. cit.*, 1997.

ESCRAVO, AFRICANO, NEGRO E AFRODESCENDENTE 167

iniciativas, públicas e privadas. Obra importante para a efetivação da Lei 10.639 é o livro paradidático *O negro no Brasil de Hoje*, de Kabengele Munanga e Nilma Lino Gomes. Embora publicada em 2006, a obra já contava com a experiência dos autores com publicações de gêneros semelhantes. Trata-se de dois livros: *Para Entender o Negro no Brasil de Hoje: História, Realidades, Problemas e Caminhos* (livro do professor e livro do estudante) e *Viver, aprender Temas de Estudo* (livro do professor e livro do estudante), que não possuem fins lucrativos e são publicados e distribuídos pela Editora Global, gratuitamente, a ONG's, Órgãos Públicos e a professores que lecionam no Ensino de Jovens e Adultos. Para a aquisição das obras, bastava encaixar-se em um desses critérios e enviar o pedido à editora. Possivelmente, a procura por esses livros distribuídos gratuitamente deve ter sido grande, o que explica reedições deles e o empenho da editora em publicar mais dois títulos do mesmo gênero: *O Negro no Brasil de Hoje* (2006), de Munanga e Gomes, e *Origens africanas do Brasil contemporâneo* (2009), de autoria apenas de Munanga.

Dos livros publicados por Kabengele Munanga, pôde-se analisar apenas o publicado em 2006, *O Negro no Brasil de Hoje*.[67] Com edição e texto mais simples do que o apresentado no livro de Marina de Mello e Souza, o livro paradidático de Kabengele Munanga parece querer responder aos anseios de uma educação que valorize a identidade negra, preocupando-se em discutir de forma simples conceitos como raça, etnia, racismo, etnocentrismo, preconceito e discriminação racial. O livro também possui uma preocupação mais acentuada em abordar as resistências dos negros escravizados no Brasil. Para tanto, discute quilombos, movimentos negros organizados e resistência cultural. A respeito da História da África, o foco é menos preciso que o de Souza, pois discute apenas os períodos mais remotos do continente, na tentativa, acredita-se, de ressaltar a existência de "civilização" no continente, quebrando assim um dos maiores estereótipos que recaem sobre a África. A obra é finalizada com uma extensa lista de "homens e mulheres negros" que tiveram sucesso em sua trajetória. Esse fator reforça a sensação de que a obra foi redigida com a intenção de valorização, de identificação positiva.

Há de se apontar que esses três autores destacados, Souza, Mu-

---

67   MUNANGA, Kabengele; GOMES, Nilma Lino. *O negro no Brasil de hoje*. São Paulo: Global, 2006.

168 MÍRIAN CRISTINA DE MOURA GARRIDO

nanga e Gomes, fazem parte do corpo docente de renomados centros universitários. Os dois primeiros da Universidade de São Paulo, e o último da Universidade Federal de Minas Gerais, reafirmando o que Fonseca[68] determinava: os especialistas foram aproveitados pelas editoras para a elaboração dos paradidáticos. Além disso, o foco de cada autor pode ser explicado por suas formações, visíveis na *Plataforma Lattes*. Marina de Mello e Souza é pós-graduada em História, atuando principalmente nos temas: cultura afro-brasileira, reis negros; religiosidade afro-brasileira e África. Kabenguele Munanga é o primeiro africano professor da USP e possui doutorado em Antropologia Social, com pesquisas direcionadas aos temas mestiçagem, identidade nacional e identidade negra. Já Nilma Gomes é pós-doutora em Antropologia Social e trabalha com os temas: organização escolar, formação de professores para a diversidade étnico-racial, movimentos sociais e educação, relações raciais, diversidade cultural e gênero.

Na busca da efetivação da Lei 10.639/03, deve-se considerar que outras iniciativas surgiram após 2003 e que ultrapassam o universo dos livros didáticos e paradidáticos. Uma dessas iniciativas já citadas anteriormente são as publicações da Editora Global, que buscam explicar a realidade do negro hoje como consequência de um processo histórico e cultural. Em geral, o esforço empreendido por órgãos de pesquisa, universidades e editoras, como a Global, objetivam a construção de textos que possam auxiliar o professor. Nota-se, portanto, que essas iniciativas partem do pressuposto de que há dificuldade de acesso aos conteúdos sobre África e afrodescendentes, legitimando hipótese já levantada de que, para a efetivação da Lei referida, é imprescindível a incorporação de conteúdos aos livros didáticos de História. A seguir, discute-se alguns dos projetos implementados para a construção de uma educação de valorização das diferenças.

A Universidade de São Carlos, em parceria com a Secretaria de Educação do Estado de São Paulo e o Conselho da Comunidade Negra/SP, realizou em 2005 o projeto "São Paulo. Educando pela Diferença para a Igualdade". De responsabilidade do Núcleo de Estudos Afro-Brasileiros – NEAB –, o projeto objetivou a organização de cursos para professores (ensino fundamental ciclo I e ensino médio) com "ênfase nas diversidades em geral e, em especial, na diversidade étnico racial".[69] Para dar conta de tal trabalho, o NEAB elaborou qua-

---

68   FONSECA, Selva Guimarães. *Op. cit.*, 2003, p. 54.
69   São Paulo. Educando pela diferença para a igualdade. Disponível em:

ESCRAVO, AFRICANO, NEGRO E AFRODESCENDENTE 169

tro apostilas destinadas aos professores e que seriam utilizadas nos cursos, além de os auxiliarem posteriormente na elaboração de suas aulas. Em geral, essas apostilas – disponíveis na internet – trazem textos de pesquisadores da área para discussão, seguidos de atividades e sugestões de leituras. Trata-se de uma importante iniciativa, afinal uma das grandes dificuldades dos docentes é a falta de formação na área de História da África (disciplinas sobre África são recentes nas grades curriculares das universidades) e cultura afro-brasileira. Logo, cursos de aprimoramento seriam uma excelente ferramenta para burlar deficiências na formação inicial dos docentes, mas, não se sabe o porquê, o Projeto não atua mais.

Outra iniciativa de efetivação da Lei 10.639 foi implementada pela Fundação Cultural Palmares e circunscreve a criação de documentários e livros que discutem as questões inerentes à referida lei. Esse órgão público, vinculado ao Ministério da Cultura, tem por objetivo "fomentar e executar programas e projetos em nível nacional com a finalidade de reconhecer, preservar e difundir os valores e práticas das culturas africanas na formação da sociedade brasileira".[70] Dentro das publicações incentivadas pela Fundação, consta a produção de suportes destinados a jovens e adultos. Com esse intuito, em convênio com a Universidade Federal da Bahia e por intermédio do Centros de Estudos Afro-Orientais – CEAO –, realizou-se um concurso para elaboração de dois documentários e três livros,[71] sendo os temas escolhidos para os livros: história do negro no Brasil;[72] literatura afro-brasileira;[73] e cultura do ponto de vista dos afro-brasileiros.[74]

               <http://www.ufscar.br/~neab/index.html> Acesso em: 01 ago 09.

70   *Fundação Cultural Palmares*. Disponível em: < http://www.palmares. gov.br/> Acesso em: 01 ago 09.

71   O acesso aos livros pode ser feito pela internet: *Biblioteca Virtual << África e africanidades*. Disponível em: <http://africaeafricanidades.wordpress.com/biblioteca-virtual/> Acesso em: 01 ago 09.

72   ALBUQUERQUE, Wlamyra R. de.; FRAGA FILHO, Walter. *Uma história do negro no Brasil*. Salvador: Centro de Estudos Afro-Orientais; Brasília: Fundação Cultural Palmares, 2006.

73   SOUZA, Forentina; LIMA, Maria Nazaré (orgs). *Literatura afro-brasileira*. Salvador: Centro de Estudos Afro-Orientais; Brasília: Fundação Cultural Palmares, 2006.

74   SOUZA, Ana Lucia Silva *et.al. De olho na cultura*: pontos de vista afro--brasileiras. Salvador: Centro de Estudos Afro-Orientais; Brasília: Fun-

170   MÍRIAN CRISTINA DE MOURA GARRIDO

No que concerne às informações sobre África, existem disponíveis na internet revistas especializadas sobre o tema, tais como Revista Afro-Ásia que, segundo site:

> **Afro-Ásia** é, desde 1965, a revista semestral do Centro de Estudos Afro-Orientais da Universidade Federal da Bahia (Salvador, Brasil). Esta publicação dedica-se à divulgação de estudos relativos às populações africanas, asiáticas e seus descendentes no Brasil e alhures. A revista preenche destacado espaço na vida cultural brasileira pois é um dos poucos periódicos nacionais inteiramente dedicados a temas afro-brasileiros e africanos, em um país e estado (Bahia) conhecido pela pujança de sua cultura e história de origem africana.[75]

Há também a Revista Estudos Afro-Asiáticos, uma publicação da Universidade Cândido Mendes, que tem por "missão publicar artigos inéditos relacionados ao estudo das relações raciais no Brasil e na diáspora e às realidades nacionais e das relações internacionais dos países da África e da Ásia".[76] Trata-se de revistas pioneiras na preocupação com temas relacionados à África e ao afrodescendente que, de certa forma, contribuíram com a expansão do conhecimento dessas histórias.

Essas iniciativas são indícios da importância que a valorização da história e cultura africana e afrodescendente possui dentro da cultura brasileira; contudo, a simples presença dessas apostilas, livros e revistas no universo da internet não garante que os professores terão acesso ou conhecimento de sua existência. O Brasil é um país desigual e o acesso à internet também está condicionado por essa desigualdade. Assim, se os livros didáticos de História, distribuídos a todos os alunos da rede pública do país, possuíssem conteúdos de valorização da identidade negra ou da História de continentes até então secundários no debate escolar, o acesso do professor a eles seria possível e, de certa forma, garantido.

---

dação Cultural Palmares, 2005.

75   *Revista Afro-Ásia*. Disponível em: < http://www.afroasia.ufba.br/index. php> Acesso em: 01 ago 09.

76   *Estudos Afro-Asiáticos*. Disponível em: < http://www.scielo.br/scielo. php?script=sci_serial&pid=0101-546X&lng=pt&nrm=iso> Acesso em: 01 ago 09.

ESCRAVO, AFRICANO, NEGRO E AFRODESCENDENTE 171

Lei 10.639: na construção de identidades positivas e reconstrução de relações étnico-raciais, o que "aprender a ensinar"?

O tópico que aqui se inicia tem como finalidade tornar mais claro para o leitor o que significa a Lei 10.639 aprovada em 2003 e os dispositivos advindos posteriormente, o Parecer CNE/CP 003/2004 e a Resolução n°1 do mesmo ano, para uma educação que valorize os diferentes indivíduos existentes no âmbito escolar. Propositadamente, essas discussões são retomadas ao findar do livro, pois buscam reavivar o foco da pesquisa, as representações possíveis dos negros brasileiros e a identidade como aspecto de valorização da história e cultura de um povo.

Como preconizado em outros momentos da pesquisa, a Lei 10.639, decretada em 09 de janeiro de 2003, determina a obrigatoriedade do ensino da História e Cultura Afro-brasileira, bem como o estudo da África e dos africanos, a luta dos negros no Brasil, da cultura negra e a formação da sociedade nacional, agregando a contribuição do povo negro nas diferentes esferas – político, social, econômica – da História do Brasil. A lei define ainda que os conteúdos sejam ministrados no âmbito de todo currículo escolar, em especial nas áreas de Educação Artística, de Literatura e História do Brasil. Por fim, inclui no calendário escolar o 20 de novembro como Dia Nacional da Consciência Negra. Essas deliberações passam a ser válidas nos estabelecimentos de ensino fundamental e médio, públicos e particulares. O texto da lei, embora reduzido, simboliza a vitória das militâncias negras que lutavam pela preservação da memória do povo negro dentro das instituições escolares. Significa ainda que, "com esta medida, reconhece-se que, além de garantir vagas para negros nos bancos escolares, é preciso valorizar devidamente a história e cultura de seu povo, buscando reparar danos, que se repetem há cinco séculos, à sua identidade e a seus direitos".[77]

Contudo, para compreender a dimensão e potencialidade do estabelecido pela Lei, deve-se conhecer o texto do Parecer CNE/CP 003/2004, que definiu as Diretrizes Curriculares Nacionais para a Educação das Relações Étnico-raciais e para o Ensino de História e Cultura Afro-Brasileira e Africana, posteriormente instituída pelo

---

77   Parecer CNE/CP 003/2004, p. 8.

172 MÍRIAN CRISTINA DE MOURA GARRIDO

Conselho Nacional de Educação em 17 de junho de 2004 por intermédio da Resolução N°1. Tendo por relatores/conselheiros importantes nomes da militância intelectual da causa negra, como Petronilha Beatriz Gonçalvez e Silva (relatora), Carlos Roberto Jamil Cury, Francisca Novantino Pinto de Ângelo e Marília Ancona-Lopez, as Diretrizes Curriculares propostas por eles "constituem-se de orientações, princípios e fundamentos para o planejamento, execução e avaliação da Educação"[78]. Tais diretrizes têm por destino não somente os administradores dos sistemas de ensino e suas entidades mantenedoras, como todos os cidadãos comprometidos com a educação dos brasileiros, como estabelece o Parecer, objetivando "promover a educação de cidadãos atuantes e conscientes no seio da sociedade multicultural e pluriétnica do Brasil, buscando relações étnico-sociais positivas, rumo à construção de nação democrática".[79]

Trata-se de transformar a educação em instrumento de valorização das raízes dos diferentes grupos étnicos (brancos e não brancos) que formam a sociedade brasileira e configura-se em resposta à demanda da população afro-brasileira por políticas de reparações e de reconhecimento de sua história, cultura e identidade. Assim o Parecer:

> propõe à divulgação e produção de conhecimentos, a formação de atitudes, posturas e valores que eduquem cidadãos orgulhosos de seu pertencimento étnico-racial – descendentes de africanos, povos indígenas, descendentes de europeus, de asiáticos – para interagirem na construção de uma nação democrática, em que todos, igualmente, tenham seus direitos garantidos e sua identidade valorizada [...] A relevância do estudo de temas decorrentes da história e cultura afro-brasileira e africana não se restringe à população negra, ao contrário, dizem respeito a todos os brasileiros, uma vez que devem educar-se enquanto cidadãos atuantes no seio de uma sociedade multicultural e pluriétnica, capazes de construir uma nação democrática.[80]

A Diretriz Curricular em questão aponta explicações sobre a construção do texto e de sua importância, bem como da importân-

---

78   Resolução n°1, de 17 junho de 2004, Art.2°.
79   Resolução n°1, de 17 junho de 2004, Art.2°.
80   Parecer CNE/CP 003/2004, p. 2-8 – grifos da pesquisadora.

ESCRAVO, AFRICANO, NEGRO E AFRODESCENDENTE 173

cia da educação que não negligencie as questões étnico-raciais, portanto, do *reconhecimento* da valorização e afirmação de direitos da comunidade afro-brasileira. Seguindo o tom apaixonado do texto, transcreve-se a seguir alguns dos argumentos em favor da Lei:

> Reconhecimento requer a adoção de políticas educacionais e de estratégias pedagógicas de valorização da diversidade, a fim de superar a desigualdade étnico-racial presente na educação escolar brasileira, nos diferentes níveis de ensino [...] Reconhecer exige que se questionem relações étnico-raciais baseadas em preconceitos que desqualificam os negros e salientam estereótipos depreciativos [...] Reconhecer é também valorizar, divulgar e respeitar os processos históricos de resistência negra desencadeados pelos africanos escravizados no Brasil e por seus descendentes [...] Reconhecer exige valorização e respeito às pessoas negras, à sua descendência africana, sua cultura e história [...] Reconhecer exige que os estabelecimentos de ensino, freqüentados em sua maioria por população negra, contem com instalações e equipamentos sólidos, atualizados, com professores competentes no domínio dos conteúdos de ensino, comprometidos com a educação de negros e brancos, no sentido de que venham a relacionar-se com respeito, sendo capazes de corrigir posturas, atitudes e palavras que impliquem desrespeito e discriminação.[81]

Além de defesa acalorada da educação pautada nas questões étnico-raciais, as Diretrizes também estabelecem as condições necessárias para o êxito de tais políticas:

> O sucesso das políticas públicas do Estado, institucionais e pedagógicas, visando a reparações, reconhecimento, e valorização da identidade da cultura e da história dos negros brasileiros depende necessariamente de condições físicas, materiais, intelectuais e afetivas favoráveis para o ensino e para aprendizagens; em outras palavras, todos os alunos negros e não negros, bem como seus professores, precisam sentir-se apoiados e valorizados.[82]

---

81   Parecer CNE/CP 003/2004, p. 3-4.
82   Parecer CNE/CP 003/2004, p. 5.

174 MÍRIAN CRISTINA DE MOURA GARRIDO

Assim como o presente trabalho já preconizava, para a efetivação de leis não basta o seu decreto. Não que a aprovação da Lei 10.639 não tenha sido um ganho importante para a educação comprometida com a valorização do negro e sua cultura, mas o simples decreto não descarta a necessidade da criação de meios que viabilizem o ensino que se pretende pôr em prática. Esses meios se iniciam já na elaboração de recursos didáticos à formação continuada dos docentes. Dentro das perspectivas estabelecidas pelo Parecer, trata-se "de mudança de mentalidade, de maneiras de pensar e agir dos indivíduos em particular, assim como das instituições e de suas tradições culturais"[83].

Quanto a outras demandas, como produção de materiais didáticos, além de previstas no documento, são ratificadas, por exemplo, no livro *Rompendo silêncios*, no qual especialistas, reunidos em torno do tema História da África, afirmam a importância da incorporação de conteúdos sobre História da África e afrodescendentes. De fato, a memória forma a identidade do indivíduo, mas sua aplicabilidade é bastante difícil, pois o país ainda carece de formação de professores com os conhecimentos referentes à África. Tal situação se deve ao fato de que essa disciplina surgiu recentemente nas universidades, por volta de 1997, como optativa e/ou opcional, além da necessidade da reformulação dos livros didáticos para a efetivação da lei, fator mais mencionado entre os artigos que constituem a obra.[84]

As Diretrizes Curriculares Nacionais para a Educação das Relações Étnico-raciais e para o Ensino de História e Cultura Afro-Brasileira e Africana advertem para a necessidade da edição de livros e materiais pedagógicos que incorporem suas recomendações, afirmando, inclusive, "o incentivo e supervisão dos programas de difusão de livros educacionais MEC – Programa Nacional do Livro Didático e Programa Nacional de Bibliotecas Escolares (PNBE)"[85], a cargo dos sistemas de ensino (âmbito federal, estadual e municipal) e estabelecimentos da educação básica. Estes, por sua vez, são direcionados também a estabelecer canais de comunicação com grupos do Movimento Negro, grupos culturais negros, instituições formadoras de professores, núcleos de estudos e pesquisas, objetivando "bus-

---

83   Parecer CNE/CP 003/2004, p. 11.
84   *Cf.* ROCHA, Maira José; PANTOJA, Selma. *Op. cit.*, 2004.
85   Parecer CNE/CP 003/2004, p. 15.

ESCRAVO, AFRICANO, NEGRO E AFRODESCENDENTE 175

car subsídios e trocar experiências para planos institucionais, planos pedagógicos e projetos de ensino"[86]. Projetos como "São Paulo, Educando pela Diferença para Igualdade", parceria da Secretaria de Educação do Estado de São Paulo com a Universidade de São Carlos, parece contemplar as indicações do Parecer e da Resolução, porém, como mencionado anteriormente, essa iniciativa foi abandonada.

As Diretrizes Curriculares para Educação Étnico-racial constituem-se em relevante suporte para a ação docente, pois o texto normativo aponta os conteúdos que deverão ser *selecionados*, embora enfatize veementemente que a efetivação do ensino da história e cultura africana e afrodescendente se dará por diferentes meios. Não se trata apenas de incorporação de conteúdos a serem abordados de forma tradicional, o que está em pauta é o repensar de atitudes e valores, de ressignificação do ensino enquanto instrumento de valorização da identidade. Os conteúdos elencados circunscrevem a necessidade da aprendizagem da história e cultura africana e afro-brasileira nos mais diversos períodos históricos, devendo ser trabalhados de forma articulada, priorizando a visão desses indivíduos de sua própria história, além de serem estudados por uma perspectiva positiva. O documento aponta também outros elementos a serem observados no ensino da África e dos afrodescendentes, tais como, datas significativas para a luta contra discriminação e reafirmação dos direitos dos negros; estudo das organizações negras em diferentes contextos; estudo da produção material e imaterial herdada desses grupos, tais como, moçambique, rodas de samba, conhecimentos tecnológicos; e estudo da participação de africanos e afrodescendentes nas diferente áreas do conhecimento, atuação profissional e luta social. Sugere inclusive nomes representativos.[87]

Para auxiliar a efetivação do ensino da história e da cultura africana e afro-brasileira nos diferentes componentes curriculares, o texto normativo em discussão indica como leitura relevante o livro *Superando o Racismo na Escola*, organizado por Kabengele Munanga.[88] A proposta do livro organizado por Munanga não é o de trazer fórmulas prontas para serem aplicadas em sala de aula. Trata-se, ao contrário, de artigos de diversas abordagens, que ob-

---

86   Resolução n°1, de 17 junho de 2004, Art.4°.
87   Parecer CNE/CP 003/2004, p. 12-13.
88   MUNANGA, Kabengele. *Superando o racismo na escola*. 3.ed. Brasília: Ministério da Educação, Secretaria de Educação Fundamental, 2001.

176 MÍRIAN CRISTINA DE MOURA GARRIDO

jetivam discutir e oferecer indícios para uma educação de valorização da cultura negra, propiciando ao docente um repensar de sua profissão. Contudo, mesmo evitando criar fórmulas prontas, afirma-se que o texto de autoria de Petronilha Beatriz Gonçalves e Silva, presente no livro organizado por Munanga, oferece exemplos de como desenvolver uma educação das africanidades em diferentes componentes curriculares, entre eles: Matemática; Ciências; Psicologia; Educação Física; Educação Musical; História; Artes Plásticas; Literatura; Sociologia e Geografia. Em todos os conteúdos relacionados, deixa-se claro que o que está em voga é apreender um jeito de ser, viver e sentir, mais do que mero domínio de um conteúdo. É nesse sentido que a autora afirma:

> Feijoada, samba, capoeira resultaram de criações dos africanos que vieram escravizados para o Brasil, bem como de seus descendentes, e representam formas encontradas para sobreviver, para expressar um jeito de sentir, de construir a vida. Assim, uma receita de feijoada, vatapá, ou de qualquer outro prato, contém mais que combinações de ingredientes, são o retrato de busca de soluções para a manutenção da vida física, de lembrança dos sabores da terra de origem.[89]

Por fim, deve-se levar em conta outra questão: apesar dos esforços dos militantes negros, das pesquisas que buscam criticar e viabilizar um ensino de valorização do segmento negro, a "reedição" da Lei 10.639, modificada e aprovada como Lei 11.645 em 2008, pode ser considerada um retrocesso na luta para incorporação da África e afrodescendentes nos currículos. Não que os povos indígenas não mereçam respeito e inserção de sua cultura como parte da educação, todavia, apenas incorporar o termo ao texto inicial pode esvaziar o significado que tal Lei possuía. Contudo, o Parecer CNE/CP 003, que estabelece as Diretrizes Curriculares em questão, já previa a necessidade de inserir a história e cultura indígena nos currículos escolares. Desta forma, cita-se a seguir o Parecer, mas vale salientar que o documento reforça a necessária valorização da história e cultura – raízes – de europeus, africanos, indígenas e asiáticos, em diversos momentos, além do transcrito:

---

89 SILVA, Petronilha B.G. da. Aprendizagem e Ensino das Africanidades Brasileiras. In: MUNANGA, Kabengele. *Op. cit.*, 2001, p. 152.

ESCRAVO, AFRICANO, NEGRO E AFRODESCENDENTE

> É importante destacar que não se trata de mudar um foco etnocêntrico arcadamente de raiz européia por um africano, mas de ampliar o foco dos currículos escolares para a diversidade cultural, racial, social e econômica brasileira. Nesta perspectiva, cabe às escolas incluir no contexto dos estudos e atividades, que proporciona diariamente, também as contribuições histórico-culturais dos povos indígenas e dos descendentes de asiáticos, além das de raiz africana e européia. É preciso ter clareza que o Art. 26A acrescido à Lei 9.394/1996 provoca bem mais do que inclusão de novos conteúdos, exige que se repensem relações étnico-raciais, sociais, pedagógicas, procedimentos de ensino, condições oferecidas para aprendizagem, objetivos tácitos e explícitos da educação oferecida pelas escolas.[90]

Aos olhos dos textos normativos relacionados com a aprovação e instituição da História da África e do afrodescendente, o que está em questão é um repensar da função da escola, vista então como espaço democrático e aberto para discussões pilares que permeiam a sociedade e, por essa via, uma reeducação das relações étnicor--raciais é fundamental e só é possível quando a educação real livrar--se de estigmas e estereótipos.

O esforço empreendido nesse capítulo aponta para a necessidade e legitimidade do ensino da cultura afro-brasileira e africana, bem como a obrigatoriedade da melhora dos manuais didáticos para a viabilização desse ensino-aprendizagem. A despeito dessas exigências e das avaliações governamentais que visam melhorar a qualidade do material didático e, por conseguinte, da educação pública, os manuais didáticos analisados, com relação ao texto base, não sofreram alterações significativas apesar de decorrerem 10 anos de sua publicação inicial. A complexidade da situação é agravada ainda mais quando se leva em consideração outros produtos editoriais, como é o caso dos paradidáticos. Afinal, tudo indica que o conservadorismo das editoras em relação aos conteúdos do ensino médio nada tem a ver com a inexistência de uma clientela para esses novos temas ou desconhecimento dessa historiografia, uma vez que as publicações paradidáticas mais recentes têm por preocupação os temas África e afro-brasileiros. Para finalizar as discussões, sugerem-se os

---

90   Parecer CNE/CP 003/2004, p. 15.

178 MÍRIAN CRISTINA DE MOURA GARRIDO

últimos questionamentos: qual é a preocupação da editora quando publica um livro didático? Para quem o faz? Para o Estado, para os alunos, ou para os professores? Pesquisa realizada por Daniel Hortêncio Medeiros[91] pode ajudar a responder algumas dessas questões. Para o autor, o processo de elaboração dos manuais didáticos tem diminuído a autonomia dos autores, segundo o que apreendeu do discurso da editora por ele pesquisada – e líder do mercado. De acordo com Medeiros, é o autor do livro didático que se encaixa na opção teórico-metodológica da editora, e não o contrário.

No discurso da editora fica evidente que o fator determinante para a publicação do livro didático é o cenário do mercado, logo, quanto maior a aceitação do material, menor o espaço para modificações. Porém, a editora afirma que há espaços para críticas, das quais considera terem algum papel relevante: a opinião e críticas dos professores que usam o material da empresa e a dos pais de alunos, que, segundo a editora, exercem forte pressão para que os materiais contemplem as informações importantes para o vestibular. Parece relevante também que a opinião dos alunos nunca foi levada em consideração na elaboração dos materiais da empresa, segundo a própria. Seguindo essas críticas, consideradas pela editora como relevantes, os materiais mais aceitos seriam os tradicionais, denominados como "meio termo", pois, embora tradicionais, surgem com "roupagem moderna", tais como discussão de imagens, texto de jornais e revistas. Ele complementa:

> Na decisão de contribuir para melhorar o nível de conhecimento dos professores e garantir a venda de seu material, a empresa não tem dúvida em optar pela segunda opção. [...] o livro didático como um artigo mercantil, não é elaborado para a satisfação do aluno, mas a do professor, que é quem escolhe o livro e, portanto, é o *cliente* objeto de interesse da editora[92]

Diante dessas informações, as avaliações governamentais realizadas desde 1995 ganham um peso a mais, já que elas constituem

---

91   MEDEIROS, Daniel Hortêncio de. "Manuais didáticos e formação da consciência histórica". *Revista Educar*, Curitiba, Editora UFPR, Especial, 2006.

92   MEDEIROS, Daniel Hortêncio de. *Op. cit.*, p. 78 – grifos do autor.

ESCRAVO, AFRICANO, NEGRO E AFRODESCENDENTE 179

um intermediário entre as empresas editoriais e os professores, tomando para si a possibilidade de pressionar a incorporação de conteúdos e, em último caso, de inviabilizar a compra dos materiais que considera ultrapassados para a educação que pretende implementar. Porém, alerta-se: o currículo real, aquele efetivado em sala de aula, pertence apenas às escolhas dos professores e seus alunos, logo, é dentro desse ambiente que novos conteúdos podem ser inseridos ou não. As políticas públicas de valorização da cultura negra e africana necessitam, portanto, do florescimento de sua discussão dentro do ambiente escolar; que o professor compreenda a importância de um ensino, entendido como constituidor de identidades, e que tenha o suporte material e financeiro para efetivar esse ensino-aprendizagem.

CONSIDERAÇÕES FINAIS

Um povo sem história é como um indivíduo sem memória,
um eterno errante.

Joseph Kizerbo

Somos aquilo que recordamos. Essa questão não está em discussão, é uma afirmativa que impera sobre a vida de todos os cidadãos, pois tem-se claro que a trajetória do indivíduo define seu caráter, molda suas opções, visões de vida e relações sociais. Dentro dessa perspectiva, insere-se o afro-brasileiro. Escravizado no Brasil durante 300 anos, coube ao negro todos os estigmas e estereótipos que o relegaram à posição de marginalizados, semicidadãos. A situação dos afro-brasileiros foi ainda mais agravada nas relações étnico-raciais estabelecidas pós-abolição, pois o racismo efetivado nos moldes da democracia racial acaba por responsabilizar o próprio negro por sua marginalização, afinal, no Brasil "somos todos iguais".

Desde criança, os afrodescendentes aprendem que suas origens estão em um continente – o africano – não civilizado; que seus antepassados foram escravizados e se acostumaram com um tratamento desumano; e que esse tratamento a eles relegado acabou também moldando seu caráter débil. Nas palavras de Antonio Pedro:

> De modo geral, os antigos escravos não foram integrados no mundo do consumo para dinamizar o mercado, como pensam alguns historiadores. Quando se empregavam, trabalhavam durante alguns dias, apenas o suficiente para a sobrevivência. Nada mais lógico, pois para eles o trabalho significava a lembrança de século de submissão e desgraça. *Preferiram o ócio.* Isso dificultou ainda mais sua integração social, pois ficaram à margem dos bens que a sociedade produzia.[1]

---

1   PEDRO, Antonio; LIMA, Lizânias de Souza e; CARVALHO, Yone de. *Op. cit.* 2005, p. 344 – grifos da pesquisadora.

Se na verdade "Somos o que recordamos", como esperar que as crianças negras do país sintam-se valorizadas? A sociedade, a mídia, a escola, os livros, os dicionários, nada dizem sobre sua origem, muitas vezes reforçam estereótipos que agregam na rejeição do ser negro. Como sentir-se valorizado enquanto indivíduo negro, se você aprendeu na escola – e por que não, na mídia também – que o bonito, que o herói, que o civilizado é branco, europeu. E esse sistema só pode resultar em duas posturas: ou leva o aluno à apatia com relação à escola e ao que se ensina nela; ou opta-se por negar sua condição de indivíduo negro e introjeta uma cultura que nada lhe diz respeito.

Para que o afro-brasileiro possa reverter sua situação desigual, há primeiro que se identificar enquanto negro e, a partir dessa mudança de postura, compreender que a desigualdade econômica e social no Brasil é historicamente construída. Para tanto, é preciso assumir a valorização da negritude como primordial, atitude que os movimentos negros têm desde sua origem encarando a educação como espaço de modificação da identidade do negro e, por conseguinte, meio de transformação da posição secundária do segmento na sociedade, seja no campo político ou econômico.

É dentro dessa perspectiva que se insere a Lei 10.639, aprovada em 2003. Trata-se de um momento simbólico, no qual a militância negra conquista o direito de ter incorporado na educação a História da África e dos afro-brasileiros. Assim, argumenta-se que a legitimidade do estudo desses conteúdos de forma positiva está na possibilidade de inculcar valores positivos aos discentes negros. Porém, o ensino da história e cultura afro-brasileira e africana propõe um repensar das relações étnico-raciais, portanto, além de propiciar aos discentes brancos e negros a oportunidade de conhecer a cultura afro-brasileira e africana de forma não estigmatizada, a efetivação da Lei 10.639 pressupõe uma revisão das relações entre os indivíduos.[2]

Acredita-se que, para um aluno negro, o conhecimento da trajetória de negros que lutaram por sua sobrevivência, apesar das duras condições impostas, pode modificar a forma como ele encara sua própria trajetória. Permite ao discente negro e não-negro compreender-se também como agente histórico, como capaz de in-

---

2   Ver também: SILVÉRIO, Valter Roberto. "Ação Afirmativa e o Combate ao racismo institucional no Brasil." *Cadernos de Pesquisa.* n.117, novembro 2002, p. 219-246.

ESCRAVO, AFRICANO, NEGRO E AFRODESCENDENTE 183

fluenciar os processos históricos que lhe são contemporâneos. Além disso, apreender o continente africano como capaz de guinar seu próprio processo histórico permite aos discentes – independentemente de sua herança étnica – questionar a veracidade de uma história eurocêntrica, além de ampliar a visão de História desses alunos.

Todavia, para que uma educação comprometida com a valorização da cultura e história africana e afrodescendente se concretize, deve-se levar em consideração a realidade da sociedade e do sistema educacional brasileiro. O Brasil é um país extremamente desigual, quando se pensa no acesso à internet, às bibliotecas, aos canais educativos, em geral, benefícios que atingem uma parcela muito pequena da sociedade. Além disso, os docentes no país assistem a uma constante precarização de sua formação e remuneração. Logo, a introdução de novos conteúdo na educação ou a renovação de conteúdos já consagrados precisam estar presentes em algum tipo de "intermediário" que atinja a maior parcela possível de alunos e professores das redes de ensino. Levando tal afirmativa em consideração, constata-se que atualmente o único meio possível de levar esses "novos conhecimentos" aos alunos e professores do Brasil é o livro didático.

O livro didático, desde a década de 1980, configurou-se no país como principal política pública para educação, sendo sua distribuição o foco dessa política. Com o tempo e a necessidade de melhorar essa literatura didática, o Estado optou por avaliar os produtos que comprava, a propósito, os produtos do qual se tornou o maior comprador. Progressivamente, essas avaliações têm buscado alcançar todos os níveis de ensino, chegando ao ensino médio em 2008. A melhora dos livros didáticos é incontestável.

Os livros didáticos analisados nesta pesquisa apontam para uma heterogeneidade dos manuais disponíveis, que, em geral, não apresentam incorporação de conteúdos novos – relacionados à África e afrodescendentes – e não renovam os conteúdos já consagrados. O estudo das representações dos negros no pós-abolição constatou a permanência de uma visão fatalista para este grupo. Na visão dos autores de livros didáticos, os ex-escravos estavam fadados à marginalização por sua passividade ou submissão; logo, marginalizados por sua própria opção. Nenhum dos autores analisados se preocupou em explicitar as lutas constantes para a sobrevivência do ex-escravo.

184 MÍRIAN CRISTINA DE MOURA GARRIDO

Mesmo quando a iniciativa era criticar a elite agrária, esqueceu-se de valorizar a luta do negro e optou-se por colocar a elite em destaque no debate. Entretanto, o único caso explícito de reprodução de estereótipo corresponde ao texto de Antonio Pedro. Analisados em conjunto, os manuais didáticos do ensino médio chamam atenção por seu conservadorismo nos conteúdos gerais e pinceladas de renovação historiográfica em seções secundárias, postura entendida aqui como opção dos autores e editoras para esse segmento e, possivelmente, por sua vinculação aos exames de admissão universitária. Ao selecionar obras didáticas dos mesmos autores, mas distantes 10 anos de sua publicação, pode-se perceber que a redação do texto que se destina a explicar o pós-abolição, bem como a maior parte do conteúdo escrito, manteve-se semelhante mesmo após uma década. As superficiais alterações foram interpretadas ora como forma de reafirmar a conduta do autor perante seu público alvo, isto é, os professores que já consumiam determinado livro didático – caso de Schmidt –, ora como forma de tornar o texto mais brando, distanciando-se dos possíveis problemas com os avaliadores – caso de Cotrim.

Contudo, se o texto base dos livros didáticos de ensino médio não passaram por modificações significativas, a melhora das obras didáticas não pode ser negada. Atestadamente as avaliações governamentais, regulamentadas juridicamente pelos editais de convocação, provocaram uma melhora significativa nos livros didáticos, mesmo tendo como referência o ensino médio. Nesse nível de ensino, nota--se a melhora material do produto didático, bem como a renovação de determinados "setores" dos livros, tais como: exercícios, textos complementares e tratamento de imagens.

Ampliando a visão para outros produtos editoriais disponíveis para a educação, pode-se inferir que as empresas editoriais têm sabido se aproveitar das oportunidades oferecidas no campo educacional – subentendem-se aqui os programas governamentais como PNLD e PNBE. Prova disso é o expressivo número de livros paradidáticos de História publicados depois da Lei 10.639/03, que tem por objetivo discutir África e afrodescendentes.

Portanto, as considerações traçadas atestam a existência de uma historiografia renovada presente nos paradidáticos, mas ausente nos livros didáticos aprovados e comprados pelo Programa Nacio-

ESCRAVO, AFRICANO, NEGRO E AFRODESCENDENTE   185

nal do Livro Didático – EM. Cabe às políticas públicas educacionais exigir a inclusão e renovação de conteúdos nos livros didáticos para aprovação nas avaliações dos PNLD's, caso o governo deseje que os professores e alunos tenham acesso a esses conhecimentos até então secundários na literatura didática. Porém, é válido ressaltar que se os editais de convocação do PNLD ainda não apresentam um texto comprometido com a renovação do livro didático, no que se refere aos conteúdos sobre África e afrodescendentes, os guias de livros didáticos do PNLD assumem postura contrária, tornando a efetivação da Lei 11.645 – atualização da 10.639 – um dos pontos centrais do texto no Guia 2011, o que pode configurar pressão junto às empresas editoriais.

Por fim, afirma-se que a exigência de introdução e renovação de conteúdos é apenas parte do esforço necessário para a viabilização de uma educação que valorize a identidade negra. Para que de fato esses "novos" conteúdos sejam discutidos em sala de aula, o professor e seu aluno – enquanto verdadeiros implementadores do currículo real – devem desejar introduzi-los em suas aulas. Portanto, as ações das políticas públicas devem compreender também a importância de se promover e manter dentro das instituições de ensino uma constante discussão da relevância e legitimidade de uma educação que não negligencie o papel das identidades.

REFERÊNCIAS

ABUD, Kátia. Currículos de História e políticas públicas: os programas de História do Brasil na escola secundária. In: BITENCOURT, Circe Maria Fernandes. (org). *O saber histórico em sala de aula*. 11. ed. São Paulo: Contexto, 2006.

ALBERTI, Verena; PEREIRA, Amilcar Araújo. *Histórias do movimento negro no Brasil: depoimentos ao CPDOC*. Rio de Janeiro: Pallas; CPDOC-FGV, 2007

ALBUQUERQUE, Wlamyra R. de.; FRAGA FILHO, Walter. *Uma história do negro no Brasil*. Salvador: Centro de Estudos Afro-Orientais; Brasília: Fundação Cultural Palmares, 2006.

ALGARVE, Valéria Aparecida. *Cultura Negra na sala de aula:* pode um cantinho de Africanidades elevar a auto-estima de crianças negras e melhorar o relacionamento entre crianças negras e brancas? Dissertação de Mestrado em Educação, UFSCar, 2004.

ALGRANTI, Leila Mezan. *O feitor ausente:* estudos sobre a escravidão urbana no Rio de Janeiro 1908-1822. Petrópolis: Vozes, 1988.

ALVIM, Yara Cristina. *O livro didático na batalha de idéias:* vozes e saber histórico no processo de avaliação do PNLD. VII Encontro Nacional Perspectiva do Ensino de História. Uberlândia: EDUFU, 2009.

188 MÍRIAN CRISTINA DE MOURA GARRIDO

ALVIM, Yara Cristina. *O livro didático na batalha de idéias:* vozes e saber histórico no processo de avaliação do PNLD. Dissertação em Educação, Universidade Federal de Juiz de Fora, 2010.

ANDREWS, George Reid. *Negros e brancos em São Paulo (1888-1988)*. São Paulo: EDUSC, 1998.

AZEVEDO, Célia Maria Marinho de. *Onda negra, medo branco:* O negro no imaginário das elites do século XIX. Rio de Janeiro: Paz & Terra, 1987.

BARDIN, Laurance. *Análise de Conteúdo.* Tradução: Luís Antero Reto e Augusto Pinheiro. Portugal; Lisboa: Edições 70, 1977.

BARROS, Ricardo. *O uso da imagem nas aulas de História.* Dissertação em Educação, USP, 2007.

BERNARDINO, Joaze. Ação afirmativa e a rediscussão do mito da democracia racial no Brasil. *Estudos afro-asiáticos.* 2002, vol.24, no.2, p. 247-273.

BERNARDO, Teresinha. *Memória em branco e negro:* olhares sobre São Paulo. São Paulo: EDUC, Fundação Editora da UNESP, 1998.

BEZERRA, Holien Gonçalves; LUCA, Tânia Regina de. Em busca da qualidade – PNLD História – 1996-2004. *In:* SPOSITO, Maria Encarnação Beltrão. (org.) *Livros didáticos de Geografia e História:* avaliação e pesquisa. São Paulo: Cultura Acadêmica, 2006.

Biblioteca Virtual << África e africanidades. Disponível em: <http://africaeafricanidades.wordpress.com/biblioteca-virtual/> Acesso em: 01 ago 09.

BITENCOURT, Circe Maria Fernandes. Propostas curriculares de História: continuidades e transformações. *In:* BARRETO, Elba Siqueira de Sá (org.) *Os currículos do ensino fundamental para as escolas brasileiras.* Campinas, SP: Autores Associados; São Paulo: Fundação Carlos Chagas, 1998.

BITTENCOURT, Circe Maria Fernandes. (org). *O saber histórico em*

ESCRAVO, AFRICANO, NEGRO E AFRODESCENDENTE 189

sala de aula. 11. ed. São Paulo: Contexto, 2006.

BITTENCOURT, Circe Maria Fernandes. História do Brasil: Identidade Nacional e Ensino de História do Brasil. *In*: KARNAL, Leandro. (org) *História na sala de aula:* conceitos, práticas e propostas. 5.ed. São Paulo: Contexto, 2008b.

BITTENCOURT, Circe Maria Fernandes. Introdução. *Livro Didático e Conhecimento Histórico*: uma história do saber escolar. Tese (Doutorado) – FFLCH/USP, São Paulo, 1993.

BITTENCOURT, Circe Maria Fernandes. *Livro didático e saber escolar (1810-1910).* Belo Horizonte: Autêntica, 2008a.

BOCCHINI, Maria Otilia. *Legibilidade visual e projeto gráfico na avaliação de livros didáticos pelo PNLD. In*: Simpósio Internacional do Livro Didático: Educação e História, São Paulo, 2007.

BRANDÃO, Antonio Carlos; DUARTE, Milton Fernandes. *Movimentos culturais de juventude.* 16.ed. São Paulo: Moderna, 1990.

BRASIL. Disponível em:<www.bancomundial.org.br>. Acesso em: 17, dez, 2008.

BRASIL. Ministério da Educação. *Programa Nacional Biblioteca da Escola (PNBE):* leitura e bibliotecas nas escolas públicas brasileiras. Secretaria de Educação Básica, Coordenação-Geral de Materiais Didáticos; elaboração Andréa Berenblum e Jane Paiva. – Brasília: Ministério da Educação, 2008.

BURKE, Peter. Introdução: O testemunho das imagens. *In*: BURKE, Peter. *Testemunha ocular:* história e imagem. Bauru, São Paulo: EDUSC, 2005.

Campanha Pretende Combater Comércio Ilegal do Livro do Professor. Disponível em: <http://www.abrelivros.org.br/abrelivros/texto.asp?id=2096> Acesso em: 30 dez 2008.

CARVALHO, José Murilo de. *A Formação das Almas:* O Imaginário da República no Brasil. São Paulo: Companhia das Letras,

190 MÍRIAN CRISTINA DE MOURA GARRIDO

2001.

CASSIANO, Célia Cristina de Figueiredo. *O mercado do livro didático no Brasil*: da criação do Programa Nacional do Livro Didático (PNLD) à entrada do capital internacional espanhol (1985-2007). Tese de Doutorado em Educação, PUC, 2007.

Centenário do BR um mau século - Arquivo VEJA. Disponível em: <http://veja.abril.com.br/arquivo_veja/capa_11051988.shtml>. Acesso em: 2 dez 2008.

CERRI, Luis Fernando; FERREIRA, Ângela Ribeiro. Notas sobre as demandas sociais de representação e os livros didáticos de História. *In*: OLIVEIRA, Margarida Maria Dias de; STAMATTO (org). *O Livro didático de História*: políticas educacionais, pesquisas e ensino. Natal: EDUFRN, 2007.

CHALHOUB, Sidney. *Visões da liberdade*. São Paulo: Companhia das Letras, 1990.

CHARTIER, Roger. *A História Cultural*: entre práticas e representações. Rio de Janeiro: Difel, 1988.

CHARTIER, Roger. *Práticas da Leitura*. São Paulo: Estação Liberdade, 1996.

CHERVEL, André. História das disciplinas escolares: reflexões sobre um campo de pesquisa. *Teoria & Educação*. nº 2. Porto Alegre, 1990, p. 177-229.

CHEVALLARD, Y., (1991). *La transposición didáctica*: del saber sabio al saber enseñado. Buenos Aires: Aique, 1991.

CHIAVENATO, Júlio José. *As lutas do povo brasileiro*. 15.ed. São Paulo: Moderna, 1988.

CHOPPIN, Alain. "Las politicas de libros escolares em el mundo: perspectiva comparativa e histórica". *In*: PEREZ SILLER, J. E. Radkau garcia V. *Identidad em el imagiario nacional*: reescritura y enseñanza de la Historial. Publea: Instituto de Ciencias Sociales y Humanidades/Colegio San Luis; Brauschwerg: Institut George Eckert, 1998.

ESCRAVO, AFRICANO, NEGRO E AFRODESCENDENTE 191

COLI, Jorge. *A Pintura e o olhar sobre si: Victor Meirelles e a Invenção de uma História visual no século XIX brasileiro*. In: FREITAS, Marcos Cezar. *Historiografia brasileira em perspectiva*. 4.ed. São Paulo: Contexto, 2001.

COSTA, Wanderly Ferreira da; FREITAG, Bárbara; MOTTA, Valéria Rodrigues. *O livro didático em questão*. São Paulo: Cortez; Autores Associados, 1989.

CURY, Carlos Roberto Jamil. *Legislação Educacional Brasileira*. Rio de Janeiro: DP&A, 2000.

Época – Notícias – O mistério do Professor Schmidt. Disponível em: <http://revistaepoca.globo.com/Revista/Epoca/0,,EDG79463-6014,00.html> Acesso em: 15, jan, 2008.

Estudos Afro-Asiáticos. Disponível em: <http://www.scielo.br/scielo.php?script=sci_serial&pid=0101-546X&lng=pt&nrm=iso> Acesso em: 01 ago 09.

FERREIRA, Angela Ribeiro; TORRES, Lílian Cristina Cruvinel. *Livros Didáticos de História nas escolas públicas de Ponta Grossa-PR*. VII Encontro Nacional Perspectiva do Ensino de História. Uberlândia: EDUFU, 2009.

FERREIRA, Rita de Cássia Cunha. *A Comissão Nacional do Livro Didático durante o Estado Novo (1937-1945)*. Dissertação em História, UNESP – Univ. Estadual Paulista, 2008.

FONSECA, Selva Guimarães. *Caminhos da História Ensinada*. 5.ed. Campinas, SP: Papirus, 2001.

FONSECA, Selva Guimarães. *Didática e prática de ensino de história*: *Experiências, reflexões e aprendizados*. Campinas, SP: Papirus, 2003.

FONSECA, Thaís Nívia de Lima e. Ver para compreender: arte, livro didático e a história da Nação. *In.*: SIMAN, Lana Mara de Castro. *Inaugurando a história e construindo a Nação*: discursos e imagens no ensino de História. Belo Horizonte: Autêntica, 2001.

FRAGA FILHO, Walter. *Encruzilhadas da liberdade:* Histórias e trajetórias de escravos e libertos na Bahia, 1870-1910. Doutorado em História, UNICAMP, 2004.

FREITAS, Itamar. *Negros, brancos e índios:* ideologia e poder nos manuais didáticos de História. Palestra proferida na UNIT, 13 set 2005. Disponível em: <http://www.ensinodehistoria.com.br/ producao.htm>. Acesso em: 01 out 2007.

FREYRE, Gilberto. *Casa-Grande & Senzala.* 20.ed. São Paulo: Círculo do Livro, 1980.

Fundação Cultural Palmares. Disponível em: < http://www.palmares.gov.br/> Acesso em: 01 ago 09.

Fundo Nacional de Desenvolvimento Educacional. Disponível em: <http://www.fnde.gov.br/> Acesso em: 01 ago 09.

GAETA, Maria Aparecida Junqueira Veiga. A Multiculturalidade em espaços escolares: formas de reconhecer e modos de vivenciar. *In:* MALATIAN, Teresa; DAVID, Célia Maria. (orgs.) *Pedagogia Cidadã:* cadernos de formação: Ensino de História. 2.ed.revista. São Paulo: UNESP, Pró-Reitoria de Graduação, Faculdade de História, Direito e Serviço Social, Campus de Franca, 2006.

GATTI JUNIOR, Décio. *A escrita escolar da história:* livro didático e ensino no Brasil (1970-1990). Bauru, SP: EDUSC; Uberlândia, MG: Edufu, 2004.

GOÉS, José Roberto; FLORENTINO, Manolo. Crianças escravas, crianças dos escravos. *In:* DEL PRIORE, Mary (org). *História das crianças no Brasil.* 2.ed. São Paulo: Contexto, 2000.

GOMES, Nilma. Diversidade cultural, currículo e questão racial: desafios para a prática pedagógica. *In:* ABRAMOWICZ, Anete, BARBOSA, Maria Lúcia A., SILVÉRIO, Valter (orgs.) *Educação como prática da diferença.* Campinas-SP: Armazém do Ipê, 2006.

GONÇALVES, Luiz Alberto Oliveira; SILVA, Petronilha Beatriz Gonçalves e. *Movimento negro e educação.* Revista Brasileira de Educação. 2000, nº 15, p. 134 – 158.

ESCRAVO, AFRICANO, NEGRO E AFRODESCENDENTE

GORENDER, Jacob. *Escravidão Reabilitada*. São Paulo: Ática, 1990.

GORENDER, Jacob. *O escravismo colonial*. São Paulo: Ática, 1978.

GUIMARAES, Antonio Sérgio Alfredo. Depois da democracia racial. *Tempo Social*. Revista de Sociologia da USP. V. 18, no. 2, 2006, pp. 269-287.

GUIMARAES, Antonio Sérgio Alfredo. O insulto racial: as ofensas verbais registradas em queixas de discriminação. *Estudos afro-asiáticos*. 2000, no. 38, pp. 31-48.

HALL, Stuart. *Da Diáspora*: Identidades e mediações culturais. Belo Horizonte: UFMG, 2003.

HALL, Stuart. *Identidade Cultural e Diáspora*. Revista do Patrimônio Histórico e Artístico Nacional, n°2, 1996, p. 68-75.

HOFLING, Eloisa de Mattos. Notas para discussão quanto à implementação de programas de governo: em foco o Programa Nacional do Livro Didático. *Educação & Sociedade*, abr. 2000, vol.21, no.70.

JULIA, Dominique. A Cultura Escolar como Objeto Histórico. *Revista Brasileira de História da Educação*. Jan/jun, n.1.,2001, p. 9-43.

KARNAL, Leandro. História Moderna: a História Moderna na sala de aula. *In*: KARNAL, Leandro. (org) *História na sala de aula*: conceitos, práticas e propostas. 5.ed. São Paulo: Contexto, 2008.

KÖSSLING, Karin Sant'Anna. *As lutas anti-racistas de afrodescendentes sob vigilância do DEOPS/SP (1964-1983)*. Dissertação de Mestrado em História Social, FFLCH USP, 2007

L10.639. Disponível em: <http://www.planalto.gov.br/ccivil_03/ leis/2003/ L10.639.htm> Acesso em: 02 dez 2008.

L11.645. Disponível em: <http://www.planalto.gov.br/ccivil_03/_ Ato2007-2010/2008/Lei/L11645.htm> Acesso em: 02 dez 2008.

194   MÍRIAN CRISTINA DE MOURA GARRIDO

L9394. Disponível em: < http://www.planalto.gov.br/ccivil_03/LEIS/l9394.htm.>. Acesso em: 02 dez 2008.

LARA, Silvia Humboldt. *Escravidão, cidadania e história do trabalho social no Brasil.* Projeto História, São Paulo, n°16, fev/1998.

LUCA, Tânia Regina de. Livro Didático e Estado: explorando possibilidades interpretativas. *In*: ROCHA, Aparecida Bastos; REZNIK, Luís; MAGALHÃES, Marcelo de Souza (orgs.) *A História na Escola:* autores, livros e leituras. Rio de Janeiro: FGV, 2009.

LUCA, Tânia Regina de. O debate em torno dos livros didáticos de História. *In*: MALATIAN, Teresa; DAVID, Célia M. *Pedagogia cidadã:* cadernos de formação: História. 2.ed. São Paulo: UNESP, Pró-Reitoria de Graduação, Faculdade de História, Direito e Serviço Social, Campus Franca, 2006.

MAGALHAES, Marcelo de Souza. Apontamentos para pensar o ensino de História hoje: reformas curriculares, Ensino Médio e formação do professor. *Tempo* [online]. 2006, vol. 11, no. 21, pp. 49-64. ISSN 1413-7704

MATOS, Hebe Maria. O ensino de história e a luta contra a discriminação racial no Brasil. In: ABREU, Martha; SOIHET, Rachel (org.). *Ensino de história:* conceitos, temáticas e metodologia. Rio de Janeiro: Casa da Palavra, 2003.

MATTOS, Hebe; ABREU; Martha; DANTAS, Carolina Vianna; MORAES, Renata. Personagens negros nos livros didáticos: reflexões sobre a ação política dos afrodescendentes e as representações da cultura brasileira. *In*: ROCHA, Aparecida Bastos; REZNIK, Luís; MAGALHÃES, Marcelo de Souza (orgs.) *A História na Escola:* autores, livros e leituras. Rio de Janeiro: FGV, 2009.

MATTOSO, Kátia. *Família e sociedade na Bahia do século XIX.* São Paulo: Corrupio, 1988.

MATTOSO, Kátia. O filho da escrava (em torno da Lei do Ventre Livre). *Revista Brasileira de História,* ANPUH/Marco Zero, 8 (16), 1988.

ESCRAVO, AFRICANO, NEGRO E AFRODESCENDENTE

MATTOSO, Kátia. *Ser escravo no Brasil*. São Paulo: Brasiliense, 1982.

MEC *divulga decreto do PNLD e atende a diversas solicitações da Abrelivros*. Disponível em: <http://www.abrelivros.org.br/abrelivros/01/index.php?option=com_content&view=article&id=3622:mec-divulga-decreto-do--pnld-e-atende-a-diversas-solicitacoes-da-abrelivros&catid=4:pnld&Itemid=12> Acesso em: 22 março 09.

MEDEIROS, Ângela Cordeiro; ALMEIDA, Eduardo Ribeiro de. História e Cultura afro-brasileira: possibilidades e impossibilidades na aplicação da Lei 10.639/2003. *Revista Agora*, Vitória, n.5, 2007, p. 9.

MEDEIROS, Daniel Hortêncio de. Manuais didáticos e formação da consciência histórica. *Revista Educar*, Curitiba, Editora UFPR, Especial, 2006, p. 73-92.

MIRANDA, Sonia Regina; LUCA, Tânia Regina de. O livro didático de história hoje: um panorama a partir do PNLD. *Revista Brasileira de História*. São Paulo, v.24, nº48, p. 123-144, 2004.

MONTEIRO, Ana Maria. Professores e livros didáticos: narrativas e leituras no ensino de história. In: ROCHA, Aparecida Bastos; REZNIK, Luís; MAGALHÃES, Marcelo de Souza (orgs.) *A História na Escola*: autores, livros e leituras. Rio de Janeiro: FGV, 2009.

MORAES, Roque. Uma tempestade de luz: a compreensão possibilitada pela análise textual discursiva. *Ciência & Educação*, v.9, n.2, p. 191-211, 2003.

MORAIS, Grinaura Medeiros. Livro, Leitura, Imagens e Sentidos. *In*: OLIVEIRA, Margarida Maria Dias de; STAMATTO (org). *O Livro didático de História*: políticas educacionais, pesquisas e ensino. Natal: EDUFRN, 2007.

MOURA. Clóvis. *Rebeliões na senzala*: quilombos, insurreições, guerrilhas. São Paulo: Zumbi, 1959.

MUNAKATA, Kazumi. História que os livros didáticos contam, depois que acabou a Ditadura no Brasil. *In*: FREITAS, Marcos Cezar. *Historiografia brasileira em perspectiva*. São Paulo:

Contexto, 1998.

MUNAKATA, Kazumi. *Produzindo livros didáticos e paradidáticos*. Tese em História e Filosofia da Educação. Pontifícia Universidade Católica de São Paulo, 1997.

MUNANGA, Kabengele. *Superando o racismo na escola*. 3.ed. Brasília: Ministério da Educação, Secretaria de Educação Fundamental, 2001.

MUNANGA, Kabengele; GOMES, Nilma Lino. *O negro no Brasil de hoje*. São Paulo: Global, 2006.

NADAI, Elza. O Ensino de História e a "Pedagogia do Cidadão". *In:* PINSKY, Jaime (org). *O ensino de história e a criação do fato*. 6 ed. São Paulo: Contexto, Coleção: Repensando o Ensino, 1994.

NADAI, Elza. O ensino de História no Brasil: trajetória e perspectiva. *Revista Brasileira de História*. São Paulo, v.13,.n°25/26, set.92/ago.93.

Nova Escola: A Revista do Professor. São Paulo: Editora Abril, n.140, março/2001.

OLIM, Bárbara Barros de; MENEZES, Hermeson Alves de. *A imagem do negro no livro didático de História*: um estudo das representações gráficas. Trabalho apresentado na VIII Semana de História da UFS, São Cristóvão, jan 2007. Disponível em: <http://www.ensinodehistoria.com.br/producao.htm>. Acesso em: 01 out 2007.

OLIVA, Anderson Ribeiro. *Lições Sobre a África: Diálogo entre as representações dos africanos no imaginário Ocidental e o ensino de História da África no mundo Atlântico (1990-2005)*. Tese de Doutorado – Universidade de Brasília. Brasília, 2007.

ORLANDI, Eni Pulccinelli. *Discurso e leitura*. 6.ed. São Paulo; Cortez; Campinas, SP: Editora da Universidade Estadual de Campinas, 2001.

ORLANDI, Eni Pulccinelli. *A Linguagem e seu Funcionamento*: as

ESCRAVO, AFRICANO, NEGRO E AFRODESCENDENTE 197

formas do discurso. 4.ed. Campinas, SP: Pontes, 1996a.

ORLANDI, Eni Pulccinelli. *Interpretação:* autoria, leitura e efeitos do trabalho simbólico. 2.ed. Petrópolis, RJ: Vozes, 1996b.

ORLANDI, Eni Pulccinelli. O inteligível, o interpretável e o compreensível. *In:* ZIBERMAN, Regina; SILVA, Ezequiel Theodoro (orgs). *Leitura:* perspectivas interdisciplinares. São Paulo: Ática, 1988.

PALILO, André Luiz. *Os Manuais do Professor como fonte de pesquisa sobre o ensino de História.* VII Encontro Nacional Perspectiva do Ensino de História. Uberlândia: EDUFU, 2009.

PINSKY, Jaime (org). *O ensino de história e a criação do fato.* 6 ed. São Paulo: Contexto, Coleção: Repensando o Ensino, 1994.

PINSKY, Jaime; PINSKY, Carla Bassanezi. O que e como ensinar: por uma História prazerosa e conseqüente. *In:* KARNAL, Leandro. (org) *História na sala de aula:* conceitos, práticas e propostas. 5.ed. São Paulo: Contexto, 2008.

PINTO, Regina Pahim. A Educação do Negro: Uma Revisão da Bibliografia. *Cadernos de Pesquisa Carlos Chagas.* São Paulo. n°62, agosto, 1987, p. 3-34.

PIROLA, André Luiz Bis; LEITE, Juçara Luzia. *O lugar do método na pesquisa do livro didático de história:* Abordagens e perspectivas. X Jornada Nacionales y I Internacional de Enseñanza de la História, APEHUN, 2008.

PNLL. Disponível em: <www.pnll.gov.br> Acesso em: 01 jun 2010.

QUEIRÓZ, Suely Robles Reis de. Escravidão Negra em debate. *In:* FREITAS, Marcos Cezar. *Historiografia brasileira em perspectiva.* 4.ed. São Paulo: Contexto, 2001.

Revista Afro-Ásia. Disponível em: < http://www.afroasia.ufba.br/index.php> Acesso em: 01 ago 09.

RIBEIRO, Cristiane Maria. *Pesquisas sobre o negro e educação no Brasil: uma análise de suas concepções e propostas.* Doutorado em Educação, UFsCar, 2005.

RIBEIRO, Renato Janini. Iracema ou a Fundação do Brasil. In: FREITAS, Marcos Cezar. *Historiografia brasileira em perspectiva*. 4.ed. São Paulo: Contexto, 2001.

RIBEIRO, Renilson Rosa. *Colônia(s) de identidades: Discursos sobre raça nos manuais escolares de História do Brasil*. Dissertação de Mestrado em História, Campinas, 2004.

ROCHA, Helenice Aparecida Bastos. Livros didáticos de história: a diversidade de leitores e de usos. In: ROCHA, Aparecida Bastos; REZNIK, Luís; MAGALHÃES, Marcelo de Souza (orgs.) *A História na Escola*: autores, livros e leituras. Rio de Janeiro: FGV, 2009.

ROCHA, Maira José; PANTOJA, Selma.(org) *Rompendo silêncios*: História da África nos currículos da educação básica. Análises, opiniões, a Lei 10.639/2003 e as Diretrizes Curriculares Nacionais. Brasília: SP Comunicações Ltda., 2004.

RODRIGUES, Raimundo Nina. *Os africanos no Brasil*. SP: Nacional: 1932.

RODRIGUES, Tatiane Consentino. *Movimento Negro no cenário brasileiro*: embates e contribuições à política educacional nas décadas de 1980-1990. Dissertação de Mestrado em Ciências Sociais, São Carlos, UFSCar, 2005.

SANTOS, Joel Rufino dos. Livro Didático: um mal necessário? *Cadernos de Pesquisa Carlos Chagas*. São Paulo. n°63, novembro, 1987, p. 99-100.

SANTOS, José Carlos Ferreira. *Nem tudo era Italiano:* São Paulo e pobreza (1880-1915). São Paulo: AnnaBlume, 1998.

São Paulo. Educando pela diferença para a igualdade. Disponível em: <http://www.ufscar.br/~neab/index.html>. Acesso em: 01 ago 09.

SCHWARCZ, Lilia Moritz. Introdução. In: NOVAIS, Fernando A.; SCHWARCZ, Lilia Moritz. (orgs) *História da vida privada no Brasil*: contrastes da intimidade contemporânea. São Paulo:

ESCRAVO, AFRICANO, NEGRO E AFRODESCENDENTE 199

Companhia das Letras, 1998.

SCHWARCZ, Lilia Moritz. *Retrato em preto e negro:* jornais, escravos e cidadãos em São Paulo no final do século XIX. São Paulo: Companhia das Letras, 1987.

SCHWARTZ, Stuart B. *Segredos internos:* engenhos e escravos na sociedade colonial. Trad. Laura Teixeira Mota. São Paulo: Cia. das Letras, 1988.

SCHWARTZ, Stuart. *Resistance and accomodation in eightenth century Brazil:* the slaves view os slavery. *The Hispanic American Historical Review.* Duke University Press, 57 (1), 1977.

SERRANO, Carlos; WALDMAN, Maurício. *Memória D'África:* a temática africana em sala de aula. São Paulo: Cortez, 2007.

SILVA, Cristiane Rocha; GOBBI, Beatriz Christo; SIMÃO, Ana Adalgisa. O uso da análise do conteúdo como ferramenta qualitativa: descrição e aplicação do método. *Organ.rurais. agroind.,* Lavras, v.7, n.1, p. 70-81, 2005

SILVA, Paulo Vinícius Baptista da. *Racismo em livros didáticos:* estudo sobre negros e brancos em livros de Língua Portuguesa. Belo Horizonte: Autêntica, 2007.

SILVA, Petronilha Beatriz Gonçalves e. Aprendizagem e ensino das africanidades brasileiras. *In:* MUNAGA, Kabenguele.(org) *Superando o racismo na escola.* 3.ed. Brasília: Ministério da Educação, Secretaria de Educação Fundamental, 2001

SILVA, Vitória Rodrigues. *Concepções de História e de Ensino em manuais para o Ensino Médio Brasileiros, Argentinos e Mexicanos.* Tese de Doutorado em História Social. FFLCH USP, 2006.

SILVÉRIO, Valter Roberto. A (re)configuração do nacional e a questão da diversidade. *In:* ABRAMOWICZ, Anete; SILVÉRIO, Valter Roberto. *Afirmando diferenças:* montando o quebra--cabeça da diversidade na escola. Campinas, SP: Papirus, 2005.

SILVÉRIO, Valter Roberto. Ação Afirmativa e o Combate ao racismo institucional no Brasil. *Cadernos de Pesquisa.* n.117, novembro 2002, p. 219-246.

SINGER, Paul. *Capitalismo.* Sua evolução. Sua lógica. 15ed. São Paulo: Editora Moderna, 1987.

SOARES, Ricardo Pereira. *Compras governamentais para o Programa Nacional do Livro Didático:* uma discussão sobre a eficiência do governo. Ipea, Brasília, novembro, 2007.

SOUZA, Ana Lucia Silva *et.al. De olho na cultura:* pontos de vista afro-brasileiras. Salvador: Centro de Estudos Afro-Orientais; Brasília: Fundação Cultural Palmares, 2005.

SOUZA, Forentina; LIMA, Maria Nazaré (orgs). *Literatura afro-brasileira.* Salvador: Centro de Estudos Afro-Orientais; Brasília: Fundação Cultural Palmares, 2006.

SOUZA, Marina de Mello e. *África e Brasil africano.* São Paulo: Ática, 2006.

SPOSITO, Maria Encarnação Beltrão. (org.) *Livros didáticos de Geografia e História:* avaliação e pesquisa. São Paulo: Cultura Acadêmica, 2006.

TESSARI, Claudia Alessandra. *Tudinhas, Rosinhas e Chiquinhos.* O processo de emancipação dos escravos e os libertos no mercado de trabalho. *Piracicaba:1870-1920.* Mestrado em História Econômica; UNICAMP, 2000.

TRAJANO FILHO, Wilson. História da África – Por quê? *In:* ROCHA, Maira José; PANTOJA, Selma.(org) *Rompendo silêncios:* História da África nos currículos da educação básica. Análises, opiniões, a Lei 10.639/2003 e as Diretrizes Curriculares Nacionais. Brasília: SP Comunicações Ltda., 2004.

THOMPSON, Edward. *Formação da classe operária:* a árvore da liberdade. 3.ed. vol3. Rio de Janeiro: Paz & Terra, 1987.

ESCRAVO, AFRICANO, NEGRO E AFRODESCENDENTE

Livros Didáticos

COTIM, Gilberto. *História Global: Brasil e geral*. 1.ed. São Paulo: Saraiva, 1997.

COTRIM, Gilberto. *História Global: Brasil e geral*. 8.ed. São Paulo: Saraiva, 2005.

COTRIM, Gilberto. *Saber e fazer história: Pré História, Primeiras Civilizações e Antiguidade Clássica*. Vol.1. 2.ed. São Paulo: Editora Saraiva, 2002, Manual do Professor.

MORAES, José Geraldo Vinci de. *História: Brasil e Geral*. 2.ed. São Paulo: Atual, 2005.

PEDRO, Antonio. *História da civilização ocidental: geral e Brasil*. São Paulo: FTD, 1997.

PEDRO, Antonio; LIMA, Lizânias de Souza e; CARVALHO, Yone de. *História do mundo ocidental*. São Paulo: FTD, 2005.

SCHMIDT, Mario Furley. *Nova Historia Crítica da América*. São Paulo: Editora Nova Geração, 1993

SCHMIDT, Mario Furley. *Nova história crítica do Brasil: 500 anos de história malcontada*. 1.ed. São Paulo: Nova Geração, 1997.

SCHMIDT, Mario Furley. *Nova história crítica*. São Paulo: Nova Geração, 2005.

Legislação

Portaria Ministerial 2.963, de agosto de 2005

Dispõe sobre as normas de conduta para o processo de execução dos Programas do Livro.

Portaria Normativa n° 7, de 05 abril de 2007

Dispõe sobre as normas de conduta no âmbito da execução dos Programas do Livro.

Decreto n° 7.084 de 27 de janeiro de 2010

Dispõe sobre os programas de material didático e dá outras providências.

Parecer n° CNE/CP 003/2004 de 10 de março de 2004
Define Diretrizes Curriculares Nacionais para Educação das Relações Étnico-Raciais e para o Ensino de História da África e Cultura Afro-brasileira e africana.

Resolução n°1 de 17 de junho de 2004
Institui Diretrizes Curriculares Nacionais para Educação das Relações Étnico-Raciais e para o Ensino de História da África e Cultura Afro-brasileira e africana.

Documentos Oficiais

Brasil. Ministério da Educação. *Guia de livros didáticos PNLD 2008: História.* Brasília: Ministério da Educação, 2007.

BRASIL. *PCN+ Ensino Médio. Orientações Educacionais Complementares ao Parâmetro Curriculares Nacionais. Ciências Humanas e suas tecnologias.* Brasília: MEC/SEMTEC, 2002.

Brasil. Secretaria de Educação Fundamental. *Parâmetros curriculares nacionais: apresentação dos temas transversais, pluralidade cultural.* Secretaria de Educação Fundamental. – Brasília: MEC/SEF, 1997.

Secretaria da Educação Básica, Fundo Nacional de Desenvolvimento da Educação. *História: catálogo do Programa Nacional do Livro para o Ensino Médio: PNLEM 2008.* Brasília: Ministério da Educação, Secretaria de Educação Básica, 2007.

Secretaria da Educação Básica, Fundo Nacional de Desenvolvimento da Educação. *Edital de Convocação para Inscrição no processo de avaliação e seleção de obras didáticas a serem incluídas no Catálogo do Programa Nacional do Livro para o Ensino Médio – PNLEM 2007.* Brasília: Ministério da Educação, Secretaria de Educação Básica, 2005.

Secretaria da Educação Básica, Fundo Nacional de Desenvolvimento da Educação. *Edital de Convocação para Inscrição no processo de avaliação e seleção de obras didáticas a serem incluídas no Guia de Livros Didáticos para os anos finais do Ensino Fundamental – PNLD 2008*. Brasília: Ministério da Educação, Secretaria de Educação Básica, 2006.

Secretaria da Educação Básica, Fundo Nacional de Desenvolvimento da Educação. *Edital de Convocação para Inscrição no processo de avaliação e seleção de coleções didáticas para o Programa Nacional do Livro Didático – PNLD 2011*. Brasília: Ministério da Educação, Secretaria de Educação Básica, 2008.

Secretaria da Educação Básica, Fundo Nacional de Desenvolvimento da Educação. *Edital de Convocação para Inscrição no processo de avaliação e seleção de obras didáticas para o Programa Nacional do Livro Didático 2012 – Ensino Médio*. Brasília: Ministério da Educação, Secretaria de Educação Básica, 2010.

Secretaria de Educação Básica. *Guia de livros didáticos: PNLD 2011: História*. Brasília: Ministério da Educação, 2010.

Alameda nas redes sociais:

Site: www.alamedaeditorial.com.br
Facebook.com/alamedaeditorial/
Twitter.com/editoraalameda
Instagram.com/editora_alameda/

Esta obra foi impressa em São Paulo
no inverno de 2017. No texto foi utilizada a fonte Minion Pro em corpo
10,5 e entrelinha de 12,6 pontos.